数字经济专业系列教材

U0722923

数字经济前沿专题

肖升生　主　编

陈　媛　崔丽丽　宫汝凯　刘建国　曾庆丰　副主编

电子工业出版社·
Publishing House of Electronics Industry
北京·BEIJING

内 容 简 介

本书以产业变革和技术演进为背景，系统梳理数字经济的理论基础、关键技术、实践应用及治理体系，是一本兼具学术性与实用性的数字经济入门教材。全书共五章，第一章回顾四次产业革命的演变，聚焦数字经济崛起背景下产业价值链的重塑、经济形态的演变及消费者行为模式的变迁；第二章阐释数字经济的概念与内涵、构成与特征，探讨其发展意义、发展历程及数字经济规模测算方法；第三章围绕数字经济中的生产力，详细讲解数据要素、通信技术、人工智能、区块链、云计算及元宇宙的基本原理、发展现状与应用前景；第四章聚焦数字经济中的生产关系，探讨数据要素市场、确权、定价与交易机制，以及平台经济与共享经济所展现的新型生产关系；第五章关注数字治理，涵盖数字政府、数据安全与隐私保护等关键议题，回应数字时代治理体系与治理能力现代化的挑战。本书旨在帮助读者全面理解数字经济的核心内容，掌握数字化转型所需的基础理论与技术应用，拓展数字时代的经济视野。

本书内容深入浅出，理论与实践紧密结合，适用于高等院校数字经济、信息管理、工商管理等相关专业的教学，也可为企业管理者、政策制定者及科技从业者提供学习参考。

图书在版编目（CIP）数据

数字经济前沿专题 / 肖升生主编. -- 北京：电子
工业出版社，2025. 6. --（数字经济专业系列教材）.
ISBN 978-7-121-50501-0

Ⅰ. F49

中国国家版本馆 CIP 数据核字第 2025CC3532 号

责任编辑：冯 琦　　特约编辑：李 莹
印　　刷：中煤(北京)印务有限公司
装　　订：中煤(北京)印务有限公司
出版发行：电子工业出版社
　　　　　北京市海淀区万寿路 173 信箱　邮编：100036
开　　本：787×1 092　1/16　印张：10.5　字数：224 千字
版　　次：2025 年 6 月第 1 版
印　　次：2025 年 6 月第 1 次印刷
定　　价：59.90 元

凡所购买电子工业出版社图书有缺损问题，请向购书书店调换。若书店售缺，请与本社发行部联系，联系及邮购电话：(010) 88254888，88258888。

质量投诉请发邮件至 zlts@phei.com.cn，盗版侵权举报请发邮件至 dbqq@phei.com.cn。

本书咨询联系方式：(010) 88254434 或 fengq@phei.com.cn。

数字经济专业系列教材
专家委员会

（按姓氏笔画排名）

刘兰娟　安筱鹏　肖升生　汪寿阳　赵　琳

洪永淼　袁　媛　高红冰　蒋昌俊

前　言

当今世界正处于新一轮科技革命和产业变革的关键阶段，数字技术的迅猛发展正深刻改变着全球经济的运行模式。从第一次产业革命的机械化，到第二次产业革命的电气化，再到第三次产业革命的信息化，人类社会经历了两百多年的经济变迁。如今，人工智能、区块链、云计算、5G、物联网等新兴技术正推动第四次产业革命的发展，使得全球经济加速迈入智能化和数字化时代。数字经济已成为推动全球经济增长、产业升级与社会变革的关键引擎。从企业生产方式的变革到商业模式的创新，从消费者行为的演变到公共治理的优化，数字技术正深刻改变着价值创造与分配机制，重塑产业结构与社会运行体系。面对这一时代变革，各国政府和企业纷纷加快数字化转型步伐，力求在全球竞争格局中抢占先机，引领未来发展。

本教材立足于数字经济发展的时代背景，系统梳理数字经济的理论基础、关键技术、应用场景和治理体系，旨在帮助读者全面理解数字经济的核心概念、发展趋势及其对产业和社会的影响。第一章回顾人类社会从第一次产业革命至第四次产业革命的发展历程，解析在数字经济崛起背景下，产业价值链的重塑、经济形态的演变及消费者行为模式的变迁，帮助读者理解工业经济向数字经济转型的内在逻辑。第二章系统阐释数字经济的核心概念与基本特征，深入探讨其发展意义、发展历程，并介绍数字经济规模的测算方法，帮助读者全面理解数字经济的整体框架。第三章围绕数字经济中的生产力，分析数据要素的价值及通信技术、人工智能、区块链等关键技术的发展与应用，揭示其在经济社会中的赋能作用。第四章聚焦数字经济中的生产关系，探讨数据要素市场的构建及确权、定价与交易机制，并结合平台经济与共享经济的发展模式，剖析数字经济下的新型生产关系。第五章聚焦数字时代的治理体系变革，探讨数字政府建设、数据安全、隐私保护等关键议题，分析如何提升治理能力，以适应数字经济带来的社会变革与技术挑战。

在本书编写过程中，编写团队诚挚感谢学界同仁和行业专家的大力支持，特别感谢刘梦雨博士在此过程中作出的重要贡献！尽管我们力求内容严谨、体系完整，但数字经济发展日新月异，许多观点仍在不断演化。诚请广大读者批评指正，以助本书不断优化与完善。

编　者

目　录

第一章　新一轮产业革命 ··· 1

　第一节　从第一次产业革命到第四次产业革命 ························ 1

　　一、第一次产业革命：机械化革命 ································· 2

　　二、第二次产业革命：电气化革命 ································· 3

　　三、第三次产业革命：信息化革命 ································· 3

　　四、第四次产业革命：智能化革命 ································· 4

　第二节　从工业经济到数字经济 ······································· 5

　　一、产业价值链上移：从"渠道为王"到"品牌价值效应" ········ 5

　　二、长尾理论效应：从供给方规模经济到需求方规模经济 ········ 8

　　三、消费者行为模式的演变：从记忆到搜索 ···················· 12

　　练习与思考 ··· 14

第二章　数字经济范畴 ··· 15

　第一节　数字经济的概念与内涵 ······································· 15

　　一、数字经济的概念 ··· 15

　　二、数字经济的内涵 ··· 17

　　三、信息经济、网络经济与平台经济 ···························· 18

　第二节　数字经济的构成与特征 ······································· 21

　　一、数字经济的构成 ··· 21

　　二、数字经济的特征 ··· 23

　第三节　数字经济发展的意义 ··· 25

　　一、数字经济助力构建新发展格局 ······························· 25

　　二、数字经济推动建设现代化经济体系 ·························· 26

　　三、数字经济增强国家竞争新优势 ······························· 27

　　四、数字经济改善社会民生福祉 ································· 28

　　五、数字经济提高治理能力 ····································· 29

六、数字经济促进绿色可持续发展 …………………………………………… 29

第四节　数字经济的发展历程 ………………………………………………… 30

一、全球数字经济发展历程 …………………………………………………… 30

二、中国数字经济发展历程 …………………………………………………… 32

第五节　数字经济规模的测算方法 …………………………………………… 36

一、美国经济分析局的测算方法 ……………………………………………… 36

二、中国信息通信研究院的测算方法 ………………………………………… 37

练习与思考 ……………………………………………………………………… 38

第三章　数字经济中的生产力 ………………………………………………… 39

第一节　数据要素 ……………………………………………………………… 39

一、数据的定义与分类 ………………………………………………………… 40

二、数据要素的概念与特征 …………………………………………………… 41

三、数据要素产业链 …………………………………………………………… 43

第二节　通信技术 ……………………………………………………………… 53

一、通信技术概述 ……………………………………………………………… 53

二、5G 移动通信技术 ………………………………………………………… 57

三、下一代移动通信技术 ……………………………………………………… 60

第三节　人工智能 ……………………………………………………………… 62

一、人工智能概述 ……………………………………………………………… 62

二、人工智能的主要学术流派 ………………………………………………… 67

三、人工智能的发展浪潮 ……………………………………………………… 69

四、人工智能的技术基础 ……………………………………………………… 72

五、人工智能的应用领域 ……………………………………………………… 77

第四节　区块链 ………………………………………………………………… 81

一、区块链概述 ………………………………………………………………… 81

二、区块链的发展与挑战 ……………………………………………………… 84

三、区块链的应用 ……………………………………………………………… 86

第五节　云计算 ………………………………………………………………… 87

一、云计算概述 ………………………………………………………………… 87

二、云计算的应用 ……………………………………………………………… 91

第六节　元宇宙 ………………………………………………………………… 92

一、元宇宙概述 ………………………………………………………………… 93

二、元宇宙的核心技术 ………………………………………………………… 97

三、元宇宙的应用前景 ………………………………………………………… 99

VIII

练习与思考 …………………………………………………………………… 102

第四章　数字经济中的生产关系 …………………………………………… 103

第一节　数据要素化 ………………………………………………………… 103

一、数据要素化概述 …………………………………………………… 104

二、数据要素市场 ……………………………………………………… 105

三、数据确权 …………………………………………………………… 108

四、数据定价 …………………………………………………………… 111

五、数据交易 …………………………………………………………… 113

第二节　平台经济 …………………………………………………………… 118

一、平台经济的概念 …………………………………………………… 118

二、平台经济的特性 …………………………………………………… 121

三、平台生态 …………………………………………………………… 125

第三节　共享经济 …………………………………………………………… 128

一、共享经济的兴起与发展 …………………………………………… 128

二、共享经济的特征 …………………………………………………… 129

三、共享经济的主体要素 ……………………………………………… 130

四、共享经济中的生产关系 …………………………………………… 131

练习与思考 …………………………………………………………………… 133

第五章　数字治理 …………………………………………………………… 134

第一节　数字治理概述 ……………………………………………………… 134

一、数字治理的内涵 …………………………………………………… 134

二、数字治理的难点 …………………………………………………… 135

第二节　数字政府 …………………………………………………………… 136

一、数字政府概述 ……………………………………………………… 136

二、数字政府转型的意义 ……………………………………………… 139

第三节　数据安全 …………………………………………………………… 140

一、数据安全概述 ……………………………………………………… 140

二、数据安全技术 ……………………………………………………… 142

第四节　隐私保护 …………………………………………………………… 148

一、隐私的概念 ………………………………………………………… 148

二、攻击方法 …………………………………………………………… 151

三、防御方法 …………………………………………………………… 153

练习与思考 …………………………………………………………………… 156

第一章

新一轮产业革命

21 世纪以来,全球科技创新进入空前的活跃期,新一轮科技革命和产业变革正在重塑全球经济结构。本章内容分为两个部分:第一部分,简要回顾 4 次产业革命的历史背景及其演进历程,并分析每次产业革命的特征;第二部分,解析在从工业经济向数字经济转型的过程中,经济结构变革所引发的变化。

第一节　从第一次产业革命到第四次产业革命

18 世纪以前,人类主要依靠农业、畜牧业、水产养殖业等生产活动来获得农产品并实现经济价值,农业生产对自然条件高度依赖。迄今为止,人类社会已经历了三次产业革命,目前正迎来第四次产业革命,具体如图 1.1 所示。第一次产业革命开创了"蒸汽时代",标志着人类经济社会从农业经济向工业经济过渡;第二次产业革命开启了"电气时代",以电力技术为核心,促使电力、化工、汽车等重工业兴起;第三次产业革命开创了"信息时

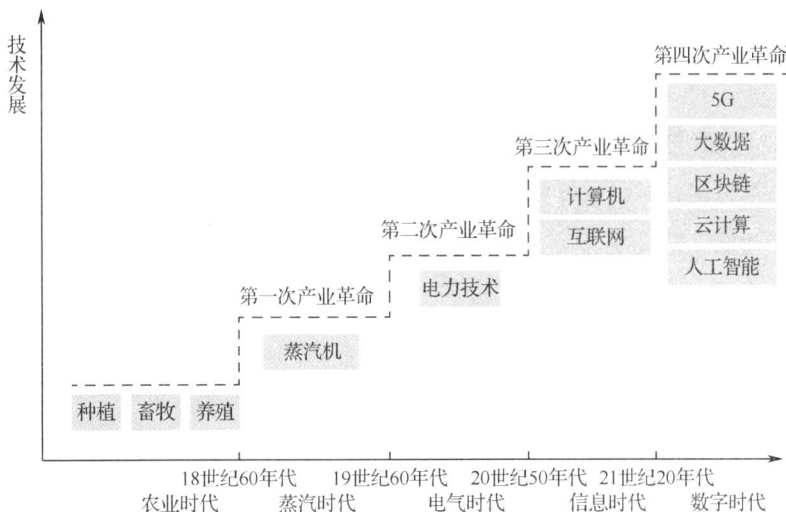

图 1.1　历次产业革命

代"，以计算机和互联网的出现为标志，实现了生产的自动化和信息化；当前，第四次产业革命正在进行，依托 5G、大数据、区块链、云计算和人工智能等前沿技术，推动生产和服务的网络化、信息化与智能化，人类社会正迈入"数字时代"。纵观世界文明史，每次产业革命都推动了生产力的大幅提升和人类文明的巨大进步，技术发展不断引领人类迈入一个又一个新时代。

一、第一次产业革命：机械化革命

第一次产业革命，又称机械化革命（18 世纪 60 年代至 19 世纪 40 年代），标志着现代工业社会的开端。这场革命实现了生产方式从手工劳动转向机械化生产的根本变革，成为人类历史上的重要转折点。第一次产业革命起源于 18 世纪中期的英国，随后扩展至欧洲大陆和北美洲，其爆发与当时的社会变迁、经济扩张及技术创新等因素密切相关。在社会变迁方面，圈地运动通过将公有土地转为私有土地，大批农民被迫从土地上"解放"，成为工厂的廉价劳动力。与此同时，土地私有化和资本主义生产方式的确立也为资本的积累提供了保障，进一步助推了生产方式的变革。在经济扩张方面，凭借对印度和北美殖民地的控制，英国获取了丰富的原材料，尤其是印度的棉花，为纺织工业提供了关键支撑。在技术创新方面，人口的增长和城市化进程的加快使得消费品的市场需求大幅增长，需求增长反过来激发了技术革新的动力，催生了纺织机械、蒸汽机和冶金技术的发明与改良。与之相比，当时的中国还处于封建王朝后期，经济高度依赖农业，社会结构较为僵化。清朝政府的闭关锁国政策限制了中国的对外交流，使其错失了参与第一次产业革命的机会，逐渐与现代工业文明拉开差距。

第一次产业革命的核心是机械化，即用机器替代手工劳动，其标志性发明是纺织机械和蒸汽机。1764 年，詹姆斯·哈格里夫斯发明的珍妮纺纱机使纺纱速度成倍提高；1765 年，詹姆斯·瓦特改进了纽可门蒸汽机，使之用于工业生产，从而开启了以蒸汽为动力的大规模机械化生产时代；1784 年，亨利·科特发明的重熔炉技术，使得高质量的铸铁大量生产成为可能，为铁路、机械制造等提供了材料基础。这些技术广泛应用于纺织、冶金、采矿和交通运输等行业，打破了对水力和风力的依赖，为工业生产提供了持续、稳定的动力，推动了产业的飞速发展。

第一次产业革命使英国成为全球经济的领导者，英国迅速积累了资本、技术与资源，推动了其现代工业化进程。随后，法国、德国和美国等国家紧随其后，纷纷实现工业化，全球经济重心开始发生转移。工业化国家通过殖民扩张、全球贸易和资本输出，建立起庞大的全球经济网络，掌控了全球资源的分配，亚洲、非洲等地区为其供应资源。同时，实现了工业化的国家迅速富裕，未实现工业化的国家（中国、印度）则被边缘化，成为资源输出地，全球经济的不平衡加剧。

二、第二次产业革命：电气化革命

第二次产业革命，又称电气化革命（19世纪中期），标志着工业化进程的深化和扩展。与第一次产业革命的机械化生产不同，第二次产业革命源于电力的发明与广泛应用，推动了钢铁、铁路、化工、汽车等重工业的崛起。同时，石油、煤炭作为新兴能源，促进了全球交通运输的迅速发展。此外，资本集中和全球市场的扩展加速了跨国公司和技术创新的形成，城镇化也为工业化提供了充足劳动力。在这个阶段，清朝政府面临严峻的内忧外患，清朝末期的鸦片战争和一系列不平等条约使其沦为半殖民地半封建社会，社会动荡不安。洋务运动和戊戌变法等资本化尝试虽在一定程度上推动了近代化发展，但总体效果有限。20世纪初期，清王朝覆灭，随之而来的军阀混战和列强的不断侵略，民国时期进一步动荡不安、社会局势复杂。直到1949年中华人民共和国成立，中国才真正开始走上工业化的轨道，走出长期的动荡与落后，迈向初步工业化发展。

电力技术的突破是第二次产业革命的核心，推动了生产和生活的全面电气化。1831年，迈克尔·法拉第发明的发电机和电动机奠定了电力的基础，成为工业生产的重要动力源。1879年，托马斯·爱迪生发明的白炽灯和电力照明系统，不仅改变了工厂和城市的照明方式，还实现了全天候生产，大幅提升了工业生产的总产出。随着发电机、电动机等工具的发明和完善，电力广泛应用于制造业、照明、通信等领域。电力传输具有距离远、能量转换效率高的特点，因此打破了地理资源的限制，使生产设备布局更加灵活。电动机不仅取代了传统蒸汽机，提供了更稳定、更精确的动力支持，还显著提高了生产设备的自动化程度。此外，电气化革命还催生了电气设备制造、家用电器和电力传输等新兴产业，扩展了工业生产的边界，推动了相关技术的持续创新和进步。

与第一次产业革命主要由英国主导的局面不同，在第二次产业革命中，美国逐渐取代英国，凭借钢铁、石油、汽车等行业的飞速发展，迅速成为全球最大的工业生产国，尤其在全球资本、技术创新和市场控制方面占据主导地位。同时，西方国家通过跨国公司和金融资本的联合，构建了更为复杂的全球经济体系。英国、法国、德国、比利时等国家不仅通过殖民扩张控制了大量石油、橡胶、矿产等自然资源，还通过铁路、通信等基础设施将全球市场紧密连接，实现了资源和市场的全球化、一体化。

三、第三次产业革命：信息化革命

第三次产业革命，又称信息化革命（20世纪后半期），标志着人类社会进入了以信息技术为核心的新阶段。第三次产业革命源于信息技术的突破与普及，特别是计算机技术的迅速发展、互联网的诞生与应用，以及通信卫星和数字技术的创新，这些技术的进步推动了生产力的革命性变革，彻底改变了传统的工业生产模式，促进了全球经济向数字化转型。不同于前两次产业革命，信息化革命不仅提升了生产力，更打破了地域、行业和时间的限

3

制，使信息和数据成为关键生产要素，标志着从工业时代向信息时代的过渡。在第三次产业革命初期，中国处于封闭的计划经济体制，信息技术基础相对薄弱。随着 1978 年改革开放政策的实施，中国逐步引进国外先进技术并加速基础设施建设。1994 年，中国实现全功能接入国际互联网，标志着信息化进程的起步。进入 21 世纪后，中国的互联网、电子商务和数字化制造等领域迎来快速发展，特别是工业化与信息化发展战略的并行推进，使中国经济实现了飞跃，逐渐成为全球第二大经济体和世界最大的工业经济体。

信息化革命的核心在于信息技术的广泛应用，尤其是计算机技术和互联网技术的普及。20 世纪 50 年代，电子计算机的发明和普及为信息化进程奠定了基础。从最初的电子管计算机到晶体管计算机，再到集成电路和大规模集成电路计算机的出现，计算机的性能和应用不断扩展，推动了各行各业的信息化。随着计算机逐步渗透到工业生产领域，自动化、智能化生产线开始出现，大幅提升了生产效率，并显著降低了生产成本。1969 年，ARPANET（美国国防部高级研究计划局网络）的启动标志着互联网的诞生。互联网的迅猛发展使得全球范围内的信息传递与共享变得空前快速和便捷，同时催生了电子商务、社交媒体、云计算和大数据等新兴业务，加速了全球经济的数字化转型。

第三次产业革命使信息技术成为国家竞争力的关键因素，推动了全球科技竞争格局变化。早期，美国和日本等发达国家在计算机技术、互联网等领域占据领导地位。例如，美国的科技公司（谷歌、微软、苹果等）及硅谷成了全球创新的中心。然而，随着中国、印度等发展中国家在信息技术领域的迅猛崛起，全球科技竞争格局发生了显著变化。中国在互联网、云计算、大数据等领域取得了突破，并逐步成为全球技术领域的重要"玩家"。

四、第四次产业革命：智能化革命

第四次产业革命，又称智能化革命（21 世纪），以人工智能、物联网、大数据和 5G 等技术为核心，推动全球经济从数字化向智能化转型。在第四次产业革命中，数字技术的普及与数据资源的丰富改变了资源配置方式，催生了新的产业形态与消费模式，进而推动了生产力的质变。中国在第四次产业革命中的表现可以用"追赶"和"引领"来形容。一方面，中国在某些关键技术上起步较晚，尤其在半导体技术、高端制造和先进材料等方面，仍落后于美国、欧洲等部分国家。另一方面，中国具备引领全球的潜力，这得益于制造业数字化转型的加速和数字经济的全面发展，中国已建成全球最大的光纤和移动宽带网络，算力总规模位居全球第二，拥有庞大的互联网市场和丰富的应用场景。同时，中国政府高度重视科技创新和产业发展，出台了一系列政策，以推动数字化、智能化、信息化和网络化的全面发展。未来，随着科技的持续进步和市场需求的不断增长，中国有望在第四次产业革命中发挥更加重要的作用。

第四次产业革命以智能技术为核心驱动力，推动了制造业向智能化和个性化方向发展。传统的流水线生产逐渐被智能工厂和柔性制造取代，通过实时数据分析和智能设备协作，生产流程变得更加高效和灵活，能够迅速响应市场变化和个性化需求。平台经济、共享经济、数字经济等新兴经济形式在第四次产业革命中迅速发展，依托互联网和智能技术，这些经济形式打破了传统行业的界限，创造了新的商业模式。例如，基于共享平台的出行服务和短租市场大幅提升了资源的利用效率。自动化和智能化的普及使得许多传统工作岗位面临消失的风险，但也创造了大量新兴岗位。劳动者需要掌握新的技能，如数据分析、编程、AI 应用等，以适应未来的工作环境。教育和职业培训的改革成为应对就业结构变化的关键。

在第四次产业革命中，技术创新成为全球竞争的核心，特别是在半导体、5G 等关键领域。美国长期在半导体制造和设计方面占据主导地位，但针对华为等中国科技企业的技术封锁，迫使中国加快半导体自主研发的步伐。尽管如此，中国仍面临高端芯片制造的技术瓶颈，尤其依赖美国的技术和设备。在 5G 领域，中国已成为全球引领者，虽然美国的高通、英特尔在技术研发上占优，但在设备制造和商用推广方面滞后。美国对华为的禁令加剧了中美两国在全球 5G 市场的竞争。此外，自 2018 年起，美国对中国实施大规模贸易制裁，尤其在科技和高端制造领域，限制了中国企业的技术投资与发展。尽管如此，这些制裁反而加速了中国的技术自立进程。中国通过扩大内需、加大研发投入、推动产业转型等举措，逐步减少对美国市场的依赖，并通过"一带一路"倡议等加强与全球其他国家的经济合作。

第二节　从工业经济到数字经济

从蒸汽时代、电气时代、信息时代，到数字时代，经济形态经历了深刻变革。从以种植和畜牧为核心的农业经济，演进到以机械化和资源为基础的工业经济，又逐步转型为以数据、信息和技术为驱动的数字经济。这些转型不仅改变了价值创造的方式，也重塑了生产方式、商业模式和消费者行为。

一、产业价值链上移：从"渠道为王"到"品牌价值效应"

（一）微笑曲线理论

随着经济发展和技术进步，产品技术复杂性不断提高，单一经济体已无法独立完成所有生产环节，必须依靠多方协作来实现最大价值。在产品生产过程中，不同环节之间相互依存、互为支撑，构成了完整的产业链。产业链的核心在于价值的创造与分配，而这种价值随着生产的前、中、后分工逐步被分配到不同的经济体中。随着产业的发展，各环节的价值分布变得不再均衡。以制造业为例，在产业发展初期，市场分工较为粗放，各环节的附加值大致相当。到了二十世纪六七十年代，科技进步显著降低了生产过程中的中间环节成本。然而，由于商品生产仍主要集中在发达国家，劳动密集型环节的附加值降幅相对较小。随后，发展中国家开始承担技术门槛相对较低的中间制造环节，这些环节的附加值因此迅速下降。相比之下，技术含量较高、专利与商标保护的存在，以及精准的市场定位等因素，使产前准备和产后服务环节依然保持着较高的利润率。

1992 年，宏碁集团创始人施振荣先生提出了微笑曲线理论[①]，该理论描述了产业价值链中不同环节的价值创造，如图 1.2 所示。微笑曲线的纵坐标表示附加价值的高低，横坐标表示产业链上游、中游和下游的主要环节。上游包括研发与设计，位于曲线左端，涉及新产品开发、设计等高技术含量的工作；中游涵盖加工与组装，位于曲线中部的底部，即微笑曲线的下凹部分，代表实际的生产过程；下游包括品牌与渠道，位于曲线右端，涉及品牌建设、销售渠道管理、售后服务等内容。根据微笑曲线理论，产业链上游随着技术研发等投入的增加，产品附加价值呈现上升趋势；而在下游，品牌运作、销售渠道拓展和售后服务的完善也可以显著提升附加价值；相比之下，劳动密集型的中游环节则成为整个价值链中附加价值最低的部分，处于曲线的最底端。相关研究显示，在高技术产业中，研发设计和品牌渠道的利润占比为 20%～25%，而加工组装环节仅占 5%。

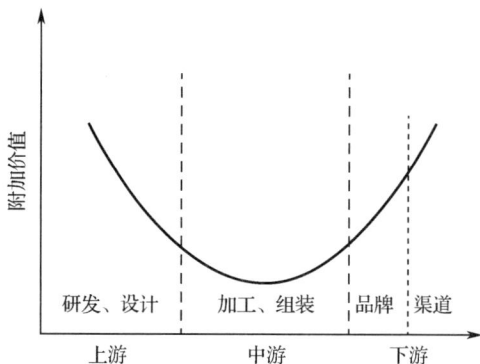

图 1.2　工业经济时代产业链的微笑曲线

（二）市场渠道变化

在工业经济向数字经济转型的过程中，创造产业链价值的方式发生了变化，如图 1.3 所示。在工业经济时代，尽管上游的研发设计环节具有一定的附加价值，但技术门槛较高且全球化尚未完全展开，其附加价值相对有限。中游的加工与组装环节依赖大规模制造和标准化生产，附加价值较低，成为微笑曲线的下凹部分。下游的品牌与渠道在市场中占据主导地位，尤其是渠道环节，如大卖场、连锁专卖店等，它们掌控了产品从生产厂家到消费者的流通路径，决定了产品的市场渗透率。在交通运输系统不发达且成本高昂的情况下，渠道成为一种稀缺资源，进一步强化了"渠道为王"的局面。此时，消费者信息获取速度较慢，选择有限，品牌传播手段也相对匮乏，消费者更加依赖渠道商的推荐。

---

① 施振荣. 微笑曲线[J]. 竞争力·三联财经, 2010(4): 50-52.

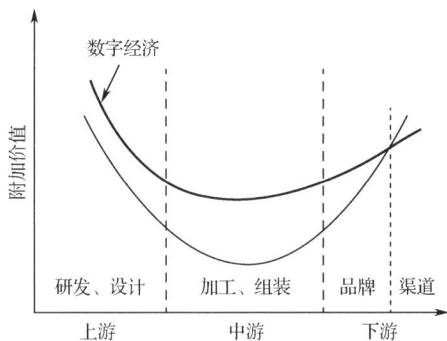

图 1.3 数字经济时代产业链价值的微笑曲线

进入数字经济时代，技术创新显著提升了上游研发设计环节的附加价值，研发和创新成为获取竞争优势的关键。中游环节借助智能制造、工业互联网等数字技术的应用，改变了传统的劳动密集型模式。数字化生产优化与自动化管理的应用，不仅提高了生产效率与管理水平，还创造了更多附加价值。下游环节的变化尤为显著。随着数字平台、电子商务等新型网络渠道的崛起，B2C、B2B、C2C 等模式打破了传统渠道的垄断，降低了市场准入门槛。企业通过数字平台直接触达消费者，摆脱了对实体渠道的依赖，渠道稀缺性显著下降，生产商在市场中的谈判地位得以增强，从而获得了更多的市场主导权。

【案例】市场渠道变迁

国美和苏宁作为中国家电零售行业的两大巨头，凭借庞大的实体门店网络和强大的物流体系，长期掌握着渠道的主导权。截至 2010 年，国美电器的全国门店数量已超过 1000 家，苏宁的门店数量也超过 900 家，两者占据了中国家电零售市场的大部分份额。2011 年，苏宁的营业收入接近 1 千亿元，市场份额接近 20%。然而，随着数字经济的兴起，传统零售模式受到前所未有的冲击。2012 年至 2019 年间，电商平台的迅速崛起导致国美和苏宁的市场份额逐渐下滑。数据显示，国美的市场份额从 2012 年的 18% 下降至 2019 年的约 5%。

在传统渠道逐渐失去优势的同时，抖音、拼多多、小红书等新兴数字平台迅速崛起，成为新一代消费者的主要购物渠道。抖音作为短视频平台，自 2020 年起加速布局电商业务。截至 2022 年，抖音电商年成交总额（GMV）已超过 1 万亿元，凭借"边看边买"的模式将内容与电商深度融合，大幅提升了产品曝光率和用户转化率。2022 年，抖音电商月活跃用户超过 6 亿人次。拼多多自 2015 年成立以来，通过"社交+电商"的创新模式迅速崛起。2020 年，拼多多的年度活跃买家突破 7 亿人次，其年交易额达到 1.67 万亿元。拼多多通过低价策略和拼团模式，以低获客成本实现了用户数量的快速增长，成功挑战了传统电商平台的主导地位。

新兴数字平台的迅速发展打破了传统渠道的垄断格局。根据《2021年度中国社交电商市场发展报告》，2020年社交电商市场规模已超2万亿元，占整体电商市场份额的30%左右。与传统零售巨头相比，数字化渠道具有覆盖面广、成本低、响应快等优势，企业可以直接通过这些平台触达海量用户，不再依赖传统实体渠道。

资料来源：根据公开资料整理。

（三）品牌价值效应

在工业经济时代，虽然品牌价值在微笑曲线的下游部分有所体现，但消费者的选择主要依赖渠道的可及性，品牌的影响力远不及渠道控制所带来的直接效益。市场的主导力量集中在渠道上，品牌价值主要依赖大型零售商、连锁店和分销商等渠道的广泛分销来提升消费者对品牌的认知和信任。即使品牌在市场中具有一定的知名度和影响力，其最终能否被消费者选择，很大程度上仍然取决于产品是否能够通过这些渠道触达消费者。此外，品牌塑造途径主要依赖传统广告（电视、报纸、杂志）、线下推广、品牌代言人，以及品牌赞助等手段，这些方式通常成本高昂且难以实现精准营销，进而限制了品牌价值的提升。

进入数字经济时代，品牌价值的重要性不断提升。随着数字技术的普及和互联网的发展，论坛、社交媒体和电子商务平台等新型数字渠道降低了市场准入门槛，企业可以直接接触消费者，而不再依赖传统渠道。此时，品牌建设与维护所带来的附加价值更高。一方面，信息获取途径多样化使得消费者每天接触海量的信息、广告和产品。在这种信息过载的环境中，品牌成为消费者快速识别和选择的依据。另一方面，数字经济为品牌塑造提供了更加多元化和精准化的工具。企业可以通过大数据分析精准识别消费者需求，制定个性化营销策略，并通过内容创作和社交媒体互动，进一步增强品牌的可见度和影响力。品牌的建立和维护不再仅仅依赖高成本的传统广告，而是通过数字化手段，以更低的成本、更持久的效果实现。这种数字化的品牌塑造方式不仅能够提高品牌价值，还能增强消费者的忠诚度，形成长期的竞争优势。

二、长尾理论效应：从供给方规模经济到需求方规模经济

（一）长尾理论

二八定律，又称为帕累托法则，由意大利经济学家 V. 帕累托于1897年提出。该法则指出，在任何事物中，最重要的部分仅占其中的20%，而其余80%尽管数量众多，但其重要性相对较低。二八定律被广泛应用于各个领域。例如，80%的收入可能来源于20%的客户，或者80%的销售额可能来源于20%的产品。然而，随着市场的多样化和消费者需求的分散化，二八定律的局限性逐渐显现。在传统经济中，商品的存储和分发成本较高，商家往往集中销售那些具有较高周转率的畅销品，而忽视了需求较小的产品。这导致市场资源

过度集中于满足主流需求，而小众需求则未能得到充分满足。

正是认识到二八定律的局限性，长尾理论应运而生。2004 年，克里斯·安德森提出了长尾理论①。该理论指出，虽然单个产品的需求量较小，但这些"小众"需求的总和，累积起来可以与传统市场中的"头部"产品相媲美，甚至超过它们。举例来说，如图 1.4 所示，我们日常使用的汉字数量实际上不多，但因出现频次高，这些常用汉字占据了图中的灰色区域；而绝大部分的汉字难得一用，它们就集中于图中长长的黑色"尾巴"部分（长尾部分）。在以数字化为主导的现代经济中，随着网络技术的进步和成本的降低，市场需求不再仅仅集中于少数畅销产品或服务上，那些传统上被认为需求量较小的产品或服务（长尾部分）也能找到足够的市场，从而创造出可观的商业价值。

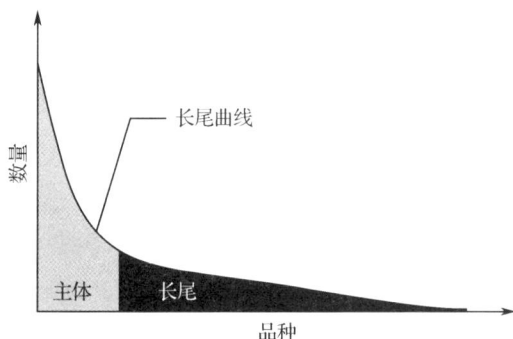

图 1.4　长尾理论模型

长尾理论的前提是低成本。在传统经济中，商品存储和分发成本较高，商家通常销售具有较高周转率的畅销品，以避免库存积压和过高的运营成本。然而，随着网络技术的发展，存储和分发的成本大幅降低，商家能够提供和销售更多种类的产品，而不再局限于畅销品。这种低成本模式使得长尾理论得以实现，重新定义了市场需求和价值创造方式。值得注意的是，长尾理论并不意味着二八定律的终结。两者在不同的市场环境和应用场景中各有其适用范围。二八定律适用于资源和市场集中度较高的传统经济，而长尾理论在数字化、网络化经济中展现出巨大潜力，能通过满足多样化的小众需求来创造新的商业价值。

【案例】成功的"长尾"案例

亚马逊平台上陈列着成千上万种商品，其中一小部分畅销书占据了总销量的一半，这是典型的二八定律的体现。然而，亚马逊平台的成功不仅依赖这些畅销书，还依赖其他销量虽小但种类丰富的书籍，它们贡献了总销量的另一半。综上所述，图 1.4 中，灰色区域（代表畅销书）和黑色区域（代表小众书籍）的面积大致相等。这意味着，亚

① ANDERSON C. The Long Tail[J]. Wires, 2004(10): 170-177.

马逊通过提供海量的书籍选项来满足各种消费者的需求。一位前亚马逊员工精辟地概述了公司的"长尾"本质:"现在我们所卖的那些过去根本卖不动的书,比我们现在所卖的那些过去可以卖得动的书多得多。"亚马逊通过提供海量的书籍选项、个性化推荐和强大的搜索分类功能,将书籍选择权交给消费者,彻底打破了传统出版和销售模式中的库存限制、地域限制,以及对店员推荐的依赖。在线零售让消费者能够轻松找到过去难以接触到的书籍,而亚马逊则通过无数小众书籍的销售,实现了巨大的商业成功。这一模式不仅提升了平台的整体销量,还开创了新的商业范式,证明了长尾理论在数字经济中的强大影响力。

资料来源:根据公开资料整理。

(二)供给方规模经济

供给方规模经济是指企业在扩大生产规模时,随着产出的增加,单位产品的平均成本逐渐下降的现象。在这一模式下,企业需要投入大量固定成本,如厂房建设、设备采购和技术研发等。随着生产规模的扩大,固定成本被分摊到更多产品上,从而降低了每个产品的单位成本。例如,汽车制造商在大规模生产时,每辆汽车的单位成本远低于小批量生产的成本。此外,大规模生产往往依赖流水线作业和标准化流程,有助于提升生产效率,降低生产成本。流水线生产是供给方规模经济的典型体现,通过将生产过程细分为一系列简单且可重复的操作步骤,企业能够实现生产效率的最大化。

供给方规模经济在一定程度上能缓解短缺经济中的供给问题。短缺经济是指商品或服务的供给无法满足市场需求,通常是生产能力不足、资源配置不均、供应链障碍或需求急剧增加等因素导致的。在这种情况下,供不应求往往导致价格上涨、消费者抢购等现象。企业通过实现规模经济,快速提高生产能力,从而缓解市场短缺。例如,在第二次世界大战后的经济恢复期,许多国家通过开展大规模工业化生产缓解了基本商品的短缺,稳定了市场供给。然而,在资源有限的经济体中,过度集中生产某些产品可能会导致其他领域的产品相对短缺。

(三)需求方规模经济

需求方规模经济指的是随着用户数量的增加,产品或服务对每个用户的价值随之提升的经济现象。这种现象一般存在于网络环境中,故又称网络外部性。例如,随着微信用户数量的增加,每个用户都可以与更多人互动,进而增强了社交网络的价值和整体用户体验。需求方规模经济通常伴随着正反馈循环,即随着用户数量的增加,产品或服务的价值随之提升,进而吸引更多的新用户。这种正反馈循环能够迅速扩大市场份额,强化市场竞争力。此外,需求方规模经济中的边际成本通常较低,甚至在某些情况下接近于零。例如,软件和数字内容的复制和分发成本极低,产品一旦开发完成,就可以几乎无限制地扩大用户群体而无须增加额外成本。随着用户数量的增加,单位成本不断下降,产品或服务的整体价值则持续上升。

　　需求方规模经济在富饶经济中得到充分体现。富饶经济指在数字化和网络化环境中，信息、数据和数字内容等资源能够低成本、大规模地复制与传播，从而实现广泛可得。在这一经济模式下，资源的价值不再由其稀缺性决定，而是由其使用的广泛性和普遍性决定。由于数字资源的复制和传播成本极低，所以富饶经济为需求方规模经济提供了理想的条件。随着用户数量的增加，网络外部性不断增强，平台和服务的价值也随之提升。这一模式使得资源和服务的获取变得更加普遍和便捷。在富饶经济中，用户数量本身成了价值的来源。由于资源丰富、成本低，所以企业可以通过吸引大量用户，利用需求方的规模经济创造出巨大的商业价值。例如，社交媒体平台通过吸引全球用户，建立了庞大的用户网络，进而通过广告推广、内容分发等多元化模式实现盈利。

　　在工业经济时代，供给方规模经济促使企业将资源集中在少数有高销量的主流产品上，通过大规模生产降低成本实现利润最大化。然而，在长尾理论框架下，小众市场同样蕴含着巨大潜力，其需求量甚至可能超过主流市场。随着数字经济的兴起，消费者的需求日益多样化和个性化，市场的驱动力逐渐从供给侧转向需求侧。企业不再仅依赖主流市场的高销量产品，而是通过开发和满足长尾市场中的小众需求，来实现整体市场价值提升。以图 1.5 为例，在工业经济时代，企业主要依靠供给方规模经济降低成本，呈现"品种越少，成本越低"的特点。企业通过大规模生产少数主流产品，将固定成本摊薄到大量产品上，从而降低单位成本。由于生产和分销成本较高，所以资源配置通常集中在少量高销量产品上，以实现最大效益。在数字经济时代，企业转向需求方规模经济，呈现"品种越多，成本越低"的特点。得益于互联网平台和数字技术的低成本分发，企业可以提供更丰富的产品种类，满足不同消费者的个性化需求。虽然单产品的需求较小，但通过覆盖多个细分市场，企业依然能保持较低成本并实现规模效益。这种模式促进了长尾市场的蓬勃发展，该市场由众多低需求产品组成，尽管单产品销量不高，但累积起来的总量巨大，创造了显著的市场价值。

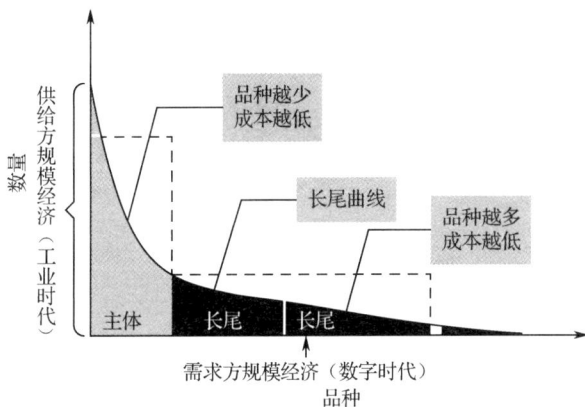

图 1.5　数字经济中的长尾理论

综上所述，在数字经济时代，企业应积极提供个性化、多品类的产品或服务，以满足多样化的市场需求。同时，企业还能通过长尾效应积累大量小众市场的交易量，进而提升整体市场价值。例如，电子商务平台提供数百万种商品选项，满足不同消费者的个性化需求；流媒体平台提供种类繁多的音乐、电影和书籍等，吸引不同兴趣爱好的用户。

【案例】奈飞的个性化推荐

奈飞是全球领先的流媒体服务提供商，截至2024年已拥有超过2.3亿的订阅用户。随着内容消费方式的变革，奈飞不仅通过庞大的内容库吸引用户，更通过高度个性化的推荐系统来提升用户体验和留存率。具体来说，奈飞使用了混合推荐算法，该算法有效结合了基于协同过滤和基于内容的推荐方法。协同过滤根据类似用户的观看行为进行推荐，而基于内容的推荐方法则通过分析内容本身的特征，如导演、演员、题材等，来匹配用户的偏好。根据奈飞的官方数据，超过80%的观众对内容的选择是通过推荐系统完成的。这意味着如果没有推荐系统，大部分用户可能无法发现自己感兴趣的内容，从而导致订阅率下降和观看时间缩短。利用推荐系统，奈飞能有效满足长尾市场中的小众需求。例如，某些冷门电影或纪录片可能在主流市场中没有太多观众，但通过精准推荐，奈飞可以将这些内容推送给真正感兴趣的用户，从而提高其观看率。此外，奈飞通过不断改进算法，提升了用户的参与度。根据《华尔街日报》的一项报告，自奈飞引入这种更为先进的推荐算法以来，用户的平均观看时间延长了约15%，这种提升不仅直接提高了用户的满意度，还促进了订阅续费率的稳步提升。

资料来源：根据公开资料整理。

三、消费者行为模式的演变：从记忆到搜索

在从工业经济到数字经济的转型过程中，消费者行为模式从"记忆"转向"搜索"，并进一步扩展到"分享"阶段。

（一）传统消费者行为模式

在工业经济时代，消费者的决策过程通常遵循 AIDMA 模型，分为五个主要阶段：注意（Attention）、兴趣（Interest）、欲望（Desire）、记忆（Memory）和行动（Action），如图1.6所示。

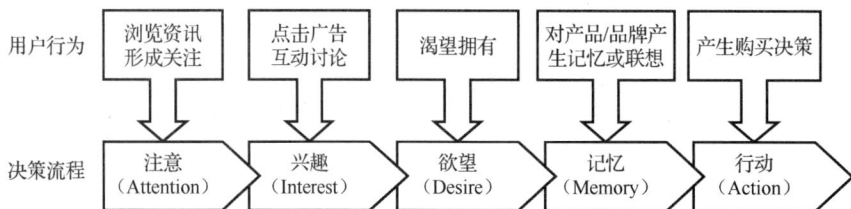

图1.6　AIDMA 模型

消费者的决策过程始于"注意"阶段，广告或促销活动通过视觉或听觉刺激吸引消费者的注意力。无论是引人注目的广告设计、冲击力强的视觉效果，还是抓耳的广告语，都是为了迅速抓住消费者的眼球，使其将注意力集中在特定品牌或产品上。一旦注意力被吸引，消费者会进入"兴趣"阶段。若广告内容与消费者的需求或愿望产生共鸣，便能激发其兴趣，并促使消费者进一步关注产品的细节和特点。随着兴趣的增强，消费者进入"欲望"阶段，开始设想拥有产品或享受服务的情景，并产生强烈的购买动机。"记忆"阶段在 AIDMA 模型中至关重要，决定了消费者在未来是否做出购买决策。在工业经济时代，产品种类有限，消费者依赖记忆中的品牌信息进行决策。因此，营销策略着重通过频繁的广告投放和品牌宣传来强化消费者的记忆。最后，消费者进入"行动"阶段。消费者基于记忆中的品牌信息做出购买决策并付诸行动。AIDMA 模型描述了消费者从初步接触广告到最终采取行动的行为路径，其中"记忆"阶段对消费者的购买决策有直接影响。因此，营销策略应专注于强化品牌信息在消费者记忆中的印象，以提高购买转化率。

（二）新消费者行为模式

在数字经济时代，消费者行为模式逐渐从传统的 AIDMA 模型演变为更符合网络化、信息化时代特征的 AISAS 模型。AISAS 模型由五个关键阶段组成：注意（Attention）、兴趣（Interest）、搜索（Search）、行动（Action）和分享（Share），如图 1.7 所示。

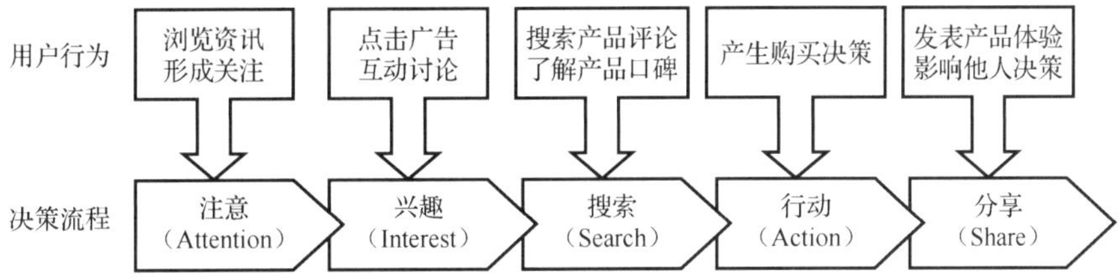

图 1.7　AISAS 模型

AISAS 模型的前两个阶段与传统的 AIDMA 模型相似，即引发消费者的注意并激发兴趣。不同之处在于，AISAS 模型引入了"搜索"阶段，取代了 AIDMA 中的"记忆"阶段。在数字经济时代，消费者不再单纯依赖记忆作决策，而是通过搜索引擎、社交媒体、评论网站、品牌官网等渠道主动获取更即时、详细的产品信息、用户评价和使用体验。消费者可以基于这些外部信息进行比较并评估产品的质量和适用性，进而做出更理性的购买决策。在"搜索"阶段，企业的在线形象、搜索引擎优化、内容营销等因素直接决定了消费者能否顺利找到并了解产品。获取足够信息后，消费者进入"行动"阶段，做出购买决策。此外，AISAS 模型还新增了"分享"阶段，是数字经济时代社交互动的重要体现。消费者在购买并体验产品或服务后，往往通过社交媒体、评论平台、论坛等渠道分享他们的使用体验和评价。这些分享不仅影响其他潜在消费者的决策，还能通过口碑传播增强品牌的市场影响力和信誉。正面的分享有助于提升品牌信誉和认可度，而负面的分享则可能损害品牌形象。因此，企业需要密切监控社交媒体的反馈，及时回应消费者意见，维护品牌形象。

练习与思考

1．与前三次产业革命相比，第四次产业革命发生了什么变化？中国在每次产业革命中的具体表现如何？

2．简述我国在第四次产业革命中的发展趋势及特征。

3．简述从工业经济向数字经济转型过程中所发生的变化。

4．在数字经济时代，需求方规模经济和供给方规模经济有何区别？

第二章

数字经济范畴

数字经济正成为全球经济的重要组成部分，它通过技术创新和数据驱动改变了传统产业，推动了新的经济增长模式。本章介绍数字经济的基本概念、内涵与特征，回顾国内外的发展历程，探讨其发展意义，并分析当前所面临的挑战。

第一节　数字经济的概念与内涵

数字经济的概念最早可追溯至 20 世纪 90 年代，通常认为是由唐·塔普斯科特（Don Tapscott）在 1995 年出版的《数字经济：网络智能时代的机遇与挑战》[1]一书中首次提出的。书中详细阐述了互联网对经济的影响并预见了数字经济的到来，但并未形成数字经济的明确定义。自此，随着数字经济的迅猛发展，经济学界对这一概念及其内涵的讨论也越发深入。

一、数字经济的概念

数字经济是继农业经济、工业经济之后产生的一种新的经济形态。随着人们对数字经济认识的不断深化，不同时期、不同机构对于数字经济的定义和侧重有所不同。表 2.1 中列举了几个组织机构对数字经济的理解。

表 2.1　数字经济概念

机 构 名 称	定　义
二十国集团（G20）	数字经济是指以使用数字化的知识和信息作为关键生产要素、以现代信息网络作为重要载体、以信息通信技术的有效使用作为效率提升和经济结构优化的重要推动力的一系列经济活动
经济合作与发展组织（OECD）	数字经济是一个由数字技术驱动的、在经济社会领域发生持续数字化转型的生态系统，该生态系统至少包括大数据、物联网、人工智能和区块链

---

[1] TAPSCOTT D. The Digital Economy: Promise and Peril in the Age of Networked Intelligence[M]. New York: McGraw Hill, 1995.

机 构 名 称	定 义
美国商务部经济分析局（BEA）	数字经济主要包括数字基础设施、电子商务、数字媒体。数字基础设施是计算机网络存在和应用的物理基础和组织架构，包括计算机硬件、软件、通信设备和服务等；电子商务是指所有通过计算机网络进行的商品和服务的购买与销售行为；数字媒体是指人们通过电子设备创造、访问、存储或阅读的内容
国际货币基金组织（IMF）	数字经济是指使用数字技术和互联网进行生产和分配活动的经济活动，包括数字化产品和服务的生产、交易和传递
联合国贸易和发展会议	将数字经济细分为三类：核心的数字部门，即传统信息技术产业狭义的数字经济，包含数字平台、共享经济、协议经济等新经济；广义的数字经济，包含电子商务、工业化4.0、算法经济等
中国信息化百人会	数字经济是全社会信息活动的经济总和。具体而言，数字经济以数字化信息为关键资源，以信息网络为依托，通过信息通信技术与其他领域紧密融合，形成了基础型、融合型、效率型、新型、福利型五个类型的数字经济
中国信息通信研究院	数字经济是以数字化的知识和信息为关键生产要素，以数字技术创新为核心驱动力，以现代信息网络为重要载体，通过数字技术与实体经济深度融合，不断提高传统产业数字化、智能化水平，加速重构经济发展与政府治理模式的新型经济形态
国务院	数字经济是以数据资源为关键要素，以现代信息网络为主要载体，以信息通信技术融合应用、全要素数字化转型为重要推动力，促进公平与效率更加统一的新经济形态

资料来源：根据公开资料整理。

  我国数字经济的概念首次出现于2016年G20杭州峰会发布的《二十国集团领导人杭州峰会公报》，并在2022年发布的《"十四五"数字经济发展规划》中得到进一步明确。2016年9月，G20杭州峰会制定的《二十国集团数字经济发展与合作倡议》首次将"数字经济"纳入G20创新增长蓝图，并将其定义为以使用数字化的知识和信息作为关键生产要素、以现代信息网络作为重要载体、以信息通信技术的有效使用作为效率提升和经济结构优化的重要推动力的一系列经济活动。随后，中国信息通信研究院率先在国内系统研究数字经济，将其定义为以数字化知识和信息为核心生产要素，数字技术为驱动力，通过数字技术与实体经济的深度融合，推动经济社会数字化、网络化、智能化转型的新型经济形态。在此基础上，2021年5月14日，国家统计局发布《数字经济及其核心产业统计分类（2021）》，进一步明确了数字经济的衡量标准与统计口径。2022年1月，国务院在《"十四五"数字经济发展规划》中正式指出，数字经济是继农业经济、工业经济之后的主要经济形态，以数据资源为关键要素，以现代信息网络为主要载体，以信息通信技术融合应用、全要素数字化转型为重要推动力，促进公平与效率更加统一的新经济形态。尽管各机构对数字经济的定义略有差异，但都阐明了必不可少的三个重点：新要素——数字化的知识和信息（数据）；新技术——信息通信技术（数字技术）；新设施——现代信息网络（数字基础设施）。

二、数字经济的内涵

数字经济发展至今内涵越发丰富，涵盖范围越加广泛，主要包含以下三层内涵。

从实践发展来看，数字经济的核心在于推动数据要素的价值化。数字经济是以数据为关键生产要素，以数字技术为核心驱动力，通过实时获取、存储、处理和分析海量数据，组织并指导社会生产、销售、流通、消费、融资和投资等经济活动。在这个过程中，数据驱动经济活动的高效运行，并推动数字经济持续创新与发展。同时，数字经济的发展依赖数字基础设施的支撑，如高速宽带网络、数据中心和云计算平台等，为数据处理与应用提供高效保障。此外，人工智能、大数据分析、区块链等数字技术的应用，促进了数据的安全、有序、高效流转，推动了数字产业化和产业数字化的共同发展。数字政府治理作为保障，通过制定科学的数据政策、加强数据安全和隐私保护、促进公平竞争等方式，确保数字经济健康稳定发展。数字经济将实现全要素生产率的提升，推动经济高质量发展，为经济社会的全面发展提供强大动力，并助力构建以国内大循环为主体、国内国际双循环相互促进的新发展格局。同时，数字经济还将提升公共服务的质量和效率，改善城市治理水平，增强社会的包容性，从而全面满足人民对美好生活的需求。

从运行机制的角度来看，数字经济的发展是六大核心板块协调运行的结果。首先，数据流通和技术创新构成了数字经济的两大支柱。数据流通通过数据的交易和流转，解决了资源输入问题；技术创新借助信息技术革命，不断催生新兴技术，解决了数据利用难题，带来了规模效应、网络效应和范围效应。其次，数字产业化和产业数字化是数字经济的两大核心内容。数字产业化以增量改革为目标，推动数据应用的数字技术创新活动，而产业数字化则通过数据要素和数字技术为传统产业赋能，实现存量经济的升级改造。再次，数字基础设施则是数字经济发展的底层支撑，涵盖了传统基础设施的数字化升级，以及新型网络、数据管理和安全保障等新型基础设施，是数字经济稳健发展的基石。最后，数字政府治理为数字经济发展提供了空间保障，通过运用数字技术手段，提升行政管理和公共服务的效率，打通数据壁垒，决定了数字经济发展的广度和深度。

从作用机制的角度来看，数字经济的发展改变了传统的生产和经营模式。数字经济通过创造出新的商业模式，使过去不可能实现的业务成为现实。数据与数字技术的融合不仅提高了传统资源的利用效率，还改变了原本的生产模式和成本结构。例如，在传统零售模式下，商店依赖线下库存和顾客到店购买，而如今的电商平台让商家可以面向全球销售商品，无须巨大的实体库存，消费者也能在线挑选和购买商品。同时，数字经济通过提高供需匹配度，优化了市场运行效率。精细化管理使企业能够更准确地预测消费者需求，避免出现供过于求或供不应求的情况。例如，智能制造工厂依托实时数据分析，根据市场需求动态调整生产计划，避免生产过剩或者库存积压，从而提升了生产效率和资源利用率。此外，数字经济促进了行业间的高效协同。企业和平台通过整合各行业的供需数据，打破传统的行业和地域限制，实现资源跨行业、跨区域共享。例如，物流行业通过大数据平台整合各地运输需求，实现跨区域高效调度，不同地区的企业也可以利用这一平台优化供应链，从而降低成本，提升运营效率。这种协同效应推动资源在不同行业和区域间的高效配置，助力经济整体发展。

三、信息经济、网络经济与平台经济

数字经济并非凭空出现，而是经济社会发展演进的结果。根据发展历程及相关研究，数字经济与信息经济、网络经济、平台经济等经济形态密切关联，需深入理解并加以区分。表 2.2 展示了信息经济、网络经济和平台经济三种经济形态。

表 2.2　各类经济形态及其内涵

经济形态	兴起时间	要素	定义
信息经济	20 世纪 60 年代	信息 信息技术	信息经济是指以信息的生产、分配、处理和利用为核心的经济形态。在信息经济中，信息被视为关键的生产要素，信息技术被大规模应用于各类经济活动，推动了生产效率的提高和创新的发展
网络经济	20 世纪 90 年代	网络 流量	网络经济是指通过网络技术连接各类经济活动、市场主体和资源，形成基于网络效应和连接价值的经济形态。在网络经济中，经济价值源于网络节点间的信息流动、交互与协同，而不仅限于传统商品或服务的交易。随着网络规模和参与者数量的增加，网络效应进一步增强，从而促进经济增长
平台经济	20 世纪 90 年代	平台 数据	平台经济是指通过数字平台连接供需双方，促进交易、互动和协作的经济形态。平台作为中介，协调资源、产品、服务或信息的供需，形成多边市场。平台经济具有强大的规模效应和网络效应，通常能够在市场中形成赢家通吃的局面

（一）信息经济

信息经济的概念起源可以追溯至 1962 年，美国经济学家弗里茨·马克卢普在其著作《美国的知识生产与分配》中提出"知识产业"概念[1]，该概念涵盖教育、科学研究与开发，以及信息产业中的通信媒介、信息设施和信息活动。1973 年，美国社会学家丹尼尔·贝尔在《后工业社会的来临：来自社会预测的一项探索》一书中首次提出"信息经济"的概念[2]。1977 年，马克·波拉特提出一种按照农业、工业、服务业和信息业进行分类的四次产业划分方法，将信息业分为第一信息部门和第二信息部门。第一信息部门指生产信息产品和服务的部门，第二信息部门指使用信息产品和服务的部门[3]。1983 年，美国经济学家保

---

① 马克卢普. 美国的知识生产与分配[M]. 孙耀军, 译. 北京：中国人民大学出版社, 2007.
② 丹尼尔·贝尔. 后工业社会的来临：对社会预测的一项探索[M]. 高铦, 等, 译. 北京：新华出版社, 1997.
③ 马克·波拉特. 信息经济[M]. 袁君时, 等, 译. 北京：中国展望出版社, 1987.

罗·霍肯在《未来的经济》中明确阐述了信息经济的概念，指出信息经济是指基于新技术、新知识和新技能的新型经济形式，其根本特征是经济运行过程中信息成分大于物质成分而占主导地位，信息成为新的生产要素[①]。中国经济学家乌家培在其著作《信息经济学》中认为，信息经济是以现代信息技术为物质基础、以信息产业为主导，基于信息、知识、智力的一种新型经济形态，其中包括产业信息化和信息产业化两个部分[②]。

信息经济具有以下三个典型特征。一是信息作为核心生产要素。不同于传统经济主要依赖物质资源和劳动力，信息经济以信息的生产、加工、存储、流通、分配和使用为核心，促进经济增长并提升生产效率。信息在这一过程中不仅提供决策支持，还优化资源配置，从而催生出新的商业模式和创新成果。二是技术范式的突破。信息经济的关键在于新技术范式的广泛应用，如传感器技术、物联网、机器人网络、人机交互等，全面拓展和深化了人与人、人与物，甚至物与物之间的连接。以互联网为代表的创新信息技术，使得隐性知识显性化，分散知识系统化，将抽象的思想转化为具体的物质过程，构建起认识和改造世界的全新信息桥梁。三是全球信息资源的共享和流动。信息技术的进步消除了地理和时间的限制，促进了信息跨企业、跨行业、跨区域、跨国界的流通与网络化连接，减少信息不对称，实现供需精准匹配，加速全球市场一体化进程。此外，全球信息流动促进了科学技术、教育资源等知识资源的传播与共享，推动了跨国科研合作和知识的积累。

（二）网络经济

网络经济，又称互联网经济，这一概念在 20 世纪 90 年代到 21 世纪初期逐渐被广泛使用。20 世纪 90 年代初期，互联网技术快速发展，网络经济的雏形开始显现。1989 年，蒂姆·伯纳斯-李发明了万维网，推动互联网进入新阶段，学术界也开始关注其对经济活动的影响，电子商务等概念逐渐进入视野。到 20 世纪 90 年代中期，信息流动、节点连接和网络被视为一种新的经济成分，加速了网络经济形态的形成，使其成为学术研究的热点。2010 年，经济合作与发展组织将其年度报告的标题从"*Information Technology Outlook*"更改为"*The Internet Economy Outlook*"，这一转变反映了研究重点从单纯的信息技术转向互联网驱动的经济与社会活动。该报告不仅关注互联网技术的发展，还深入探讨了互联网在各领域的应用，包括用户使用情况、发展趋势，以及相关的隐私与安全问题。总之，网络经济的本质在于电子网络的连接性。网络将不同的用户、企业、设备和系统连接在一起，使得信息、资源和服务能够在全球范围内快速流动，降低信息获取成本，提升经济活动效率。同时，企业和个人可以更便捷地进行协作、共享知识和资源，催生了新的商业模式和创新。

网络经济具有三个显著特征。一是无边界性。互联网打破了传统经济的地理和时间限

---

① 霍肯. 未来的经济[M]. 方韧, 译. 北京：科学技术文献出版社, 1985.

② 乌家培, 谢康, 王明明. 信息经济学[M]. 北京：高等教育出版社, 2002.

制,实现了全球范围内的资源共享和信息流动。网络经济能够以近乎实时的速度收集、处理和应用信息,从而提升经济运行效率,推动全球市场一体化和经济活动的无缝衔接。二是网络效应。在网络经济中,用户规模的扩大促进信息、服务和商品的高效连接,增强资源共享与互动,进一步提升网络整体价值。网络效应不仅体现在用户数量增长带来的规模效应,还体现在信息传播的加速、资源配置的优化和创新能力的增强,推动网络经济的持续扩展与深化。三是边际效益递增性。与传统经济中资源利用的边际效益递减不同,网络经济在特定条件下表现出边际效益递增的趋势。随着用户数量的增加和网络规模的扩大,每新增一个用户或节点所带来的效益也会相应增加。网络的扩展能够提升资源和信息共享的效率,增强用户互动和协作,从而推动网络经济的持续扩张与创新。

(三)平台经济

随着互联网、大数据、区块链及云计算等技术的快速发展,在线平台涌现并渗透到生产、交易和消费各环节,改变了传统的商业模式。平台经济最早萌芽于电子商务领域,亚马逊和 eBay 是典型代表。随着信息化和智能化的加速推进,平台经济不断演化。从搜狐、网易、百度等门户网站的兴起,到淘宝、京东等电子商务平台的扩展,再到腾讯、知乎等社交内容平台的发展,平台经济伴随平台企业的成长而壮大。罗歇和梯若尔将平台经济定义为一种组织结构,其核心在于促进不同群体间的互动与交易[①]。平台经济中至少包含两组相互依存的用户群体,平台通过内部化用户之间的外部性,降低信息成本和交易成本,从而提升市场效率并创造价值。

基于上述概念,平台经济具有以下两个主要特征。一是网络外部性。网络外部性是指用户的加入或使用行为对其他用户的体验产生外部影响,这种影响可能是正向的,也可能是负向的。例如,微信的用户数量增加后,更多人能够相互交流,这是正网络外部性;但如果广告泛滥、垃圾信息增多,导致用户体验下降,则属于负网络外部性。二是多边市场。多边市场是指平台连接两个或多个相互依存的用户群体,促成跨群体的交易和互动。用户之间的互动可能是直接的,如买家和卖家之间的交易,也可能是间接的,如内容平台上的观众与广告商之间的互动。多边市场的存在使得平台不仅是单纯的交易中介,更是一个资源匹配和价值创造的枢纽。平台企业通过价格策略、补贴机制和数据匹配来优化用户交互,提高市场效率,降低交易成本,并形成竞争壁垒。例如,在电子商务平台上,买家和卖家是两个核心群体。买家利用平台搜索和购买商品,卖家依托平台展示和销售产品。平台不仅促成交易,还通过流量分配、信用体系和智能推荐等机制,增强市场活力,实现供需高效匹配。

在对这些概念分析后,我们发现,信息经济、网络经济、平台经济与数字经济之间既

---

① ROCHET J C, TIROLE J. Platform Competion in Two-Sides Market[J]. Journal of European Economic Association, 2003, 1(4): 990-1029.

存在差异，又相互关联。信息经济的核心在于信息技术对经济增长的驱动，尤其是在信息处理、存储和传递等方面的创新，推动了生产效率提升与产业结构优化。网络经济则依托互联网基础设施，实现资源的生产、分配、交换和消费，强调网络连接在经济活动中的作用。平台经济则基于数字平台协调不同用户群体之间的交互与交易，降低匹配成本，放大网络效应，优化资源配置。数字经济不仅包含信息经济、网络经济和平台经济，还以数据为关键生产要素，整合大数据、人工智能、区块链等前沿技术，重塑了生产方式、商业模式和产业生态。信息技术为信息经济、网络经济和平台经济奠定了基础，而这些经济形态的持续演进又共同推动了数字经济的形成与发展。

第二节　数字经济的构成与特征

一、数字经济的构成

在《中国数字经济发展白皮书（2020 年）》中，中国信息通信研究院结合数字经济发展特点，从生产要素、生产力、生产关系的角度提出了数字经济的"四化框架"：数字产业化、产业数字化、数字化治理、数据价值化。本节参考这一框架来概括数字经济的构成，如图 2.1 所示。

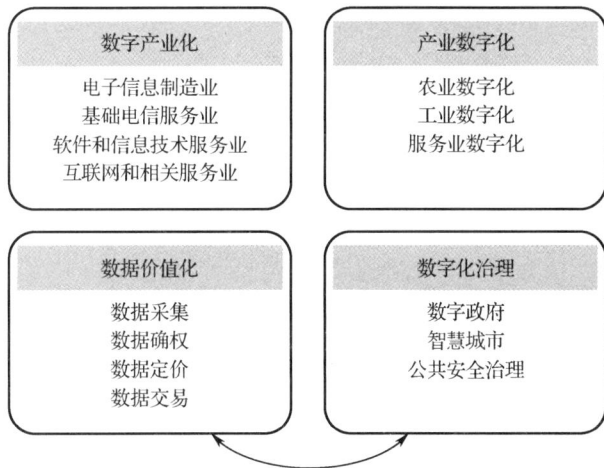

图 2.1　数字经济的构成

数字产业化是对数字技术的直接应用所形成的先导产业。数字产业化以信息和通信行业为主，包括但不限于电子信息制造业、基础电信服务业、软件和信息技术服务业、互联网和相关服务业等领域。具体来说，电子信息制造业包括通信导航设备制造、电子计算机制造、电子元器件制造等；基础电信服务业包括移动网络电话和数据业务、互联网传送业务、卫星通信业务等；软件和信息技术服务业则包括软件产品、嵌入式系统软件、数据产品及服务等；互联网和相关服务业包括电子商务、互联网信息服务、互联网平台服务等。

产业数字化指数字技术与实体经济的深度融合，以数字技术为基础推动传统产业在生产方式、组织结构和商业模式上的升级与创新，以提升生产效率和优化资源配置。产业数字化涵盖农业、工业、服务业等领域，推动数字经济新业态和新模式形成。在农业领域，数字技术促进了农业的现代化转型，包括数字养殖、农业加工数字化、农业商业服务数字化等方面。在工业领域，数字技术推动工业向智能制造升级优化，涉及工业互联网、产业平台、两化融合等关键领域。在服务业领域，产业数字化通过平台经济、在线服务和消费互联网等方式实现赋能。此外，数字经济的新业态和新模式还包括智能工厂、自动驾驶、车联网、互联网医疗和在线办公等新兴领域。

数字化治理是社会治理与数字技术的结合，利用数字技术构建和完善行政管理制度体系，创新服务与监管方式，推动国家治理体系和治理能力现代化。数字化治理包括但不限于数字政府、智慧城市、公共安全治理等领域。在数字政府方面，数字化治理通过电子政务、在线服务平台等手段，提升政府工作效率和服务质量，实现政务公开化和透明化。在智慧城市中，数字化治理利用物联网、人工智能、大数据等技术，优化城市管理，提升公共服务水平，如智慧交通、智慧安防、智慧社区等。在公共安全治理领域，主要包括数据安全、数据开放共享、网络安全等。数字化治理通过推动公共数据和部分私人数据的开放与共享，促进信息透明、提高政府治理效率、增强社会参与，并支持创新和经济发展。数据安全和网络安全是确保数字化治理有效运行的关键，不仅保障数据在开放与共享过程中的安全性，还保护隐私和应对各类潜在的安全威胁，从而维护社会整体安全与稳定。

数据价值化指以数据资源化为起点，经历数据资产化、数据资本化阶段，最终实现数据价值化的经济过程。数据价值化重构生产要素体系，是数字经济发展的基础。《"十四五"数字经济发展规划》指出数据要素是数字经济深化发展的核心引擎。数据对提高生产效率的乘数作用不断凸显，成为最具时代特征的生产要素。数据的爆发增长、海量聚集蕴藏了巨大的价值，为智能化发展带来了新的机遇。协同推进技术、模式、业态和制度创新，切实用好数据要素，将为经济社会数字化发展带来强劲动力。数据价值化包括但不限于数据采集、数据确权、数据定价、数据交易等。

【知识拓展】数字经济的产业分类

为贯彻落实党中央、国务院关于数字经济和信息化发展战略的重大决策部署，科学界定数字经济及其核心产业的统计范围，全面统计数字经济的发展规模，国家统计局于2021年编制了《数字经济及其核心产业统计分类（2021）》。根据该分类，数字经济的产业范围包括数字产品制造业、数字产品服务业、数字技术应用业、数字要素驱动业，以及数字化效率提升业 5 个大类，见表 2.3 所示。

在上述五个大类中，前 4 个产业属于数字经济核心产业。数字经济核心产业与数字经济产业化相对应，是指为产业数字化发展提供数字技术、产品、服务、基础设施和解决方案，以及完全依赖于数字技术、数据要素的各类经济活动，主要包括计算机通信和其他电子设备制造业、电信广播电视和卫星传输服务、互联网和相关服务、软件和信息技术服务业等，是数字经济发展的基础。数字化效率提升也属于产业数字化部分，是指应用数字技术和数据资源为传统产业带来的产出增加和效率提升，反映了数字技术与实体经济的融合。

表 2.3　数字经济及其核心产业统计分类的中类行业

大　类	中　类
数字产品制造业	计算机制造；通讯及雷达设备制造；数字媒体设备制造；智能设备制造；电子元器件及设备制造；其他数字产品制造业
数字产品服务业	数字产品批发；数字产品零售；数字产品租赁；数字产品维修；其他数字产品服务业
数字技术应用业	软件开发；电信、广播、电视和卫星传输服务；互联网相关服务；信息技术服务；其他数字技术应用业
数据要素驱动业	互联网平台；互联网批发零售；互联网金融；数字内容与媒体；信息基础设施建设；数据资源与产权交易；其他数字要素驱动业
数字化效率提升业	智慧农业；智能制造；智能交通；智慧物流；数字金融；数字商贸；数字社会；数字政府；其他数字化效率提升业

资料来源：国家统计局公布的《数字经济及其核心产业统计分类（2021）》。

二、数字经济的特征

从农业经济，到工业经济，再到今天的数字经济，数字经济作为全新的经济形态，具有区别于传统工业经济的新特征，具体包括生产要素、基础设施、经济结构和市场范围四个方面，如表 2.4 所示。

表 2.4　传统工业经济与数字经济的特征对比

特　征	传统工业经济	数字经济
生产要素	劳动力+资本+技术	劳动力+资本+技术+数据
基础设施	包括但不限于交通运输、能源供应、水利设施等物理基础设施	包括但不限于通信网络、工业互联网、云计算、数据中心、人工智能等数字基础设施
经济结构	垂直一体化企业主导	生态系统主导
市场范围	区域性	全球化

（一）数据要素的驱动

在传统工业经济时代，生产要素主要包括劳动力、资本和技术；而在数字经济时代，数据成为新的"石油"，是数字经济中最重要的生产要素。数据的采集、存储、处理和分析成为核心活动，而这些要素是无形的，能够被快速复制和传输，打破了物理空间的限制。2019 年党的十九届四中全会首次将"数据"确立为新生产要素，并提出"健全劳动、资本、土地、知识、技术、管理、数据等生产要素由市场评价贡献、按贡献决定报酬的机制。"数据要素具有非竞争性、可复制性、规模报酬递增等特征[①]，使其能够被无限次地复制和使用，降低生产和流通的成本，提升整体经济效益，形成数字经济时代的核心驱动力。

（二）依托数字基础设施

在传统工业经济时代，一切经济活动都依赖交通运输、能源供应、水利设施等物理基础设施，这些设施的建设和维护需要大量的资本和时间投入，扩展性有限且调整升级成本高昂。在数字经济时代，基础设施转变为通信网络、工业互联网、云计算、数据中心、人工智能等数字基础设施，这些设施建设的周期更短，扩展性强，能够支持全球范围内的数据流动和即时通信。作为数字信号传播媒介的通信基站，其数量的快速增长也体现出数字经济时代技术设施的快速转变。从图 2.2 中可以看出，4G 基站从 2014 年的 85 万个增长到 2023 年的 630 万个，增长幅度达到 7 至 8 倍。

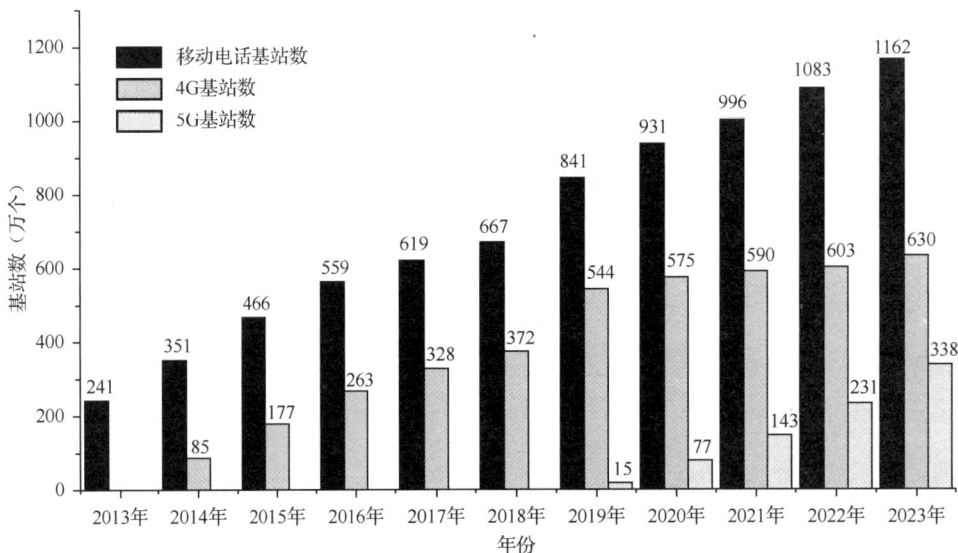

图 2.2　通信网络基础设施发展

（三）生态系统主导

在传统工业经济时代，经济结构以垂直一体化的制造业企业为主导，企业通常整合产业链上下游的各个环节来控制生产和销售过程。企业之间的竞争主要集中在资源获取、规模化生产能力和成本控制上。市场结构相对稳定，行业边界清晰，企业之间的关系呈现出明显的层级化。在数字经济时代，经济结构从垂直一体化转向了平台化和网络化。平台型

---

① JONES, CHARLES I, TONETTI C. Nonrivalry and the Economics of Data[J]. American Economic Review, 2020, 110(9): 2819-2858.

企业逐渐成为市场的主导力量，企业之间的竞争焦点从资源和规模转向了技术创新和用户体验。同时，数字经济还催生了数字内容产业、电子商务和共享经济等新兴产业，打破了传统行业的边界，形成了跨行业、跨区域的生态系统。在一个生态系统中，企业可以参与多个价值创造和价值获取环节，这种转变不仅改变了企业之间的竞争方式，也影响了消费者的参与模式。

（四）数字全球化趋势

在传统工业经济时代，市场范围受到物理距离的限制，多数企业的市场活动以区域性或国家性为主。虽然跨国企业存在，但也受到运输成本、关税、贸易壁垒等因素的制约，全球化程度相对较低。在数字经济时代，市场范围不再受限于地理边界，呈现出天然的全球化特征。以互联网为代表的数字技术，不仅使企业能够在全球范围内开展业务，还使得数字产品和服务（软件、内容、应用程序）能够以极低的成本实现全球分发和销售，加速了全球市场一体化。

第三节　数字经济发展的意义

党的十八大以来，党中央高度重视数字经济发展，将其提升为国家战略。数字经济逐渐成为应对新一轮科技革命和产业变革的重要战略选择。习近平总书记在 2022 年第 2 期《求是》杂志发表重要文章《不断做强做优做大我国数字经济》，文章强调："面向未来，我们要站在统筹中华民族伟大复兴战略全局和世界百年未有之大变局的高度，统筹国内国际两个大局、发展安全两件大事，充分发挥海量数据和丰富应用场景优势，促进数字技术和实体经济深度融合，赋能传统产业转型升级，催生新产业新业态新模式，不断做强做优做大我国数字经济。"这一重要论述为我国数字经济发展指明了方向，提供了重要遵循，对于构建新发展格局、建设现代化经济体系、提升国家竞争力具有重大战略意义。

一、数字经济助力构建新发展格局

数字技术的广泛应用打破了时空和地域的限制，使信息、商品和服务的流通更加高效，从而推动了国内市场的整合与协同。数字化平台的建设使企业能够精准匹配供需关系，优化资源配置，有效提升国内市场运转效率，促进了各产业间的深度融合与循环。在国际循环中，数字经济为众多企业，尤其是中小企业，提供了跨越传统边界的机遇。企业通过跨境电商和数字化供应链，以低成本、高效率的方式参与全球竞争，拓展国际市场份额。同时，数字技术所推动的全球数据流动和智能化合作，促进了国际贸易、投资和技术转移的高效衔接，进一步增强了中国在全球供应链中的地位。近年来，新一代信息技术正在加速向网络购物、移动支付等新型消费领域渗透。据统计，2023 年，中国的实物商品网上零售额继续保持快速增长的态势，增长率高达 11%，总额达到 15.42 万亿元，占社会消费品零售总额的比重持续提升①。此外，2023 年我国跨境电商进出口总额达到 2.38 万亿元，增长 15.6%，是国际大循环的重要推动力量。

二、数字经济推动建设现代化经济体系

（一）激活经济增长新动能

数据作为关键生产要素，催生了新兴产业的发展，并推动了产业在空间上的重新布局，为欠发达地区提供了新的发展机遇，逐渐成为现代化发展的核心竞争力。在传统生产方式中，地理环境和资源禀赋对生产力的发展构成了诸多限制，影响了经济规模的扩展。然而，随着大数据、人工智能、物联网和区块链等技术的迅猛发展，全面激发了新业态和新模式的发展活力。近年来，我国数据产量持续增长。《国家信息化发展报告（2023 年）》显示，2023 年我国数据总产量已达到 32.85 ZB，大数据产业规模达到 1.74 万亿元。2023 年，我国已有 226 个省级和城市的地方政府上线数据开放平台，开放的有效数据集达 34 万个，数据集数量增长达 22%。这些数据表明，数据资源对提高生产效率效果明显，已成为数字经济时代最具时代特征的生产要素。随着数据的爆发增长和海量聚集，其蕴含的巨大价值不断被挖掘，为智能化发展带来了前所未有的新机遇。

（二）提高生产效率

数字经济的核心在于信息技术的广泛应用，通过数字化、自动化和智能化生产流程来提升生产效率。在传统经济模式中，生产效率受限于人力、物力等要素，而在数字经济中，信息技术可以优化这些要素的配置。例如，制造业企业利用物联网技术对生产设备进行实时监控和维护，减少停机时间，提高生产线运作效率。此外，大数据和人工智能的应用能够预测市场需求，优化库存管理，避免过度生产或库存积压，进一步提高了资源利用率。此类效率提升不仅降低了企业的运营成本，还增强了其市场竞争力和创新活力，推动了经济的高质量发展。

（三）推动产业结构升级

数字经济为传统产业带来了转型升级的契机，通过信息技术与产业深度融合，激发了传统产业的新活力。例如，传统制造业借助智能制造和工业互联网，实现了从大规模生产向柔性定制的转变，提高了产品的附加值。此外，数字经济还催生了电子商务、共享经济、数字金融等新兴产业，这些新产业不仅自身发展快速，还带动了上下游产业链的升级与创新。实体经济是国家经济的根基，是财富创造的源泉，是国家强盛的支柱。数字经济以其

---

① 电子商务和信息化司. 2023 年中国网络零售市场发展报告[R]. 2024.

创新性、流动性和共享性对传统产业进行了全方位、全链条改造，实现了工业化、信息化、城镇化、农业现代化的协同发展，提高了全要素生产率，对经济发展起到了放大、叠加、倍增的作用。在实践中，坚持以数字技术与实体经济深度融合为主线，加强新型基础设施建设，完善数字经济治理体系，协同推进数字产业化和产业数字化，赋能传统产业转型升级，有利于培育新产业、新业态、新模式，为构建数字中国提供有力支撑。

（四）促进包容性增长

数字经济降低了市场准入门槛，尤其为中小企业和个体经营者提供了更多机会。例如，中小企业通过电子商务平台快速进入全球市场，个体经营者借助社交媒体和自媒体平台直接面对消费者，从而拓宽了市场空间。此外，数字经济还为偏远地区和欠发达地区提供了新的发展契机。以农村电商为例，农产品能够快速进入城市市场，增加了农民的收入来源。这种包容性增长不仅缩小了不同地区和企业间的发展差距，还促进了社会的公平与稳定。

（五）促进创新发展

数字经济以创新为核心动力，通过技术创新和商业模式创新推动经济增长。例如，互联网平台经济的兴起颠覆了传统商业模式，创造了共享经济、按需经济等新型商业模式。这些模式不仅提高了资源利用效率，还满足了消费者的多样化需求，带来了新的经济增长点。同时，人工智能、大数据、区块链等新兴技术的广泛应用，为企业提供了新的工具和手段，使得企业在生产、服务、营销等方面实现智能化和个性化，进一步激发了市场潜力。

（六）提升经济韧性

数字经济的发展提升了经济韧性，使其在面对外部冲击时能够更快地适应和恢复。以2020年为例，许多传统经济活动受到重创，但基于数字技术的经济活动却展现出了强大的适应能力。在线办公、远程教育、电子商务等数字化手段使得企业和社会在一定程度上维持了正常运转，减少了经济损失。此外，数字化供应链的应用使企业能够更加灵活地应对供应链中断，通过数据分析快速调整生产和物流计划，降低了供应链风险。这种经济韧性的提升，有助于维持经济的稳定发展，增强对外部不确定性的抵御能力。以我国为例，2022年中国数字经济依然保持10.3%的高位增长，远高于同期GDP名义增速。

三、数字经济增强国家竞争新优势

（一）提升核心竞争新能力

数字经济促进了数字产业化和产业数字化的发展，推动了技术、模式、业态的多维升级，成为我国构筑国家竞争新优势的强劲动力。回顾历史，每次技术革命都极大地促进了生产力的发展，同时也深刻地改变了人们的生活方式。一方面，数字经济不仅广泛融合于实体经济，在成本、效率、质量、覆盖范围等多个方面实现了跨越式发展，有效打破了时空的限制，提升了有限资源的普惠化水平，为群众生活带来了极大的便利，提供了更加丰富的物质产品和社会财富，使广大人民享受到切实的福利。另一方面，数字经济引发了市场规则、组织结构、信用关系、产权制度和激励机制等方面的深刻变革，激发了制度体系与治理方式的持续创新，培育了在发展中规范、在规范中发展的新常态，以此构筑国家竞争的新优势。通过数字经济的推动，我国在全球竞争中占据了战略主动地位，建立了具有中国特色的数字化发展模式。

根据《数字中国发展报告（2022年）》，我国5G技术、产业和应用已经实现全面领先，高性能计算继续保持全球优势，北斗导航卫星实现了全球覆盖并形成规模化应用；芯片自主研发能力稳步提升，国产操作系统的性能显著提高；人工智能、云计算、大数据、区块链、量子信息等新兴技术跻身全球领先行列。2022年，我国信息领域PCT国际专利申请数量超过3.4万件，相较于2017年增长约70%，全球占比超过三分之一。

（二）促进国际广泛合作

进入新时代，世界各国成为相互联系、相互依赖的经济体，而数字经济正成为重组全球要素资源、重塑全球经济结构、改变全球竞争格局的关键力量。数字经济不仅为国际合作开辟了广阔的空间，成为世界经济合作的重要纽带，也推动了各国发挥比较优势，实现互利共赢。目前，我国积极倡导并参与《二十国集团数字经济发展与合作倡议》《全球发展倡议》等国际合作框架，深入参与数字经济国际规则的制定，并在技术、标准和应用等方面与其他国家开展广泛交流合作，共同构建网络空间命运共同体。这种合作不仅有助于提升全球数字经济整体水平，也为我国在全球数字经济格局中占据有利地位提供保障。我们应抓住数字化发展新机遇，进一步完善数字经济发展的顶层设计和体制机制，拓展经济增长新空间。通过深化国际合作，推动我国数字经济的健康发展，并在全球数字经济的规则制定和技术创新中发挥更大的引领作用。

四、数字经济改善社会民生福祉

数字经济不仅是改善社会服务和提升生活质量的工具，更是推动社会转型的重要引擎。数字经济通过技术赋能，优化了资源配置，尤其在医疗、教育、交通等民生关键领域，打破了传统供需限制，提升了服务的覆盖效率。在医疗领域，远程医疗和健康监测等技术让医疗服务更加普及，尤其对于偏远和医疗资源匮乏地区，数字技术削弱了空间障碍，使得患者能够及时获得医疗帮助，改善了整体医疗可及性和质量。同时，数字经济通过智能化技术提高了公共服务的管理效率。智慧城市的建设依托物联网、云计算和大数据等技术，实现了城市资源的实时监测和智能调度，减少了资源浪费，并提升了城市管理的精细化水平。例如，在交通领域，"车联网"和无人驾驶技术有效缓解了交通拥堵，减少了碳排放，提升了城市交通的可持续性。此外，数字经济还推动了消费模式和生活方式的转型。线上购物、移动支付等服务使得消费者可以更便捷地获取商品和服务，提高了生活便利性和消费多样性。同时，5G 技术的发展催生了数字孪生、智能家居、远程办公等新型生活方式，进一步提高了居民的生活质量和工作效率。

五、数字经济提高治理能力

数字经济对于社会治理能力的提升，体现在数字公共服务、数字政府等方面。数字公共服务提升了政府的服务效能和透明度。电子政务平台的普及使得公民能够更方便快捷地获取公共服务，减少了传统服务中的中介成本和时间消耗。例如，电子纳税、在线医保申请等服务减少了烦琐的线下手续，提高了公共服务的可及性。数字技术通过加强政府与公民之间的信息交互，提升了治理过程的透明度，增强了政府的公信力。数字政府通过物联网、区块链等技术，实现了跨部门的信息互联和数据共享，打破了传统治理中的"数据孤岛"问题。信息的整合与协同使政府能够更系统地协调各类资源，提升政策执行的整体效率。数字政府的透明性和开放性使得公民能够参与到政策制定和监督中来，提升了治理的公开性和透明度。这一转型不仅优化了政府内部的管理流程，还提高了公民对政府治理的信任度与参与度。

六、数字经济促进绿色可持续发展

数字经济与绿色可持续发展理念紧密契合，数字技术的创新推动了"双碳"目标的实现。在数字技术的驱动下，绿色发展在生产端和消费端得到有效推进。从生产端来看，数字技术提升了能源利用效率，推动了污染处理的技术创新，降低了环境治理成本。智能制造、工业互联网等技术使企业能够实时监控和优化生产过程，减少能源浪费和碳排放。例如，智能电网将可再生能源与传统能源有效整合，提高了能源的使用效率。此外，物联网技术的应用使得污染物排放监测更加精准，政府和企业能够及时做出环保决策，从而减少环境污染。在消费端，数字经济催生了多样化的绿色消费方式，推动了消费结构的低碳转型。例如，电子商务平台通过优化物流路径减少了运输中的碳排放，而线上二手交易平台、共享经济等新型消费模式促进了资源的循环利用，减少了资源的浪费。这种绿色消费需求进一步推动了绿色产品和服务的供给，使得低碳产业得以快速发展。此外，数字技术通过大数据、人工智能等手段提高了政府的环境治理能力。政府可以实时监测空气、水资源、土壤等生态要素，及时发现和应对环境问题，提高环境管理的效率。数字经济还推动了产业的绿色转型升级，传统高耗能、高污染的产业通过数字化手段向低碳、绿色的生产模式转变，实现了经济增长与环境保护的双赢[1]。

---

① 许宪春, 等. 大数据与绿色发展[J]. 中国工业经济, 2019(4): 5-22.

第四节　数字经济的发展历程

一、全球数字经济发展历程

数字经济的崛起并非一蹴而就的，而是技术进步、社会需求和经济变革共同作用的结果。伴随数字基础设施的持续完善及技术创新的不断推进，数字经济已逐渐成为全球经济发展的重要引擎。现阶段，世界各国和地区纷纷加速布局数字经济，推进数字基础设施建设，制定并实施支持数字技术创新和数字产业化的政策，以实现经济转型、提高生产效率、促进新兴产业发展，并增强国际竞争力。

（一）全球数字经济的兴起与发展

1. 美国

1996 年，美国实施《电信法案》，放宽市场准入，鼓励互联网服务提供商竞争，推动亚马逊、谷歌等科技企业崛起。1998 年 1 月，时任美国副总统阿尔·戈尔正式提出"数字地球"概念，倡导利用数字技术了解地球；1998 年 7 月，美国商务部发布报告《浮现中的数字经济》，由此，美国政府正式拉开了数字经济的序幕。进入 21 世纪，美国于 2021 年通过了《美国创新与竞争法案》，集中为包括人工智能、量子计算和半导体等尖端技术领域的研发投资提供支持，以巩固美国在全球数字经济中的领导地位。2022 年，美国通过了《芯片与科学法案》，为半导体产业提供超过 500 亿美元的资金支持，以确保数字经济中核心技术供应链的安全。截至 2022 年，美国数字经济规模已达 17.2 万亿美元，在全球数字经济规模中稳居首位[①]。

2. 欧盟

欧盟于 2000 年提出"里斯本战略"，目标是到 2010 年将欧盟发展为全球最具竞争力、动态的知识经济体。该战略的发布促使欧盟成员国加速网络连接、宽带普及和互联网基础设施的建设，推动信息社会不断向前发展。2015 年，欧盟提出"单一数字市场战略"，进一步消除成员国之间的数字壁垒，实现数据和服务的自由流动，加快欧盟统一数字市场的建设。2018 年，欧盟发布了《欧盟人工智能战略》，推动人工智能技术的发展和应用。2023 年 1 月，欧盟《2030 年数字十年政策方案》正式生效，围绕数字技能、数字基础设施、商业和公共服务数字化领域等方面设立目标，力争在 2030 年实现全面数字化转型。

3. 日本

2009 年，日本政府制定了"i-Japan 战略 2015"，强调了数字技术在政府服务、教育、

---

① 中国信息通信研究院. 全球数字经济白皮书（2023 年）[R]. 2024.

医疗等社会服务领域的广泛应用，推动政府部门的数字化革新，提升公共服务的效率。2013年，日本政府制定了《科学技术创新综合战略 2013》，旨在建设数字信息产业基础设施，推动信息产业技术的应用，促进经济社会数字化转型。2016 年，日本在《第五期科学技术基本计划》中正式提出了"Society 5.0"，即"超智能社会 5.0"的概念。其核心理念是通过人工智能、物联网、机器人技术等先进数字技术，构建一个高度智能化和融合化的社会，推动数字经济向智能化发展。2017 年，日本政府提出了"互联工业"的发展理念，强调将物联网、人工智能和大数据技术深度融入制造业和服务业，提升产业链的协同效率和价值创造能力。2024 年 6 月，日本通过《统合创新战略2024》，聚焦核聚变能源、量子技术、人工智能、生物技术和材料科学等前沿领域，强化跨学科协同，推动科技创新跨越式发展。

4. 英国

2009 年，英国政府发布了《数字英国》白皮书，推动了全国范围内的数字化转型。随后英国相继推出《2015—2018 数字经济战略框架》（2015 年）和《英国数字战略》（2017年），加快数据驱动的创新和信息通信技术基础设施的建设，并在脱欧背景下制定全面规划，以打造世界一流的数字经济。2022 年 10 月，英国进一步发布《英国数字战略》，明确提出将继续投资具有国际竞争力强、质量高且便捷的研究和创新基础设施网络，包括为全球最大气候建模专用计算机提供 12 亿英镑，为下一代超级计算机 ARCHER2 提供 7900 万英镑，以强化计算能力和技术优势。2024 年 3 月，英国正式出台《2024—2030 年数字发展战略》，聚焦网络连接、数字公共基础设施、人工智能、数字经济投资、数字民主、网络安全及绿色数字等关键领域，以全方位提升国家的数字化能力与国际竞争力。

（二）全球数字经济的发展现状

根据中国信息通信研究院发布的《全球数字经济白皮书（2023 年）》，截至 2022 年，全球 51 个主要经济体的数字经济规模达到了 41.4 万亿美元，占全球 GDP 的 46.1%，同比增长了 7.4%，这大大超出了全球 GDP 的平均增长率。在此期间，产业数字化仍然是推动数字经济增长的主要力量，占数字经济的 85.3%，数字产业化仅占数字经济的 14.7%。其中，第三产业数字化转型最为活跃，数字经济在全球三大产业中的渗透率分别为第三产业 45.7%，第二产业 24.7%，第一产业 9.1%。从规模来看，中、美、欧三极格局稳固，其中，美国以 17.2 万亿美元的数字经济规模稳居全球第一，中国以 7.5 万亿美元紧随其后，德国则以 2.9 万亿美元位列第三。此外，日本、英国、法国的数字经济规模均突破 1 万亿美元。从 GDP 占比来看，英国、德国、美国数字经济占 GDP 比重均超过 65%。从增速看，沙特阿拉伯、挪威、俄罗斯数字经济增长最快，增速均超过 20%，位列全球前三。

在数字产业化方面，人工智能技术与产业发展加速推进。截至 2024 年第三季度，全球人工智能企业数量接近 3 万家，其中美国占全球的 34%，中国占全球的 15%。从 2023年至 2024 年第一季度，全球人工智能"独角兽"企业总数达到 242 家，其中美国拥有 124

家,中国有 71 家[①]。在产业数字化方面,全球数字化融合不断催生新模式和新业态。一方面,传统行业的数字化转型不断深化,先进制造模式持续推进,数字原生企业通过"数据+技术"创新价值发现模式。另一方面,数字化转型推动产业创新,成为新的增长动力。截至 2023 年,全球工业互联网产业规模达到 9793.3 万亿美元,同比增长 13.9%[②]。

二、中国数字经济发展历程

(一)中国数字经济的发展阶段

中国的数字经济发展大致经历了萌芽阶段、快速发展阶段,当前正处于深化应用、规范发展、普惠共享的融合协同阶段。

第一阶段是萌芽期(1994—2004 年)。在这一阶段,中国的互联网基础设施开始逐步建设,信息技术逐渐普及,数字化意识初步萌芽。1994 年,中国正式接入国际互联网,标志着互联网时代的到来。1996 年,发布《中华人民共和国计算机信息网络国际联网管理暂行规定》,是中国开始对互联网进行初步管理的象征。尽管 2000 年全球互联网泡沫破裂,中国国内的互联网行业仍然展现出韧性,新浪、网易和搜狐等互联网企业在此期间崛起。2002 年,出台《国家信息化领导小组关于我国电子政务建设指导意见》,在已有电子化政府发展基础上开始全面推行电子政务,提高数字化治理能力。整体来看,这一阶段的特征是互联网基础设施的初步发展,宽带网络的逐步普及,以及电子商务、门户网站和电子政务的萌芽产生,为后续的数字经济发展奠定了基础。

第二阶段是快速发展期(2005—2015 年)。继电子政务之后,2005 年我国发布了《国务院办公厅关于加快电子商务发展的若干意见》,开始全面发展电子商务。随后,2006 年和 2007 年,我国相继在《2006—2020 年国家信息化发展战略》和党的十七大报告中提出"信息化"和"两化融合"发展战略,着力推动数字产业发展,并加快传统产业与数字技术的深度融合,实现产业数字化转型。2009 年,我国正式引入 3G 网络,推动移动互联网快速普及,成为移动数字经济加速增长的重要标志。这一阶段政府出台了一系列政策支持信息化建设,阿里巴巴、腾讯、百度等互联网巨头也迅速崛起,成为我国数字经济发展的核心力量。

第三阶段是融合协同期(2015 年至今)。4G 网络的广泛部署和移动支付、云计算、大数据、人工智能等技术的飞速发展,推动了各行业的数字化转型。2013 年,中国提出"一带一路"倡议,其中数字丝绸之路成为全球数字经济布局的重要组成部分。2015 年,发布《国务院关于积极推进"互联网+"行动的指导意见》,加速推动传统产业与互联网技术融合升级。2019 年,5G 网络商用正式启动,物联网、工业互联网等新兴领域也迅速发展,

① 中国信息通信研究院. 全球数字经济发展研究报告(2024 年)[R]. 2025.
② 赛迪顾问. 2023—2024 年中国工业互联网市场研究年度报告[R]. 2024.

为新一轮科技创新提供了基础条件。2021 年,"十四五"规划提出加快建设数字中国的目标,并特别强调数据要素的市场化配置机制。2023 年,中国成立国家数据局,负责统筹推进数据基础制度建设,促进数据资源的整合、共享和开发利用,加快数字经济的发展。

(二)我国数字经济的发展现状

中国信息通信研究院发布的《中国数字经济发展研究报告(2024 年)》指出,我国数字经济规模达到 53.9 万亿元,占 GDP 的比重为 42.8%,相比 2012 年的 11.2 万亿元,增幅达3.8 倍,2012—2013 年我国数字经济规模如图 2.3 所示。2023 年,我国数字经济同比名义增长 7.39%,GDP 名义增速为 4.64%,表明数字经济正持续引领经济的高质量发展,2005—2023 年我国数字经济与 GDP 增速如图 2.4 所示。

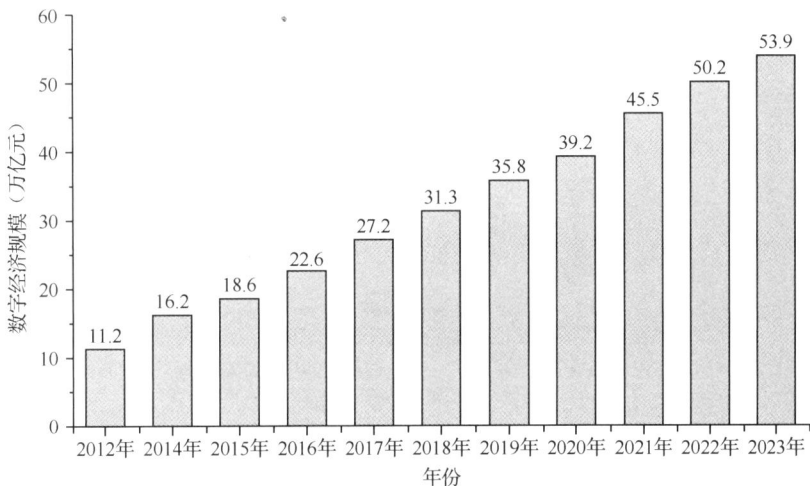

图 2.3　2012—2023 年我国数字经济规模

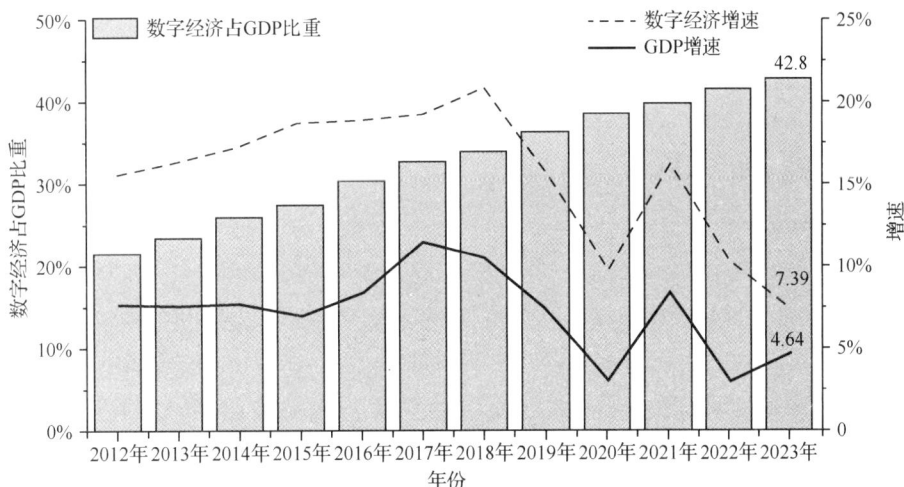

图 2.4　2005—2023 年我国数字经济与 GDP 增速

在数字经济两大产业构成中,数字产业化实力进一步增强,数字技术新业态层出不穷。

整体来看，数字经济内部结构方面，数字产业化与产业数字化的比重由 2012 年的约 3 : 7 发展为 2023 年的约 2 : 8。数字产业化在数字经济中的比重为 18.7%，产业数字化在数字经济中的比重则占 81.3%。2023 年，数字产业化的规模达到 10.1 万亿元，同比增长 9.57%，其增速高于同期的数字经济整体增速，表明数字产业化正为数字经济的高质量发展提供强有力的技术和产业支持。数字产业化占 GDP 的比重达到 8.01%，进一步接近"十四五"发展目标。此外，产业数字化的规模为 43.8 万亿元，同比增长 6.90%，略低于数字经济的整体增速。产业数字化占 GDP 的比重已超过三成，达到 34.77%，显示出其进入高质量发展的关键时期，我国数字经济内部结构如图 2.5 所示。

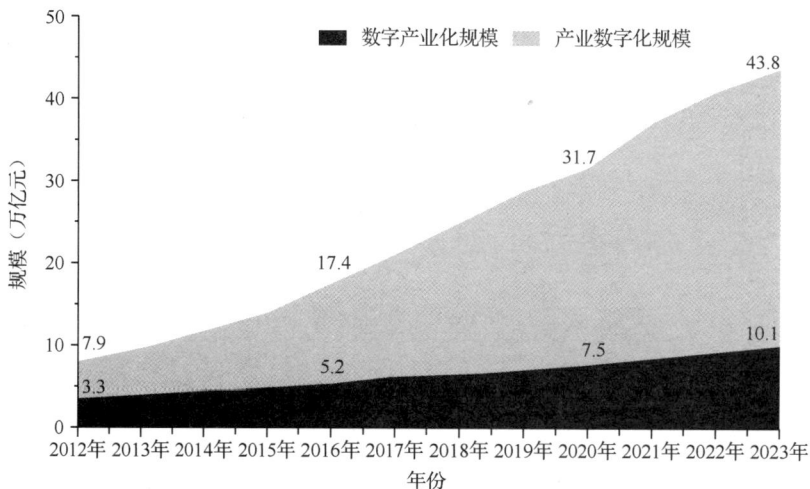

图 2.5　我国数字经济内部结构

（三）我国数字经济面临的挑战

我国数字经济蓬勃发展，数字产业化和产业数字化进程不断加速，数字技术催生的新技术、新业态、新模式正广泛渗透至经济社会的各个领域，对我国经济社会发展的引领与支撑作用越加凸显。然而，数字经济的发展在技术、应用和制度三个层面仍面临诸多困境，亟待破解。

1. 技术层面

在全球科技竞争加剧的背景下，掌握数字经济的主导技术路线和关键核心技术已成为影响国家数字经济竞争力的关键要素。然而，我国数字经济在这一领域仍面临多重挑战。一是关键核心技术对外依赖大。长期以来，我国在高端芯片、工业控制软件、核心元器件和基本算法等关键领域依赖国外供应链，增加了技术封锁的风险，削弱了数字经济发展的自主性与安全性。二是底层技术逻辑面临替代风险。发达国家正利用开源软件和底层芯片技术上的优势，推动开源架构取代传统的软硬件一体化模式，并通过掌控接口标准和底层技术，重塑全球数字技术格局，这可能会削弱我国原有技术优势，冲击技术生态的稳定性与自主性。三是技术成果转化与产业链协同不足。数字技术的产业化、工程化和商业化体系尚不完善，技术成果转化效率较低；产业链条不完整，尤其在大规模市场应用中，缺乏有效的商业模式。四是数据主权和网络安全保障薄弱。面对复杂的全球网络环境，我国在数据泄露防范、网络攻击应对和跨境数据流动治理等方面仍存在技术短板，数据安全体系亟待强化。

2. 应用层面

我国数字经济规模虽居全球第二，但整体上数字技术与实体经济的融合仍不充分，且发展不平衡。根据《中国数字经济发展研究报告（2023 年）》，2022 年我国一、二、三产业的数字经济渗透率分别为 10.5%、24.0%和 44.7%，虽然较前几年有所增长，但一、二产业的数字化融合程度仍明显低于第三产业，且增速相对滞后。这种不平衡性直接影响了劳动生产率的提升，尤其在制造业和农业领域，数字化对生产效率的带动效应尚未充分释放，阻碍了整体经济效益的提升。此外，与发达国家相比，我国的数字经济渗透率仍存在差距。《全球数字经济白皮书（2023 年）》显示，2022 年全球 51 个主要经济体第一、二、三产业的数字经济渗透率分别为 9.1%、24.7%和 45.7%，而我国第三产业的数字经济渗透率明显落后，我国在数实融合上仍需进一步提升技术应用的深度和广度，以缩小与发达国家的差距。

3. 制度层面

制度是经济发展的根本保障，但当前我国数字经济的治理体系仍滞后于实践，难以发挥制度先行的引导作用。一是我国在全球数字规则制定中的话语权较弱。欧美国家凭借其技术优势和先发优势，已形成"二分天下"的数字规则格局，美国通过技术主导奠定全球数字监管体系，欧盟依托统一市场率先建立数据监管制度。面对这一局势，我国在数据主权、安全和规则制定方面处于被动，影响了我国数字经济的全球竞争力。二是我国数字经济制度建设滞后。当前，我国数据确权、交易、流通及安全监管的法律法规和标准体系尚不健全，导致"数据孤岛"现象普遍存在，阻碍数据资源的高效利用，削弱数字经济对整体经济的贡献。同时，企业间数据共享受阻，数据难以有效整合与流动，进一步制约了"数字红利"的释放。三是反垄断监管面临理论与实践挑战。平台经济的双边市场特性和数据集中趋势带来诸多反垄断争议，如大数据杀熟、平台"二选一"等。尽管监管有所加强，但传统反垄断理论难以完全适用于平台经济，市场界定与支配地位认定存在争议。此外，平台定价中的交叉补贴机制使滥用市场支配地位的判定变得复杂，影响了监管的有效性。

上述问题引发了国家对数字治理体系和监管规则的重视。2020 年，中共中央、国务院发布了《关于构建更加完善的要素市场化配置体制机制的意见》，首次明确将数据作为生产要素，是中国推进数字经济建设的关键制度性突破。2020 年 12 月 11 日，中共中央政治局会议正式提出"强化反垄断和防止资本无序扩张"。2021 年 2 月 7 日，《国务院反垄断委员会关于平台经济领域的反垄断指南》发布，这标志着平台反垄断问题已经从理论层面的探索转为数字经济治理中的现实问题。

第五节 数字经济规模的测算方法

在数字经济的发展过程中，数据要素和数字技术对经济增长的影响复杂且多元，涉及多种经济机制和影响路径。因此，科学衡量数字经济的规模及其对宏观经济的影响，对于理解整体经济运行至关重要。本节介绍不同部门测算数字经济对宏观经济贡献的方法。

一、美国经济分析局的测算方法

美国经济分析局（BEA）在测算数字经济规模时，基于供给—使用表的框架，并参考其他卫星账户的测算方法，将测算步骤分为三个部分：首先，明确数字经济的测算范围；其次，根据测算范围确定供给—使用表中与数字经济相关的商品和服务；最后，通过供给—使用表框架识别出提供这些商品和服务的行业，并估算其总产出、增加值、就业、薪酬及其他相关变量。其中供给—使用表中"供给表"描述了商品和服务的供给，包括国内生产和出口；"使用表"描述了数字经济中商品和服务在何处及怎样使用，分为消费、资本和出口。

第一步，明确数字经济的测算范围。2018 年，美国经济分析局在《数字经济定义和测度》中发布了美国数字经济统计核算框架体系。尽管美国经济分析局未给出数字经济的具体定义，但采用了分类的方法来界定其测算范围。美国经济分析局从互联网及信息通信技术的角度对数字经济的统计范围进行了明确界定，并指出数字经济主要涵盖基于互联网和相关信息通信技术的经济活动，具体包括以下三大方面：首先，数字化基础设施，指支撑计算机网络和数字经济运行的物理材料和组织结构，是整个数字经济的基础；其次，电子商务，即通过计算机网络进行的各类交易活动；最后，数字媒体，包括用户创建和访问的数字内容。美国经济分析局的数字经济分类如表 2.5 所示。

表 2.5 美国经济分析局的数字经济分类

大 类	小 类	解 释
数字化基础设施	计算机硬件	构成计算机系统的实体元件，如显示器、硬盘、半导体、无线通信设备等
	计算机软件	个人计算机或商用服务器等设备上使用的程序，包括商用软件和企业内部供自己使用的软件
	通信设备与服务	通过电缆、电话或卫星等方式提供远距离传输信息所需的设备及服务
	建筑物	数字经济生产者生产数字经济商品、提供数字经济服务的建筑，以及为数字产品提供支持服务的建筑，如数据中心等
	物联网	支持互联网的设备，如电器、机械和汽车等
	支持服务	数字基础设施运行所需的服务，如数字咨询服务和计算机维修服务
电子商务	B2B 电子商务	企业与企业之间使用互联网或者其他电子途径进行的交易
	B2C 电子商务	企业利用互联网或其他电子化手段向消费者销售商品和服务

续表

大　类	小　类	解　释
电子商务	P2P 电子商务	消费者（个人）之间直接通过数字平台进行商品和服务的交易或共享，如二手交易、住宿租赁、网约车等
数字媒体	直销数字媒体	企业向消费者出售的直接收费的数字产品
	免费数字媒体	一些企业向消费者免费提供数字媒体服务，如 Youtube 和 Facebook
	大数据	一些企业将生成大数据作为其正常运营的一部分

资料来源：Barefoot K, Moris F, Jolliff W, Ritchey J, Rowe S. Defning and Measuring the Digital Economy[R]. U.S. Department of Commerce, Bureau of Economic Analysis, 2018.

第二步，识别数字经济中的商品和服务。基于第一步中定义的数字经济测算范围，并结合供给—使用表中的详细数据，美国经济分析局能够准确识别纳入数字经济初步估算的商品和服务。美国经济分析局依托北美产业分类体系，在涵盖约 5000 种商品和服务的框架中进行分类分析。通过这一框架，并依据专业分析人员的意见及外部研究成果，美国经济分析局最终筛选出 200 多个与数字经济相关的商品和服务类别，将其纳入数字经济的初步估算中。

第三步，确定数字经济的行业标准并计算结果。美国经济分析局的测算主要关注数字经济的名义增加值、总产出、薪酬和就业情况。在确定了数字经济相关的商品和服务后，BEA 通过供给—使用表识别出生产这些商品和服务的具体行业。按行业划分的数字经济总产出，即为这些行业中所选数字经济商品和服务的总价值。数字经济的增加值通过数字经济行业产出与行业总产出之间的比例关系计算，即假设数字经济行业的中间消耗率与行业整体的中间消耗率一致，计算出行业产出贡献。薪酬和就业的测算方法与增加值的计算方法类似。具体而言，美国经济分析局利用各行业数字经济产出占该行业总产出的比例，推算出相应的"数字经济就业"（行业内从事数字经济活动的就业人数）和"数字经济薪酬"（与数字经济相关的薪酬支出），从而得出数字经济对就业和薪酬的贡献。

二、中国信息通信研究院的测算方法

中国信息通信研究院将数字经济规模的测算分为两个步骤。

第一步，是明确数字经济的定义。2021 年 5 月，国家统计局发布了《数字经济及其核心产业统计分类（2021）》，作为衡量数字经济发展水平的重要统计标准。该分类明确了数字经济及其核心产业的统计范围，为全面统计数字经济的规模、速度和结构，满足社会各界对数字经济的统计需求奠定了基础。对数字经济的界定是进行产业分类的前提和基础。根据中国的数字经济产业分类，数字经济被定义为：数字经济是以数字化的知识和信息为关键生产要素，以数字技术创新为核心驱动力，以现代信息网络为重要载体，通过数字技术与实体经济深度融合，不断提高传统产业数字化、智能化水平，加速重构经济发展与政府治理模式的新型经济形态。

数字经济产业分类从"数字产业化"和"产业数字化"两个角度划定了数字经济的基

本范围，分为数字产品制造业、数字产品服务业、数字技术应用业、数字要素驱动业、数字化效率提升业五个大类。

在上述五个大类中，前四个产业属于数字经济核心产业。数字经济核心产业与数字经济产业化相对应，是指为产业数字化发展提供数字技术、产品、服务、基础设施和解决方案，以及完全依赖于数字技术、数据要素的各类经济活动，主要包括计算机通信和其他电子设备制造业、电信广播电视和卫星传输服务、互联网和相关服务、软件和信息技术服务业等，是数字经济发展的基础。数字化效率提升也属于产业数字化部分，是指应用数字技术和数据资源为传统产业带来的产出增加和效率提升，反映了数字技术与实体经济的融合。

第二步，按照国民经济统计体系计算各个行业的增加值并进行加总。数字产业化部分指的是信息产业的增加值，即数字技术创新和数字产品生产。该部分的规模由电子信息制造业、基础电信业、互联网行业及软件服务业的增加值直接加总而来。产业数字化部分指的是数字技术与其他产业的融合应用，即国民经济其他非数字产业部门使用数字技术和数字产品带来的产出增加和效率提升。对于传统行业中数字经济部分的测算，我们采用增长核算账户框架。我们将根据投入产出表中的国民经济行业分类，分别计算信息通信技术资本存量、非信息通信技术资本存量、劳动及中间投入。

练习与思考

1. 谈谈你对数字经济的理解，并阐述其定义与构成。

2. 信息经济、网络经济、平台经济与数字经济在概念上既有区别又存在联系，试比较它们的核心特征，分析各自的作用及其在数字经济体系中的关系。

3. 结合数字经济的发展特征，分析我国数字经济在技术创新、数据治理、产业结构、全球竞争力等方面的机遇与挑战。

第三章

数字经济中的生产力

生产力指人类运用工具、技术、知识和资源，将自然物质转化为满足社会需求的产品或服务的能力，是推动社会发展和进步的核心力量。恩格斯认为，生产力是劳动者与生产资料相结合所形成的改造自然的能力。马克思在《资本论》中提出，劳动者、劳动资料和劳动对象共同构成了生产力的基本要素，生产力是人类在生产实践中利用和改造自然的物质力量。随着社会的进步，科学技术逐渐成为推动生产力发展的重要因素。1988年，邓小平同志提出"科学技术是第一生产力"，强调科技在生产力各要素中的渗透作用，使其可以直接转化为实际的生产能力。进入数字时代后，2023年，习近平总书记提出了"新质生产力"概念，进一步揭示了生产力的演进方向。新质生产力是由技术革命性突破、生产要素创新性配置、产业深度转型升级催生的当代先进生产力。新质生产力的核心在于劳动者、劳动资料和劳动对象的优化组合及跃升，决定了先进生产力的发展。在数字经济时代，生产力不再局限于传统的劳动者、劳动资料和劳动对象的组合，还包括数据、数字技术、数字基础设施等新兴要素的创新性配置。

本章重点探讨数字经济中生产力的核心要素、技术基础及支撑其发展的关键基础设施，涵盖数据要素、通信技术、人工智能、区块链、云计算、元宇宙等，并阐述它们在数字经济环境下的具体应用。

第一节 数据要素

在数字经济时代，数据已成为驱动数字经济软硬件发展的基础与动力，被誉为"新石油"和"新货币"[①]。党的十九届四中全会首次提出，将"数据"增列为生产要素；《"十四五"数字经济发展规划》也进一步强调数据要素是数字经济深化发展的核心引擎，并在首份要素市场化配置文件中强调加快培育数据要素市场。2023年12月，国家数据局等十

---

① KELLER S A, SHIPP S S, SCHROEDER A D, KORKMAZ G. Doing Data Science: A Framework and Case Study[J]. Harvard Data Science Review, 2020, 2(1).

七个部门联合印发的《"数据要素×"三年行动计划（2024—2026 年）》指出，要推动数据要素应用广度和深度的大幅拓展，发挥数据要素的放大、叠加、倍增作用，提升数据要素赋能经济社会发展的增长动能。这标志着数据不仅是生产资料，还是新质生产力发展的重要资源。本节重点介绍数据的定义与分类，阐述数据要素的概念与特征，并深入分析数据要素产业链。

一、数据的定义与分类

（一）数据的定义

目前，学者和研究机构从各个视角对数据进行了定义。从技术视角来看，国际标准化组织在其信息技术词汇中将数据定义为"以适合交流、解释或处理的正式方式对信息进行可解释的表述方式"[①]；全国信息安全标准化技术委员会将数据定义为"任何以电子方式对信息的记录"[②]；计算机科学将数据定义为"对所有输入计算机并被计算机程序处理的符号的总称"。从资源属性视角来看，中国信息通信研究院认为数据是"对客观事物的数字化记录或描述，是无序的、未经加工处理的原始素材"[③]；联合国统计委员会进一步强调数据是信息的物理表现形式，这一表现形式适用于人工或自动化手段交流、理解或处理；国际数据管理协会则进一步明确了数据对于事实的呈现格式，认为数据是以文本、图片、声音、视频等格式对事实的表现。从法律与政策视角来看，数据是一种需要保护和管理的重要资源；欧盟的《通用数据保护条例》明确将数据归为个人信息的核心组成部分，要求通过严密的法律框架对其加以保护，避免滥用和非法获取。从经济学视角来看，数据不仅是记录事实的工具，还是产生价值的重要资源；许宪春等提出，数据是以数字化形式记录、存储、传输或处理的观察结果，可供获取信息、知识或决策，并进一步创造经济价值[④]。

尽管在不同视角下对数据的定义存在差异，但也有一些共同之处。综上所述，数据的定义包括 3 个关键要素：数据是对信息的记录形式；数据的来源和范围广泛；数据具有一定价值。

（二）数据的分类

数据分类是基于某些特征和原则对数据进行归类的过程。现有研究通常从数据形态、

---

① International Organization for Standardization. ISO/IEC 2382:2015 Information Technology—Vocabulary. 2015.

② 全国信息安全标准化技术委员会秘书处.网络安全标准实践指南—网络数据分类分级指引[DB/OL]. (2021-12-31)

③ 中国信息通信研究院政策与政治研究所. 数据价值化与数据要素市场发展报告（2021 年）[R]. 2021.

④ 许宪春, 胡亚茹, 张美慧. 数字经济增长测算与数据生产要素统计核算问题研究[J]. 中国科学院院刊,2022(10).

生成方式、隐私程度、供给角度等方面对数据进行分类，数据的分类如表 3.1 所示。

表 3.1　数据的分类

分 类 依 据	类　　别	定　　义
根据数据形态	结构化数据	具有明确的格式和组织结构的数据，通常存储在关系型数据库中，以表格形式展现，便于查询和分析，如企业的客户信息表，包含客户的姓名、地址和电话号码等信息
	半结构化数据	具备部分数据结构，但不符合关系型数据库的严格格式标准，通常通过标签或标记以区分不同的数据项，如 XML 或 JSON 文件
	非结构化数据	没有固定格式或预定义结构的数据，难以直接存储在关系型数据库中，需通过特殊算法分析处理，如文本、图像、音频和视频文件
根据生成方式	自动生成数据	指通过自动化系统或设备（传感器、物联网设备、监控系统等）在无须人工干预的情况下，持续收集和生成的数据，如智能城市中的交通监控摄像头自动捕捉的实时交通流量数据
	人工生成数据	由人为输入或干预生成的数据，通常依赖用户的主动操作或输入行为，如手动填写的调查问卷或电子表格中的记录
根据隐私程度	公共数据	指任何个人、组织或政府机构公开发布，供公众自由获取、使用的数据，如政府发布的统计信息或公共交通数据
	私人数据	指与个人或特定实体相关且受隐私保护的数据，未经授权不得公开或使用，如个人的医疗记录、财务信息等
根据供给角度	个人数据	指与特定个人相关的信息，包括身份数据（姓名、身份证号）、网络行为数据（网络活动、购物记录）、位置数据（GPS 位置）、健康数据（病历）等
	机构数据	由企业、政府或非营利组织等机构在运营过程中生成的数据，包括财务记录、生产运营数据、员工信息、法律文件及政府统计数据等

41

二、数据要素的概念与特征

（一）数据要素的概念

生产要素是生产过程中不可或缺的资源或条件，是经济增长的基础，并随着社会经济的发展和技术的进步而不断演变。在早期的农业经济中，土地和劳动力是核心要素，生产力的提升主要依赖于对土地的开发和对劳动力的投入。随着工业经济的兴起，资本在生产中的重要性逐渐增强。20 世纪，第三次工业革命引入了计算机和其他先进技术，知识、技术和管理逐渐成为生产过程中的关键要素。如今，随着数字化技术的发展，技术和数据也被视为新的生产要素，尤其在数字经济领域，数据的价值和作用日益凸显，成为直接影响生产力提升的关键要素，成为推动经济增长和社会进步的重要动力。

数据要素指在数字经济运作和市场主体生产过程中，能够创造经济或社会价值的数据资源，与劳动、资本和技术等传统生产要素类似，数据要素是价值创造的必要投入。然而，并非所有数据都可视为数据要素。原始数据必须经过收集、清洗、存储和分析等多环节处理，才能具备可用性并创造价值。

（二）数据要素的特征

数据要素的特征不仅使其区别于其他传统生产要素，还为数据确权、数据定价和交易的复杂性埋下伏笔。总体而言，数据要素主要包含以下特征。

虚拟性，即数据以非实体的形式存在。这意味着数据需要与其他载体结合才能发挥其作为生产要素的作用，如与信息通信技术所支持的产品结合。与土地等传统生产要素不同，数据并非天赋异禀，它需要得到信息提供者的许可，并结合数据采集者的资本、劳动和特定技术，才能转化为可用的经济资源。

可复制性，即数据能以极低的成本被无限次复制、传播和使用。实现大规模数据的收集、处理，以及全产业链的数字孪生和智能化平台，需要依赖大量硬件设施和长期优化的算力支撑。这不仅需要物联网设备和互联网基础设施，还需要云端设施提供持续的存储和连接。由于这些基础设施的部署需要大量的资本和技术投入，数据要素的形成的前期往往伴随高额的固定成本。数据一旦生成，则数据复制和传播的成本趋于零，且随着摩尔定律的作用，数据处理的成本将逐年降低。

非竞争性，即数据的使用不会影响或减少其他主体对相同数据的使用。与传统生产要素不同，数据可以在多个用户或系统间同时使用，且不产生物理上的排他性。多个主体可以在不同场景中重复使用同一数据集，且不会导致数据枯竭或损耗。数据要素的非竞争性可以划分为水平非竞争性、垂直非竞争性和动态非竞争性。水平非竞争性指在同一经济体中，多个主体可以同时使用相同的数据而不影响彼此的使用，如企业共享市场数据进行分析；垂直非竞争性指不同经济部门或领域可同时使用相同数据且不会相互排斥，如生产部门和研发部门可共用同一数据集；动态非竞争性指数据可以随着时间推移被反复使用，且多次使用不会影响其未来的利用价值。

部分排他性，即数据在特定情况下可以具有排他性。虽然数据的使用不具备天然的竞争性，但在实际应用中，企业或组织通常通过技术手段或法律保护对数据进行专有控制，限制他人的访问和使用。这使数据在某些场景中表现出了一定的排他性，尤其是当数据被视为企业的核心竞争力或商业秘密时，数据持有者会限制其共享和使用，以获得经济或战略优势。

外部性，即数据在使用过程中，可能不仅对数据持有者产生影响，还对其他市场主体或整个社会产生附带影响。数据要素的外部性可分为正和负两方面。正外部性表现为数据的共享和使用可以带动技术创新、提高生产效率和用户体验，促进社会经济发展。例如，微信通过分析用户数据优化了其社交功能和支付服务，提升了用户体验并吸引了更多用户使用。负外部性指数据滥用或隐私泄露可能对个体或社会造成损害，如侵犯隐私或加剧不公平竞争。因此，数据治理和监管尤为重要，如数据要素在生产过程中需要去标识化和脱敏，并依靠隐私计算、区块链等技术的支撑。

权属复杂，即数据在收集、存储、处理、分析、管理及应用等多个环节中，可能涉及多个主体共同参与并完成价值的创造和实现，产权关系复杂，并且数据一旦遭到破坏、篡改和泄露，难以追责。同时，数据的共享性与隐私性也存在矛盾，尤其在跨境数据流动和数据交易时矛盾更加复杂，因为不同国家的法律对数据权属、隐私保护和数据使用存在不同的规定。数据所有权的界定、隐私保护的要求与共享使用需求之间的平衡变得困难，导致数据权属问题复杂化。

三、数据要素产业链

习近平总书记指出，数据是新的生产要素，是基础性资源和战略性资源，也是重要生产力。数据在从采集、处理、存储到分析、应用的过程中被逐步转化为实际生产力，这一过程需要经过多个产业链环节的加工与转化。国家工业信息安全发展研究中心在《中国数据要素市场发展报告（2020—2021）》中指出，数据要素的产业链包含七个关键环节：数据采集、数据存储、数据加工、数据流通、数据分析、数据应用及生态保障，如图 3.1 所示。

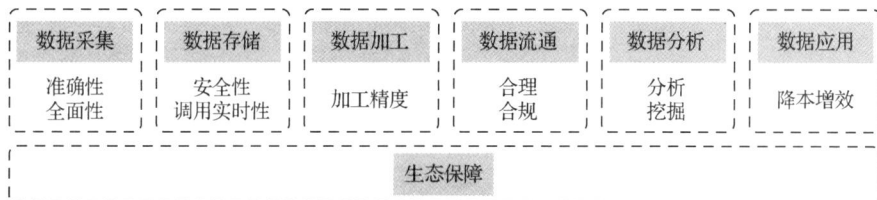

图 3.1　数据要素的产业链

（一）数据采集

在大数据时代，数据的采集不仅是简单的信息收集，还是对复杂、多样、海量的数据进行系统性的获取和处理。传统的结构化数据，如数据库中的表格数据，已经无法满足当今社会对信息多元化和复杂化的需求。半结构化和非结构化数据（文本、图片、视频、传感器数据等）规模呈指数级增长，如何有效采集和利用这些数据成为关键。与传统的小数据采集不同，大数据采集需要处理的数据量巨大，数据类型多样。这意味着采集手段和技术需要更加先进、更加多样化。传统的方法，如问卷调查和信息系统的数据库，主要获取的是结构化的数据，大数据采集则大量获取半结构化与非结构化数据。数据来源广泛，主要包括：网络爬虫获取的网页文本数据、日志收集器收集的日志数据、关系数据库提取的数据，以及传感器采集的时空数据等。

1. 数据采集方式

（1）感知设备数据采集。

感知设备数据采集是通过传感器、摄像头及其他智能终端，自动获取环境、物体或系统状态的信号、图像、视频等数据的过程。这类设备应用广泛，涉及工业自动化、智能家居、环境监测、智慧城市、农业、医疗等多个领域，可以采集各种类型的数据，如温度、湿度、压力、流量等。

（2）系统日志采集。

系统日志是记录系统中硬件、软件及操作问题信息的关键组件，主要包括系统日志、应用程序日志和安全日志。在互联网应用中，通常将日志数据作为基础数据来源。例如，Web 应用通过用户访问日志或单击日志进行数据分析。企业平台每天会产生以流式形式生成的日志数据。为了高效处理并利用这些日志，研发专门的日志系统显得尤为重要。系统日志采集的核心任务是汇集业务日志数据，供离线或在线分析系统使用，帮助企业优化运营并提升决策效率。

（3）数据库采集。

数据库采集是企业数据管理中的重要环节。传统上，企业主要依赖关系型数据库，如 MySQL 和 Oracle 数据库，来存储并管理结构化数据。这些数据库具有强大的事务处理能力和数据一致性保障能力，适用于传统业务场景。然而，大数据时代的数据类型更加多样化且规模急剧扩大，传统关系型数据库在处理海量数据和非结构化数据时存在局限性。为应对这些挑战，NoSQL 数据库（Redis、MongoDB 和 HBase 等）被逐渐引入到数据采集过程中。这类数据库具有更好的可扩展性和灵活性，支持处理文档、键值、列族等多种数据模型，符合大规模、分布式的数据存储和查询需求。在大数据采集中，企业通常通过负载均衡和数据分片技术优化数据库部署，确保数据的高效采集与处理。负载均衡将数据处理任务分散到不同的数据库实例中，避免了单点压力过大（数据分片技术则将大数据分割成多个逻辑片段，分别存储在不同的数据库节点上）。这种方式不仅增大了系统的吞吐量和提高了数据处理能力，还增强了系统的容错性和可扩展性，确保了系统在面对海量数据时的稳定性和效率。

（4）网络数据采集。

网络数据采集指通过互联网搜索引擎技术，针对特定领域或行业进行精准数据抓取，并按照预设规则和筛选标准对数据进行分类和整理，最终形成结构化或半结构化的数据库文件。这一过程涉及对大量网页信息的抓取，以及对数据的去重、清洗、解析和存储，从而提升数据的可分析性和应用价值。目前，常用的网络爬虫框架包括 Apache Nutch、Crawler4j 和 Scrapy 等，为开发者提供了灵活、可扩展的解决方案，能够高效地抓取和处理互联网数据。为了提高数据抓取的效率，现代网络数据采集通常采用多个系统并行化抓取技术。在多个机器或集群上部署多个网络爬虫实例，实现大量数据的并行抓取，充分利用计算资源和存储能力，大幅提升了系统吞吐量和数据抓取能力。并行抓取不仅能够显著缩短网络数据采集的时间，还能及时获取动态更新的数据源，确保数据的时效性与准确性。

2. 网络爬虫

（1）网络爬虫介绍。

网络爬虫，又称网络机器人或网络蜘蛛，是根据预设规则自动提取网页信息的程序。

其主要目的是将目标网页的数据下载至本地，以便后续分析。根据使用目的和行为方式的不同，网络爬虫可分为通用爬虫和专用爬虫两类。通用爬虫的任务是浏览整个互联网，抓取尽可能多的网页数据；专用爬虫则专注于特定网站或特定内容，具有更强的针对性。

　　网络爬虫在信息搜索和数据挖掘中扮演着重要角色，技术已十分成熟。网络爬虫通过自动提取网页信息，实现了大规模数据下载，减少了人工操作。在使用网络爬虫时必须严格遵守法律和道德规范，确保不违反相关法规或侵害他人权益。首先，网络爬虫应遵循目标网站的技术规范和网络爬虫协议，避免抓取未经授权的界面或破坏网站结构。其次，网络爬虫在操作时应严格保护用户隐私，严禁爬取、存储或泄露个人信息。最后，网络爬虫应符合所在国家和地区的法律要求，如数据安全法和个人信息保护法等。

　　（2）网络爬虫协议。

　　网络爬虫协议（robots.txt）是用于指导搜索引擎和网络爬虫抓取行为的标准。站点管理员通过在网站根目录中创建名为 robots.txt 的文件，并设定相应规则，控制网络爬虫访问特定界面或资源。该协议的主要功能：通过允许或禁止网络爬虫抓取特定路径，避免网络爬虫访问敏感界面，如后台管理、登录界面等，以保护数据隐私和提升网站安全性。robots.txt 不仅有助于管理网站内容，确保搜索引擎仅索引公开的界面，还能优化搜索引擎爬取效率，提升网站排名。同时，它为隐私保护提供了支持，防止了网络爬虫抓取和敏感信息泄露。在创建 robots.txt 文件时，站点管理员需要在网站根目录下添加该文件，按照实际需求编写访问规则，并定期检查、更新文件，确保文件随着网站内容变化，确保网络爬虫能够正确遵循相应规则。虽然网络爬虫协议是基于"尊重信息提供者意愿和隐私"原则的，但它本质上只是一个"君子协定"，并不具备法律效力。协议的执行主要依赖网站管理员的自觉遵守，因此行业从业者应重视法律合规问题，确保网络爬虫技术的使用不引发法律风险，以维护网站及用户隐私安全，保障互联网生态的健康与可持续发展。

　　（3）网络爬虫的工作原理。

　　① 获取网络源代码。

　　网络爬虫首先通过访问目标网页获取其源代码，通常包括 HTML、CSS 和 JavaScript 等文件，然后分析网页的元素和结构，了解其布局、样式，以及交互功能等，以便提取有价值的数据，并根据源代码进行性能优化、错误排查和功能调试，提高抓取效率和准确性。

　　② 构造请求并发送至服务器。

　　使用编程语言（Python）创建 HTTP 请求，包括请求方法（GET 或 POST）、目标 URL，以及可选的请求头信息。网络爬虫可以通过 POST 请求向服务器发送数据以触发特定操作，如提交表单或创建用户。随后，网络爬虫接收并处理服务器的响应，解析响应内容并处理可能出现的错误。

　　③ 解析服务器响应。

　　在接收到服务器响应后，网络爬虫首先检查响应的状态码（200 表示成功，404 表示未找到资源）以确认请求是否成功，然后网络爬虫解析响应体，提取其中的内容类型、缓存策略等信息，最后网络爬虫处理响应体，即服务器返回给客户端的实际数据（网页文本、文件或其他资源），并将其用于后续分析或存储。

（4）网络爬虫攻击方法。

① 基于身份识别的攻击。

a．基于 Headers 字段的攻击。

网络爬虫通过伪造 HTTP 请求头中的 Headers 字段（User-Agent、Referer、Cookie 等），模拟浏览器行为，以避免被目标网站的反网络爬虫机制检测到。Headers 中的 Cookie 字段尤其重要，它存储着用户的会话信息，并且允许网络爬虫模拟登录并获取有效的会话标识，绕过身份验证和访问限制。

b．基于请求参数的攻击。

网络爬虫通过构造包含特定请求参数的 HTTP 请求，向服务器请求数据。请求参数可能包含在 URL 的查询字符串中（GET 请求）或 POST 请求的请求体内。网络爬虫通常通过解析目标网页的 HTML 内容，提取动态生成的请求参数，并利用工具，如 Python 的 BeautifulSoup 或 JavaScript 的 jQuery 库来自动化构建并发送请求，绕过基本的反网络爬虫机制。

② 基于爬取行为的攻击。

a．基于请求频率或总请求数量的攻击。

网络爬虫与普通用户的行为在请求数量和频率上存在显著差异，网络爬虫通常发送大量请求且请求间隔较短。为了绕过反爬机制，网络爬虫常用策略包括：切换 IP 地址，通过代理池或代理 IP 分散请求来源以避免封禁；使用多个账号轮流发送请求，减少单个账号的请求次数；设置随机时间间隔，模拟真实用户操作，降低被识别的风险；利用代理池和休眠机制，进一步伪装网络爬虫行为。通过这些手段，网络爬虫能够躲避反爬虫机制的检测。

b．基于爬取步骤的攻击。

对于使用 JavaScript 动态加载界面的站点，网络爬虫在解析网页时面临着更大挑战。界面跳转或内容加载不会直接体现在 HTML 源代码中，网络爬虫也就无法通过解析静态界面来获取数据。为绕过这一机制，网络爬虫首先通过抓包分析来观察 URL 的变化，推测出界面跳转规律，然后模拟界面跳转，自动构造请求，逐步抓取所有界面的数据。

c．基于数据解析的攻击。

自定义字体反爬策略是常见的"障眼法"，通过将网页文本内容替换为字体编码来阻止网络爬虫直接解析文本。网站使用特殊的 TTF 字体文件渲染文本，这使源代码中显示的并非可读文本，而是对应的字体编码，网络爬虫无法直接获取原始数据。即使网络爬虫成功抓取了网页源代码，也无法解析出实际的文本内容。为绕过此类反爬虫机制，常见的解决方法有两种：一是切换至手机版站点，部分网站对计算机版和手机版会使用不同的反爬虫机制，手机版站点可能不采用复杂的自定义字体渲染，从而允许网络爬虫直接解析文本内容；二是解析自定义字体文件，通过分析字体编码与实际字符之间的映射关系，将编码转换回文本。此方法通常需要使用专门的工具，如 fontTools 库。然而，若网站使用随机化的字体编码或复杂的字体变形，解析难度将大大增加，导致这种方法存在一定的局限性。

（二）数据存储

数据存储指将采集到的有价值的数据进行有效存储，以便后续加工处理。数据存储可确保数据能够长期保存、便捷访问、安全恢复和有效管理，其核心目的是在安全性、可用性和可扩展性之间取得平衡。数据存储技术经历了从传统磁盘、硬盘到现代固态硬盘和云存储的发展。近年来，区块链作为新兴技术，进一步推动了数据存储技术的创新。

1. 本地存储

本地存储指将数据存储在自有硬件设备上，包括硬盘驱动器、磁盘阵列、网络附加存储和存储区域网络。其优势在于数据完全由用户掌控，既确保了数据的安全性和隐私性，又能灵活管理存储设备。然而，本地存储的扩展性有限，随着数据量增长，用户需要持续购买和维护硬件，导致存储成本上升；同时备份和故障恢复等维护工作较为复杂，需要投入大量的人力和时间。

2. 云存储

云存储是现代数据存储的重要方式，用户通过互联网将数据存储在云服务提供商（AWS、Azure、Google Cloud 等）的远程服务器上。云存储通常分为 3 种模式：公有云、私有云和混合云。

（1）公有云。

公有云是由第三方云服务提供商提供的云存储服务，用户通过互联网按需租用存储资源以存储和访问数据。其优点包括：存储能力强，拥有几乎无限的存储空间，用户可按需拓展；市场成熟度高，第三方云服务提供商提供了丰富的工具和技术，便于用户快速地集成和使用；技术发展快，用户可持续享受最新的存储和计算技术，无须自行升级。然而，公有云的缺点也较为明显，其数据安全性较低，用户无法完全控制存储在第三方平台上的数据，面临数据泄露或合规性风险。此外，在流量峰值期间，访问可能受到公有云网络带宽的限制，导致访问速度下降，影响数据传输效率。

（2）私有云。

私有云是由企业或组织自行搭建和管理的云存储服务，所有存储资源都部署在内部网络中，更注重数据的隐私和安全。与公有云相比，私有云拥有更高的隐私保护，数据完全由企业或组织控制，确保敏感信息的安全。私有云的性能较为稳定，不受公共网络的影响，特别是在流量峰值期间，数据传输和访问速度仍保持较高水平。此外，由于所有数据传输和处理都在内部网络中进行，私有云可提供更快的传输速度。然而，私有云的缺点在于高成本，企业或组织需要投入硬件采购、服务器维护、安全升级等费用，这对于中小型企业或组织来说可能是沉重的负担。此外，私有云的远程访问较为不便，通常需要额外的 VPN 或其他安全通道，提高了技术的复杂性。私有云的扩展性有限，随着数据需求的增长，企业或组织难以像公有云那样灵活地扩展存储容量，这对需要动态调整存储容量的企业或组织具有局限性。尽管如此，私有云在隐私保护和数据控制上的优势，仍使其成为对安全性要求较高的企业或组织的首选。

（3）混合云。

混合云是将公有云与私有云结合的存储模式，企业或组织可根据业务需求和数据类型，将敏感数据存储在私有云中以保障数据安全，将非敏感数据存储在公有云中以充分利用其弹性和扩展性。这种模式在安全性与灵活性之间取得了平衡，满足了企业或组织对高安全性和高灵活性的双重需求。混合云的优势在于成本控制，通过数据分级存储，企业或组织能够优化成本结构，避免过度依赖昂贵的私有云存储。此外，混合云支持业务灵活性，企业或组织可根据实际需求动态调整存储策略和容量配置。然而，混合云也带来了管理与集成的复杂挑战。由于涉及公有云与私有云的双重环境，数据的迁移、同步和管理不仅变得更加复杂，还面临不同云服务之间的兼容性问题，需要额外的技术支持来确保系统的稳定与高效运行。

3. 分布式存储

分布式存储是将数据切分并分布在多个节点上的存储技术，广泛应用于大规模数据处理和分布式计算环境。通过将数据分散存储在不同的服务器或节点上，分布式存储系统提高了系统的可用性、可靠性和性能，避免了单点故障。常见的分布式存储系统包括 Hadoop Distributed File System（HDFS）和 Ceph。分布式存储的优势包括高可用性、扩展性和容错能力，适用于大规模数据处理和高并发应用场景，能有效降低数据丢失风险。然而，分布式存储管理复杂，尤其在数据一致性管理、节点故障恢复等方面需要额外的技术支持。同时，搭建和维护分布式存储系统的成本较高，需要由专业的技术团队保障系统的稳定运行。

4. 区块链存储

区块链存储是基于区块链技术的去中心化存储方案，利用其分布式架构和不可篡改的优势将数据分布在多个节点上，并通过加密和共识机制确保数据的安全性和一致性。与传统集中式存储不同，区块链存储中的所有操作都会被永久记录，保证了数据的透明性、完整性和防篡改性。区块链存储的主要优势在于其高度的安全性和透明性，适用于对安全性要求极高的应用场景，如金融、医疗、法律等。然而，区块链存储的扩展性较差，因为每个节点都需要存储完整的数据副本，导致存储效率较低，数据同步和处理开销较大。因此，区块链存储更适合小规模应用，而在大规模数据存储和高效处理方面，传统分布式存储方案可能更具优势。

（三）数据加工

数据加工是对企业采集和存储的数据进行筛选和处理的过程，旨在提高数据可用性，为后续数据资源的挖掘和分析奠定了基础。数据加工主要包括数据清洗、数据标注、数据审核及数据融合处理等环节。

1. 数据清洗

数据清洗是数据加工过程中的关键步骤，其目的是通过识别和修正数据中的错误、异常、冗余及缺失部分，提升数据的质量和一致性。数据清洗的常见方式有以下几种：一是缺失值处理，可通过删除缺失记录，或通过插值、均值等方式进行填补，确保数据完整性；二是异常值处理，可通过手动检测或统计学方法、机器学习算法自动识别异常数据，并采用删除、修正或替换异常值等方式处理；三是数据重复与冗余处理，通过去重和删除冗余字段，避免因数据重复而影响分析结果；四是数据标准化，通过统一数据格式、度量单位和文本大小写，以及数据类型转换，修正编码不一致问题；五是无效数据剔除，去除与研究无关的信息，确保数据集中仅包含有效信息。

2. 数据标注

数据标注指借助特定的标注工具，以人工方式对文本、图片、语音、视频等数据内容进行特征标签的标注，以便计算机能够通过学习这些带标签的数据，逐步具备自主识别的能力。根据数据类型的不同，数据标注方式也有所区别。对于文本数据，常见的标注方式包括实体识别、情感分类和意图识别。对于图片数据，通常使用边界框标注、分割标注和关键点标注等方式。语音数据的标注包括语音转录、情感标注和说话人识别标注。对于视频数据，标注方式结合了图像和时间序列处理，常见的有目标跟踪、行为标注和事件标注。多模态数据需要结合文本、图片和语音等多种数据类型的标注方式，才能全面提取数据特征并实现准确识别。

3. 数据审核

数据审核指对非结构化数据进行审核，尤其是涉及反动、欺诈等非法内容的检测和过滤，这是确保数据内容合规性的关键步骤。审核方式通常包括自动化审核和人工审核两种。自动化审核通过算法和模型对大量非结构化数据进行快速筛查，识别潜在的非法内容，如关键词检测、图像识别、自然语言处理、计算机视觉等技术手段；而人工审核由审核员对疑似非法内容进行进一步确认，特别是当自动化工具难以准确判断时。

4. 数据融合处理

数据融合处理指通过对多源、多模态（异构）数据进行整合，将其统一成可进一步挖掘和分析的数据集。数据融合通常涉及不同数据类型和来源的处理，包括结构化数据、非结构化数据，以及来自传感器、数据库、社交媒体等多种渠道的数据。为实现数据融合，需要采用统一的标准、格式转换和数据对齐技术，以确保数据的一致性、可比性和完整性。

（四）数据流通

数据流通指数据在不同主体间传递、交换和共享的过程，不仅能有效推动数据资源的优化配置，还能激活数据潜在价值。在数字经济背景下，数据流通模式逐渐多样，从基础的数据交易开放到复杂的数据交易和 API 技术服务，各类数据流通模式应运而生。本节介绍数据开放、数据共享与数据交易这 3 种主要的数据流通模式。

1. 数据开放

数据开放指政府、企业或其他数据持有者在遵循法律法规和隐私保护要求的前提下，向社会公众、科研机构或其他企业提供数据资源，以促进数据的共享与利用。数据开放的核心目标——释放数据的潜在价值，推动公共服务、科学研究和产业创新的发展。政府数据开放是较为常见的形式，通常涵盖交通、环境和经济等公共领域的数据，通过开放平台供公众和研究人员使用，提升数据透明度和公共服务质量。企业数据开放则多聚焦于特定的行业或技术领域，企业选择性地开放部分数据资源，旨在促进产业合作和技术创新。此外，科研机构和大学也逐渐开放实验数据和科研成果，推动学术共享和跨学科合作。数据开放的作用十分显著，它能够推动创新、提升公共服务水平，并提高透明度与公众信任度。然而，数据开放也面临隐私保护、安全性、数据标准化及法律合规等挑战。为平衡数据利用与隐私保护，必须严格遵循相关法规和技术标准，以确保数据的安全性与合法性。

我国的公共数据开放水平不断提高，中央和地方的政策法规体系逐步完善。2023 年 2 月，中共中央、国务院印发的《数字中国建设整体布局规划》提出，畅通数据资源大循环，构建国家数据管理机制，健全各级数据统筹管理机构，推动公共数据汇聚利用，建设公共卫生、科技、教育等重要领域国家数据资源库。2017 年起，全国地级及以上公共数据开放平台数量持续增长，截至 2024 年 7 月，全国已有 243 个地级及以上地方政府上线了公共数据开放平台[①]。

2. 数据共享

数据共享指在遵循相关法律法规和隐私保护要求的前提下，不同组织、部门或机构通过统一的标准和技术手段交换数据资源，以实现资源的最大化利用。数据共享的核心目的是打破"信息孤岛"，促进跨部门、跨领域的数据协作，提高决策效率，优化资源配置，推动创新发展。在政府层面，数据共享有助于提高公共服务的质量和效率。例如，政府各部门通过共享社会保障、健康、交通等领域的数据，可以实现更高效的协同管理和公共服务。在企业层面，数据共享有助于推动产业链上下游的协作，优化供应链管理，增强市场竞争力，尤其在数据共享成本低于交易成本时，企业更倾向于共享数据来达成合作。此外，科研机构还通过数据共享加速科学研究进展，减少重复劳动，促进跨学科合作。数据共享的

---

① 复旦大学数字与移动治理实验室. 中国地方公共数据开放利用报告（省域）[R]. 2024.

实现依赖于坚实的技术基础设施，如安全的数据传输通道、标准化体系和访问控制机制等。同时，数据安全和隐私保护也是共享过程中的关键，必须确保数据不被滥用或泄露。

3. 数据交易

数据交易指数据所有者通过专门的市场或平台，将数据作为商品或服务出售或授权给他人使用的经济活动。其核心在于实现数据要素的市场化流通，将数据的潜在价值转化为实际经济效益。数据交易的形式多样，包括直接买卖、数据授权使用或基于数据服务的交易，如通过 API 接口提供数据访问服务。在数据交易过程中，定价机制、产权明确、交易平台的安全性及数据使用合规性是关键。定价通常基于数据的稀缺性、质量、应用场景及市场需求等决定。为了保障交易的合法性，交易平台需要构建完善的法律框架和监管机制，特别是在数据隐私保护、数据安全和防止滥用方面。随着全球数字经济的快速发展，数据跨境交易成为关注焦点。跨境数据流动涉及不同国家的监管差异、数据主权和跨境安全性等复杂问题，需要国际协作与规范，确保跨境数据交易的合规性与安全性。

（五）数据分析

数据分析指通过挖掘海量、复杂和多源的数据，提取数据中潜在的信息、模式和趋势，为决策提供支持和洞察。根据应用场景，数据分析可分为描述性分析、预测性分析和诊断性分析等。描述性分析通过统计手段总结数据特征，帮助理解过去发生的情况。预测性分析基于历史数据预测趋势或未来事件，通常依赖统计模型、机器学习算法或时间序列分析，如需求预测、风险评估等。诊断性分析则分析因果关系，识别影响结果的关键因素。

数据挖掘是数据分析的核心技术之一，它利用技术手段深入挖掘数据中的潜在信息，通常包括分类、聚类、关联分析、异常检测、回归分析等多种方法。数据挖掘经典算法如表 3.2 所示。

表 3.2　数据挖掘经典算法

算　法	类　型	核心思想
C4.5	分类	使用信息增益率来选择分裂属性，支持连续属性和缺失值处理
K-means	聚类	通过迭代将数据点分配到最近的簇中心，最小化簇内平方误差
SVM	分类/回归分析	寻找最优超平面将数据点分开，最大化类间隔
Apriori	关联分析	通过识别频繁项集并基于此构建关联规则
Adaboost	异常检测	通过组合多个弱分类器形成强分类器，调整样本权重进行迭代
KNN	分类	通过计算与训练集中的样本的距离，选取最近的 k 个样本进行分类或预测
朴素贝叶斯	分类	基于贝叶斯定理的概率分类器，假设特征条件独立
CART	分类/回归分析	根据基尼指数或均方误差生成二叉树

（六）数据应用

数据应用指将数据作为生产要素，并结合先进分析技术来优化资源配置、提升决策效

51

率、推动个性化服务和业务创新。合理利用数据不仅能降低传统生产要素（资本、劳动和土地等）的获取成本，还能提高使用效率，为企业创造新的价值。例如，在音乐、视频等平台上，通过分析用户的行为数据（点赞、收藏和浏览历史等），实现个性化推荐。音乐平台根据用户的听歌记录推荐符合偏好的歌曲和歌单；电商平台根据用户浏览、购买和添加购物车等行为数据来推荐相关产品。这一系列数据应用方式不仅增强了用户体验感和用户黏性，还降低了营销成本。

（七）生态保障

数据要素生态保障是确保数据作为一种生产要素能够在流通和交易过程中安全、高效、合法运作的关键环节。为了促进数据要素市场的健康发展，数据要素生态保障必须在数据资产评估、登记结算、交易撮合、争议仲裁和跨境流动监管等方面采取有效的保障措施。

1. 数据资产评估

数据作为一种资产，其资产评估是数据流通和交易的基础环节。专业的第三方评估机构或企业将针对数据所有者在生产、运营过程中产生的数据进行内在价值和使用价值的评估。这种评估不仅包括数据的商业价值，还涉及其在实际应用中的效益评估。评估结果为数据交易的定价提供重要参考，使数据交易在公正、透明的基础上进行。精准的数据资产评估有助于推动数据要素市场的流通，保障数据交易的公平性和效率。

2. 数据登记结算

在数据作为资产的前提下，登记结算是对数据所有权进行明确记录的核心环节。数据的所有者及采购方可以通过登记结算机构建立并维护交易名册，确保数据的归属清晰，交易流程的合法合规。此外，登记结算还包括对数据交易结算的管理，保障交易完成后的资金划拨和数据交付得以顺利进行。

3. 数据交易撮合

交易撮合为数据交易双方提供了信息查询、匹配和对接服务。在数据市场中，供需双方可能难以直接匹配，而第三方的交易撮合可以为数据提供者和需求方提供交易信息的公开展示，并通过智能化手段进行供需匹配。此外，交易撮合服务还包括帮助双方通过竞价等机制确定最终交易价格。这种交易撮合机制提高了市场的流动性，帮助数据交易更加高效顺利地进行。

4. 数据争议仲裁

在数据交易过程中，可能会对交易条款、数据质量或交付结果产生争议，数据争议仲裁机制是保障交易双方合法权益的重要手段。当交易双方出现民事纠纷时，争议仲裁机构可以对争议进行裁决，提供快速、公正的裁决方案。通过调解和仲裁，能够缩短数据交易纠纷的持续时间和降低复杂度，确保市场秩序的稳定和参与者的信任。

5. 跨境流动监管

随着数据的全球化流动，跨境数据流动带来了监管挑战。跨境流动监管指对数据在跨越国界或涉及第三国访问时的数据传输、处理和存储过程进行监督管理。各国通过跨境数据监管措施，维护本国的数据主权与安全，降低数据外流所产生的隐私泄露、商业秘密被窃取的风险。监管措施包括对数据跨境传输的严格审批程序、数据本地存储要求等。这一环节保障了数据在全球流动中的合法性和安全性，确保各国能够有效管理本国重要数据资源。

第二节　通信技术

通信技术的进步直接推动了生产力的提升。本节介绍通信技术的发展，重点分析移动通信技术的发展过程、5G 的技术基础与发展现状，以及其在数字经济中的广泛应用，并在本节末尾简要介绍下一代移动通信技术的布局，便于读者更全面地理解通信技术在数字经济未来发展中的重要作用。

一、通信技术概述

（一）通信的概念

通信指在空间或时间上相隔的两个或多个主体通过符号、信号、文字、语言和数据等媒介，实现信息传递与处理的过程。早期的通信依赖于口头语言、文字和信号传递（烽火、邮递等），随着电报和电话等电信号通信方式的应用，远距离即时通信成为可能。20 世纪，无线电技术的发展推动了无线通信的普及，广播、电视等媒介改变了信息传递的方式。21世纪，移动通信技术的发展使通信方式更加多样，智能手机、视频通话、数据网络等通信技术使信息传播的效率大大提升，范围扩大。信号的传递与处理由通信系统完成，包括信源、变换器、信道、噪声源、反变换器及信宿 6 个部分，如图 3.2 所示。

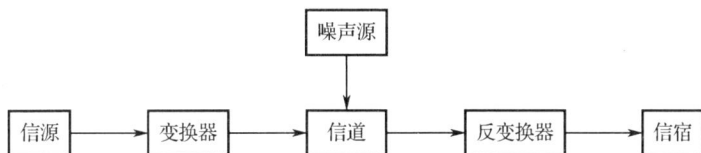

图 3.2　通信系统的基本组成

1. 信源

信源是产生各种信息的来源，信息形式可以是语音、文字、图像或数据等。信源既可以是人类，也可以是发出信息的机器或设备，如计算机、传感器等。根据不同的通信系统，信源的形式各异，不同的信源构成了不同的通信系统。

2. 变换器

变换器的主要功能是将信源发出的信息转换成适合在信道中传输的信号。根据不同的信源和通信系统，变换器的构成和转换功能也各不相同。例如，在数字通信中，变换器的任务是将声音等模拟信号转换成数字信号，以手机通信为例，变换器包含模/数转换器，它会将我们说话的声音（模拟信号）转换成数字信号，然后通过无线信道传输。这一过程涉及模/数转换、编码等步骤，确保信号可以在数字信道中有效传输并还原为声音。

3. 信道

信道是信号的传输通道，用于信息从信源到信宿的传递。根据传输介质的不同，信道可以分为有线信道和无线信道。在有线信道中，电磁信号通过特定的传输线（电缆、光缆）传输；在无线信道中，电磁信号通过空间（大气层、对流层和电离层等）传输。信道还可以按信号的形式分为模拟信道和数字信道。

4. 噪声源

噪声源是系统内存在的对正常信息传输起干扰作用、不可避免的一种噪声。噪声可能来自系统的各个环节，包括发射和接收信息的环境、设备中的电子器件，以及信道中受到的外部电磁场干扰。

5. 反变换器

反变换器的功能与变换器相反，它将从信道中接收的信号还原为信息接收者可以理解的信息。其作用是将经过信道传输的信号重新转换成原始信息，使接收者能够解读并使用这些信息。

6. 信宿

信宿是信息的接收者，它可以是人类，也可以是机器。信宿与信源之间可以构成人与人之间的通信、机器与机器之间的通信，或者人与机器、机器与人之间的通信，可依据具体的通信系统而定。常见的信宿有电话机的听筒、耳机和显示器等。

（二）通信方式的分类

1. 按传输媒介分类

通信方式可根据传输媒介分为有线通信和无线通信两类。有线通信通过物理介质（导线、电缆和光纤等）传输信息，具有信号稳定、抗干扰能力强的特点，适用于远距离和大容量数据传输，如电缆通信、光纤通信及电话线路通信等；无线通信则依靠电磁波传递信息，具备灵活性高、覆盖范围广的特点，适用于移动环境或地形复杂区域，如移动通信、卫星通信、Wi-Fi、蓝牙及微波通信等。

2. 按信道中传输的信号分类

通信方式可根据信道中传输的信号类型分为模拟信号和数字信号。模拟信号，又称连续信号，其振幅、频率和相位等参数连续变化，直接反映消息内容，早期的电话和广播多采用此方式；数字信号，又称离散信号，参数仅取有限的离散数值，通常通过编码技术处理信息，具有抗干扰能力强、传输质量高的特点，广泛应用于互联网通信、数字广播等现代通信系统。

3. 按工作频段分类

通信方式可以根据工作频段来分类。长波通信的波长较长，信号穿透力强，适合远距离、低频的通信；中波通信的频率较高，主要用于中等距离的无线电广播和海上通信；短波通信可以通过电离层反射，适合进行跨越大洲的长距离通信，常见于国际广播和军事通信；微波通信的频率更高，波长更短，传输的数据量大，适合短距离高速数据传输，广泛应用于卫星通信、无线局域网和移动通信等领域。

4. 按调制方式分类

根据调制方式，通信方式可分为基带传输和频带传输。基带传输指信号未经调制，直接传输到信道中，如局域网中的数据通信；频带传输则将信号调制后再进行传输，接收端需要解调才能还原得到原始信息。频带传输可以提高信号的抗干扰性，并允许多个信号在同一信道中传输，从而提高频谱利用率，多应用于电视广播、无线通信等场景。

5. 按通信双方的分工及数据传输方向分类

根据通信双方的分工及数据传输方向，通信方式可以分为单工通信、半双工通信和全双工通信。单工通信指信息只能单向传输，接收者无法反馈信息，如广播系统和无线寻呼系统；半双工通信允许通信双方发送和接收信息，但不能同时进行，双方需轮流发送和接收，如对讲机、无线电报机；全双工通信允许通信双方同时发送和接收信息，如电话或移动通信系统，这种方式使通信更加高效和自然，多应用于日常生活和商业环境中。

（三）通信技术的发展

通信技术的发展历程伴随着人类社会信息传递方式的变革，从早期的电报和电话，到无线电广播、卫星通信，再到如今的数字通信和移动互联网，每个阶段都标志着技术的飞跃。

1. 国外通信技术的发展

（1）语音通信技术（19 世纪）。

19 世纪是现代通信技术的开端。1837 年，塞缪尔·莫尔斯（Samuel Morse）发明了电报，首次实现了通过电信号传输文字信息的远距离通信方式。电报技术的普及极大地提升了信息传递的速度和效率。随后，1876 年，亚历山大·贝尔（Alexander Graham Bell）发明了电话，使语音通信成为现实，电话的发明让人们能够通过电缆远距离交谈，这标志着语音通信技术的突破。

（2）无线电通信的兴起（20 世纪初期）。

20 世纪初期，通信技术进入无线时代。1895 年，古列尔莫·马可尼（Guglielmo Marconi）成功进行了第一次无线电信号传输实验，开启了无线通信的时代。无线电的出现标志着通信技术不再依赖电缆，无线电能够覆盖更加广阔的区域，适用于远距离通信。1920 年，世界上第一家商业广播电台 KDKA 在美国匹兹堡成立，标志着无线电广播的商用化。随后，电视广播在 20 世纪 40 年代发展起来，带来了音视频信息的传播革命。

（3）卫星通信的应用（20 世纪中期）。

1957 年，苏联发射了世界上第一颗人造卫星"斯普特尼克一号"（Sputnik 1），开启了卫星通信时代。1962 年，美国发射了首颗商业通信卫星"Telstar 1"，实现了跨大西洋的电视信号传输，这标志着卫星通信的商用化。卫星通信突破了地理障碍，可以覆盖全球范围，被广泛应用于国际电话、电视广播和军事通信领域。20 世纪 70 年代，GPS 全球定位系统逐步应用，为导航和定位服务提供了强大的技术支持。

（4）数字通信的兴起（20 世纪下半叶）。

20 世纪下半叶，数字通信技术逐渐取代模拟通信。1991 年 7 月，欧洲开发的 GSM（全球移动通信系统）作为以 TDMA（时分多址）为接入方式的数字蜂窝通信系统正式投入商用，标志着数字移动通信的兴起。数字通信凭借抗干扰能力强、传输质量高等优势，在电话、广播、电视系统中广泛应用。同时，互联网的兴起改变了全球通信方式。20 世纪 70 年代，美国开发的 ARPANET 是现代互联网的雏形，随后互联网在 20 世纪 90 年代进入商用阶段，成为全球信息通信的基础设施。

（5）移动通信的发展（20 世纪末期至今）。

移动通信经历了从 1G 到 4G 的飞速发展。1G（第一代移动通信）系统是模拟技术，主要用于语音通信。1991 年推出的 2G 第二代移动通信系统采用了数字技术，不仅支持语音功能，还引入了短信功能。2001 年，3G（第三代移动通信）系统商用化，使移动互联网成为可能，支持网页浏览、视频通话等数据密集型应用。2009 年，4G（第四代移动通信）技术投入商用，大幅提高了数据传输速度，推动了高清视频流媒体、在线游戏等应用的发展。5G（第五代移动通信）于 2019 年开始商用，具有超高速、低延迟和大容量的特点，适用于物联网、自动驾驶、智能城市等领域应用。

2. 中国通信技术的发展

（1）早期通信技术的引入与发展（19 世纪末期至 20 世纪末期）。

中国现代通信技术起步于 19 世纪末期。随着电报和电话的引入，中国逐步建立起早期的通信网络。1871 年，中国第一条电报线路建成（从天津到上海），标志着电报通信时代的开始。1881 年，上海建成了第一条电话线路。尽管这一时期的通信技术主要依赖于外部引进，但它为中国现代通信事业奠定了基础。1920 年，无线电通信开始在中国应用。1930 年，中央广播电台成立，标志着无线广播时代的到来。

中华人民共和国成立后，政府加大了对通信基础设施的建设。电报和电话网络得到了恢复和扩展，特别是在大城市之间形成了较为完善的通信网络。同时，中央政府通过有线和无线电广播系统，实现了全国范围内的信息传播。1964 年，中国开始研发卫星通信技术，并于 1970 年发射了第一颗人造卫星"东方红一号",标志着中国在通信领域迈出了重要的一步。改革开放后,经济发展带动了通信技术的飞速进步。1985 年,中国成功利用卫星通信传输了首场卫星电视节目。

（2）移动通信技术的发展（20 世纪末期至 21 世纪初期）。

20 世纪 80 年代末期至 90 年代初期,随着对外开放的深入,中国积极引进国外先进的通信设备和技术。1994 年,全球移动通信系统（GSM）在中国商用化,中国进入了数字移动通信时代,并推动了手机的普及。同年,1994 年中国正式接入国际互联网,开启了互联网时代。进入 21 世纪,中国通信行业迎来了移动通信和互联网的快速发展。2001 年,中国开始商用 3G 网络,标志着中国进入移动互联网时代。中国基于 TD-SCDMA 标准自主研发的 3G 网络,彰显了中国在移动通信技术领域的自主创新能力。与此同时,互联网用户的爆发式增长推动了数字经济的发展。2008 年,中国互联网用户数量达到 2.53 亿人,成为全球互联网用户最多的国家。互联网的快速发展催生了电子商务、社交媒体等新兴产业,改变了中国的经济结构和社会生活方式。

（3）4G 的普及与 5G 的领先（21 世纪初期至今）。

2013 年,中国开始大规模商用 4G 网络,4G 网络采用 LTE 技术,推动了高速数据传输的发展。截至 2019 年,中国 4G 网络用户数超过 12 亿人,占全球 4G 网络用户数的 40%以上,巩固了中国在移动互联网应用中的领先地位。2019 年,中国率先启动 5G 网络商用,成为全球 5G 网络发展的主要推动者之一。截至 2024 年年底,中国已建设超过 425.1 万个 5G 网络基站,占全球 5G 网络基站总量的 60%以上,覆盖了全国所有地级市。中国 5G 网络用户数也快速增长,2024 年突破了 10.14 亿人,占全国移动通信用户数的 56.7%。

二、5G 移动通信技术

（一）5G 概述

5G,全称为第五代移动通信技术,是继 4G（第四代移动通信技术）后的新一代无线通信技术。国际电信联盟（ITU）将 5G 技术的服务类型分为三大类:增强移动宽带（eMBB）、超高可靠低时延通信（uRLLC）和海量机器类通信（mMTC）。增强移动宽带可应对流量激增,提供更优质的用户体验,支持高清视频流、AR/VR 等应用;超高可靠低时延通信可应用于工业控制、远程医疗和自动驾驶等对延迟和可靠性要求极高的垂直行业应用场景中;海量机器类通信主要支持智慧城市、智能家居和环境监测等以传感和数据采集为核心的应用,满足物联网设备大规模的连接需求。

近年来,随着政策支持的不断加码,中国在 5G 技术的研发和应用上已走在世界前列。2015 年,中国明确提出全面突破第五代移动通信技术。2016 年,"5G"首次被写入《国民经济和社会发展规划》,同年成为国家科技创新的重点领域。2017 年,"5G"首次出现在国务院《政府工作报告》中,进一步凸显了国家对5G技术的重视。2019年,5G从移动互联网领域拓展至工业互联网领域,2019年成为5G商用化的元年。此后,5G产业的发展进入快车道。2020年3月,工业和信息化部发布《关于推动5G加快发展的通知》,明确提出要加快5G网络建设,推动5G产业链上下游协同发展,支持基于5G技术的各类应用创新落地。同年,5G应用在各个垂直行业并迅速扩展,这标志着5G从技术应用走向规模化应用。2021年,《中华人民共和国国民经济和社会发展第十四个五年规划和2035年远景目标纲要》提出,"加快5G网络规模化部署""构建基于5G的应用场景和产业生态",并强调了"推动5G、大数据中心等新兴领域能效提升"的要求。这彰显了5G技术在国家经济和社会发展中的战略地位日益提升。2023年2月,中共中央、国务院印发《数字中国建设整体布局规划》,明确要求打通数字基础设施的大动脉,加快5G网络与千兆光网的协同建设,为数字中国建设奠定坚实的网络基础。同年4月,工业和信息化部与文化和旅游部联合发布《关于加强5G+智慧旅游协同创新发展的通知》,围绕5G网络建设、应用创新和产业生态构建,提出了发展目标和九大任务,推动5G与智慧旅游的规模化发展。

5G技术凭借其显著的优势,成为数字经济发展的关键支柱。具体而言,5G技术具备以下特点。

1. 超高速数据传输

与4G技术相比,5G技术的理论峰值速率可达10 Gbps甚至更高,是4G技术的几十倍。这意味着用户可以在几秒钟内下载完成超高清电影,或者在极短时间内传输大量数据。实际上,5G网络的平均下载速度通常为100 Mbps~1 Gbps,改善了移动互联网的使用体验,特别是对AR/VR、高清视频流媒体和在线游戏等高带宽应用场景尤为重要。

2. 超低延迟

5G技术引入了超低延迟的特点,其网络延迟低至1毫秒,远低于4G技术的30~50毫秒。低延迟使得5G技术能够应用在对即时响应要求极高的场景中,如自动驾驶、远程医疗等。在自动驾驶场景中,车辆能够即时接收和处理道路信息,以确保行车安全;在远程医疗场景中,医生可以通过5G技术实时操作手术机器人,执行精密的远程手术操作,确保医疗精度。

3. 大规模设备连接

5G技术支持每平方千米连接超过100万台设备,是4G技术的十倍。此特点使5G技术成为物联网应用的理想基础,特别适用于智能城市、智慧农业和工业自动化等场景。借助5G技术,成千上万的传感器、摄像头及智能设备能够实现互联互通,实时收集和传递数据,有效提升城市管理效率和工业自动化水平。

(二)5G赋能数字生产力

5G技术作为新一代信息通信的关键支撑,正在全面推动各行各业的生产力变革。5G

技术凭借其高速率、低延迟、大连接的特点，在生产过程中的数据流转、设备协同和管理优化方面变得更加高效和智能。5G 技术不仅推动了制造、物流、能源等传统行业的数字化升级，还为智能制造、自动驾驶、智慧医疗等新业态的涌现奠定了坚实基础。5G 技术的应用使数字生产力得到前所未有的提升，为经济增长注入了新的动力，开启了高效、智能化的未来生产模式。

1. 5G 推动生产自动化与智能化

5G 技术正加速推动生产领域自动化与智能化的转型，其核心优势在于广泛的设备连接、流程优化和高效的生产管理协同。5G 技术能够实现各生产环节的高效数据流动和连接，打破了传统生产模式的局限，全面提升了生产效率和产品质量。

在制造生产方面，5G 技术凭借其高速率和低延迟特点，大幅提高了设备连接与协同效率。例如，"5G+视觉"检测技术提高了检测精度和效率，并结合人工智能算法不断优化模型，确保检测过程的标准化和精确性；"5G+远程协作"通过 AR 眼镜实现跨地域实时互动，使专家能够远程指导设备的安装、检查和维修，提高了设备维护效率和准确性。此外，5G 构建的全连接工厂模式可通过数据驱动和实时监控，实现生产线与供应链之间的高效协同，推动了生产的柔性化和智能化转型。

在能源消耗方面，5G 技术能够支持远程控制和协同作业，提高能源生产效率和作业安全性。例如，在煤矿开采中，5G 技术实现了对掘进机、采煤机和牙轮钻机等设备的实时监测和控制，达到无人或少人化开采作业，避免了人员暴露在高噪声和煤尘环境中。同时，通过监控设备状态和运行数据，优化了操作模式和参数，降低了能源消耗并提高了运行效率。

在仓储运输方面，智慧仓储通过 5G 技术实现对货物、设备和人员的全流程追踪、定位和信息采集管理，推动仓储环境的智能化升级。自动化和柔性化水平得到了大幅提升，尤其在入库、拣选、盘点和搬运等环节，提高了物流运营效率。以 5G+码垛机器人为例，其能精准识别货箱尺寸和类型，自动完成取货、放置和码垛工作，优化了仓库空间利用率，避免了人工操作中出现疲劳和误差，提高了工作效率并降低人工成本。

2. 5G 加速新兴业态发展

5G 技术与实体经济的深入融合，驱动了传统产业的转型升级，促使了相关行业实现跨界融合，催生了新产业、新业态和新模式。例如，5G 技术为高清直播业务提供有力支撑，打破了地域和时间的限制，为用户提供高清、流畅的实时视听体验，推动了"直播+"经济模式在文旅、商贸和体育等领域的发展。特别是在文旅领域，5G 技术结合 AR/VR 和 4K/8K 高清视频等技术，打造沉浸式、多视角的直播平台，提升了游客的参与感和互动感。5G 慢直播也为自然风光等场景带来了新的展示方式，让游客足不出户即可身临其境感受自然风光，为文旅产业复苏开辟了新途径。此外，5G 技术拓展了无人机产业的发展空间，为低空经济提供了重要支撑。结合北斗高精度定位和通感一体化技术，5G 技术实现了无人机的精确定位、实时监测和数字化管理，推动了无人机在航拍、巡检、勘探和配送等领域的创新应用。当前，5G+无人机已在多个城市实现常态化低空配送业务，拓展了数智化消费场景。在医疗领域，5G技术通过赋能智慧医疗服务体系，显著提高了远程医疗、应急救护等服务能力和管理效率，并催生了新型医疗应用场景。以5G+远程超声检查和5G+重症监护为例，医生利用5G网络能够实时远程诊断和监护，确保患者在异地也能获得优质的医疗服务。此外，5G+超高清远程会诊、5G+远程影像诊断、5G+移动医护等技术的应用，增强了智慧医疗的网络服务能力，提高了远程会诊、医学影像和电子病历等大数据的传输速度与处理效率，进一步提升了医疗服务的质量和可靠性。

【知识拓展】我国5G基站建设

5G基站是5G网络的核心基础设施，负责传输和接收无线信号，连接用户设备与通信网络。相较于4G基站，5G基站具有更大的带宽、更低的延迟和更大的连接容量，能够支持大规模的设备连接和高速数据传输。5G基站一般分为宏基站和微基站，宏基站覆盖范围广，主要提供大范围的信号覆盖；而微基站则部署在高流量区域或室内，弥补信号盲点和密集区域的网络需求。

我国5G基站的建设在全球处于领先地位。近年来，我国已经建成了世界上规模最大的5G基站，拥有数百万座5G基站，覆盖了全国大部分城市和主要乡镇。中国的三大通信运营商——中国移动、中国联通和中国电信都在积极推动5G基站的建设和部署，不仅在城市中实现了广泛覆盖，还加快了5G技术在农村和边远地区的推进。2023年，三家基础电信企业和中国铁塔股份有限公司共完成电信固定资产投资4205亿元，比上年增长0.3%。其中，5G投资额达1905亿元，同比增长5.7%，占全部投资的45.3%。截至2024年年底，全国移动通信基站总数达1265万个，其中5G基站有425.1万个，占移动通信基站总数的33.6%，占比较上年末提升4.5%。

资料来源：工业和信息化部网站。

三、下一代移动通信技术

（一）6G移动通信技术

6G技术是继5G技术后的下一代移动通信技术。2019年6月，工业和信息化部牵头成立了中国IMT-2030（6G）推进组，标志着我国6G技术研发正式启动。6G技术预计在2030年左右投入商用，其目标是在传输速度、延迟、设备连接规模、可靠性和能效等方面超越5G。除了延续5G技术在通信、物联网等领域的优势，6G技术还将推动增强现实、虚拟现实、全息通信、空间互联网和智能体技术等前沿科技的发展。

6G网络的传输速率预计可达1 Tbps，比5G网络的峰值速率快数百倍，延迟低至亚毫秒级，进一步满足自动驾驶、工业自动化等对实时性要求极高的应用场景。6G 技术还将采用太赫兹频段进行数据传输，并融合卫星通信、地面通信和空中通信，实现地空一体化的全球无缝覆盖。此外，6G 技术有望与人工智能、大数据等前沿技术深度融合，推动智能化通信的发展，增强网络的自适应和自优化能力。

（二）全球 6G 布局

随着 6G 技术的研究与发展逐渐步入正轨，各国和各企业纷纷加快布局。中国、美国、日本和欧盟等已启动 6G 技术研发计划，各大通信企业和科研机构也在不断探索 6G 技术的各项标准和应用场景。6G 时代将进一步推动万物互联、数字孪生、智能城市等未来数字社会的构建，开启一个全新的智能化时代。

1. 美国

2021 年，美国通过了《未来网络法案》《了解移动网络的网络安全情况法案》《美国网络安全素养法案》，这些法案推动了从 5G 到 6G 的技术演进并加强了网络安全。这些法案为 6G 技术基础设施建设、网络安全防护，以及未来通信技术的研发提供了政策支持，明确了美国在全球通信技术竞争中的目标和路径。2022 年 6 月，美国国防部成立了 6G 研发中心，重点关注大规模 MIMO、频谱转换和网络安全等关键技术，启动了 Open6G、MHz 到 GHz 的弹性大规模 MIMO 及新型频谱转换等项目，总预算超过 700 万美元。同年，美国 NextG 联盟相继公开《6G 路线图》《6G 技术》《6G 应用和用例》《迈向可持续 6G 之路》《6G 分布式云和通信系统》《6G 系统的信任、安全性和韧性》等系列成果。此外，NextG 联盟还在不断加强与国际伙伴的合作，特别是韩国 SC 论坛、日本 Beyond 5G 推进联盟、欧洲 6G 智能网络和服务行业协会等组织。

2. 欧盟

2021 年，欧盟的"数字罗盘"计划提出了在 2030 年实现全球技术领先的愿景，将 6G 技术视为未来欧洲数字经济的关键驱动力。同时，欧盟通过"地平线 2020"和"地平线欧洲"等科研计划，资助了大量与 6G 技术相关的研究项目，特别是 Hexa-X 旗舰项目，该项目致力于探索关键技术如太赫兹通信、智能超表面、全息通信和人工智能驱动的网络优化等。这些技术将推动 6G 技术从"连接"到"智能化连接"的转变，确保 6G 网络在速度、低时延及应用场景方面具备优势。2022 年 10 月，欧盟启动了 Hexa-X-Ⅱ旗舰项目，为创建 6G 技术预标准化平台和系统架构奠定基础，并将参与方扩大到 44 个组织，获得欧盟委员会 2.5 亿欧元的资金支持。此外，6G 智能网络与服务行业协会（6G-IA）加强了与全球合作伙伴的协作，推动国际 6G 标准化进程，包括与中国 IMT-2030（6G）推进组、美国 NextG 联盟和欧洲电信标准协会（ETSI）的合作。

3. 日本

日本政府于 2020 年发布了《Beyond 5G 推进战略》，将 6G 技术纳入国家战略。为推进 6G 技术的研发，日本总务省于 2020 年 12 月成立了"Beyond 5G 推进联盟"，该联盟汇聚了学术界、产业界和政府的力量，计划在 2030 年实现 6G 技术的商用化。2022 年，日本 NTT Docomo 等企业展示了多项 6G 技术原型，如人体增强平台，涵盖运动共享和感觉共享技术，展现了 6G 技术在增强现实和虚拟现实等领域的广阔应用前景。同时，日本积极推动 6G 技术在远程医疗、智能交通和无人机等关键领域的创新应用。2023 年 1 月，日本总务省拨款 662 亿日元，设立专项基金专门用于支持 6G 无线网络的研究，进一步加速 6G 技术突破。

4. 中国

2019 年，中国工业和信息化部成立了"IMT-2030(6G)推进组"，专注于 6G 技术的研究和标准化工作。2021 年中国发布的《"十四五"信息通信行业发展规划》和 2022 年发布的《"十四五"数字经济发展规划》中明确提出前瞻性布局 6G 技术的要求，支持 6G 基础理论与关键技术的研发，并积极参与国际 6G 标准化工作。2022 年，推进组成立了试验任务组，重点围绕太赫兹通信、通信感知一体化、智能超表面等 6G 无线技术，以及分布式自治网络和算力网络等关键技术的早期实验。同时，中国卫通于 2022 年成功发射全球首颗 6G 试验卫星"电子科技大学号"，为 6G 的空间网络通信技术提供了试验平台。此外，中国三大运营商——中国移动、中国联通和中国电信相继发布各自的 6G 技术白皮书，并不断加大研发力度。同时，华为和中兴等中国领先的通信设备制造商在 6G 设备研发上也处于全球领先地位，不断推动 6G 的技术创新与商业化应用，进一步提高了中国在全球 6G 技术领域的竞争力。

第三节　人工智能

人工智能作为新一轮科技革命的核心驱动力，正推动新质生产力的形成与发展，开辟全新的生产方式和商业模式。本节介绍人工智能的兴起与发展、技术基础，以及其在制造、医疗、金融等领域中的应用。

一、人工智能概述

（一）人工智能的兴起

人工智能（Artificial Intelligence，AI）的概念起源于 20 世纪中期。1936 年，英国数学家阿兰·图灵（Alan Turing）提出了图灵机的概念，描述了一种能够执行符号操作的抽象计算机器，为理论计算机科学奠定基础，并为机器能够实现智能化提供理论支持。1950 年，图灵发表了著名的论文《计算机器与智能》（Computing Machinery and Intelligence），该论文首次提出了"图灵测试"（Turing Test）：如果一台机器能够在对话中表现得与人类无异，那么我们就可以认为它具有智能。图灵的这一思想被认为是人工智能领域的开端之一。

人工智能作为一个独立学科正式诞生于 1956 年美国达特茅斯会议（Dartmouth Conference）。此次会议由约翰·麦卡锡（John McCarthy）、马文·明斯基（Marvin Minsky）、克劳德·香农（Claude Shannon）和内森·罗切斯特（Nathaniel Rochester）等共同组织。在会议上，麦卡锡首次提出了"人工智能"这个术语，并将其定义为"使机器表现得像人类那样智能的科学和工程"。达特茅斯会议被视为人工智能学科的正式起点。随后，人工智能领域迅速发展，早期的研究主要集中在符号逻辑和问题求解方面。科学家们试图通过编写规则和算法，使计算机能够模仿人类推理和问题解决的过程。由艾伦·纽厄尔（Allen Newell）和赫伯特·西蒙（Herbert Simon）开发的"逻辑理论家"（Logic Theorist）程序是最著名的早期项目之一，这一程序被设计用来证明数学定理，是人工智能领域的重要里程碑。

（二）人工智能的分类

人工智能可以从智能水平、交互方式和任务性质等多个角度进行分类。

1. 按智能水平分类

人工智能可以根据其智能水平分为弱人工智能、强人工智能和超人工智能三大类。

（1）弱人工智能（Weak AI）。

弱人工智能也称为狭义人工智能（Narrow AI），是专注于特定任务的人工智能系统，不具备通用智能。弱人工智能只能在限定范围内处理和执行特定功能，无法扩展到其他领域。例如，语音助手（Siri、Alexa）、推荐算法和自动驾驶技术等。

（2）强人工智能（Strong AI）。

强人工智能又称通用人工智能（Artificial General Intelligence，AGI），是一种假设的人工智能形式，能够像人类一样学习和理解各种任务和概念。强人工智能具备理解、推理、学习和自我意识的能力，能够在多个领域中自主完成各种任务。目前，强人工智能仍然是一个理论上的概念，尚未实现。

（3）超人工智能（Super AI）。

超人工智能是一种智能水平远超人类的假设 AI，能够在任何认知任务上表现出比人类更高的能力，不仅拥有创造力、情感和社会意识，还能够自我完善，并超越人类在任何方面的能力。超人工智能仍处于科幻设想阶段，未在现实中实现。

2. 按与物理环境的交互方式分类

（1）离身智能。

离身智能（Disembodied Intelligence）指无须以物理形态存在，主要在虚拟环境中执行任务的人工智能系统。它们通过计算机系统或互联网处理信息、推理和决策，并通过文本、语音或其他数字信息与用户进行交流和反馈，典型应用包括虚拟助手、自然语言处理系统和推荐系统。

63

（2）具身智能。

具身智能（Embodied Intelligence）指通过物理实体与外部环境互动的人工智能系统。这类系统依赖传感器感知环境信息，并通过执行器完成物理操作，实现与环境的交互。具身智能需应对物理世界中的不确定性和实时性挑战，如导航、物体识别和抓取等任务。典型应用包括机器人、无人驾驶汽车和无人机等，它们不仅具备认知能力，还能通过物理行为对环境施加影响并执行复杂任务。

3. 按任务性质分类

（1）预测型人工智能。

预测型人工智能的主要任务是利用已有的数据和信息，推测未来的事件或趋势。其核心技术通常包括时间序列分析、回归分析、神经网络和机器学习等。通过对大量历史数据的分析和建模，预测型人工智能可以生成高度准确的预测结果，广泛应用于金融预测、气象预报和市场趋势分析等领域。

（2）分类型人工智能。

分类型人工智能的任务是将输入的数据归入不同的类，这通常基于机器学习模型的训练。分类型人工智能被广泛应用于处理各种分类任务，它能够自动识别输入数据的特征，并将其归到预定的类中。典型应用包括图像分类、垃圾邮件过滤等。

（3）生成型人工智能。

生成型人工智能的任务是创建或生成新的内容，典型的技术包括生成对抗网络（GAN）和大型语言模型（GPT）。生成型人工智能可以通过学习已有的数据，生成全新的图像、文本和音频等。

【知识拓展】具身智能

具身智能指能通过物理实体与环境进行交互、感知和行动，并通过经验反馈实现智能进化和行动自适应的智能系统。其核心特征在于"具身"和"智能"两个概念。"具身"意味着智能系统必须具备与外界交互的物理实体。这一实体并不限于人形，只要能够感知并与环境互动，就可归类为具身智能，如通用机器人、大型工业设备的 AI 系统、自动驾驶汽车等。"智能"则强调系统具备感知、理解、推理和操作任务的能力。例如，具备多模态处理能力的 GPT-4、Sora 等 AI 技术，这些技术可以处理文本、视觉和语音信息，将这些技术嵌入物理实体后，能显著提升物理实体感知环境、理解任务并有效执行的能力。

具身智能需要具备"本体+环境+智能"三个核心要素，如图 3.3 所示。首先，"本体"是具身智能的物理实体，其形式多样，如人形机器人、四足机器人、无人车和无人机等。这些实体能够感知环境、执行运动和任务，成为数字世界与物理世界之间的桥梁，其能力边界决定了智能体的功能发挥范围。其次，具身智能强调与"环境"的交互。智能体能通过感知周围环境，并通过行动影响环境，在这种持续交互中不断学习与适应。交互过程采用"第一人称"视角，智能体通过拟人化的理解认知和信息处理路径，做出符合人类预期的反应。最后，是"智能"的提升。具身智能借助大模型的知识表达能力能够赋能物理实体，使智能水平不断进化。基于数据驱动的学习算法，具身智能体逐步增强其感知、决策和执行能力，实现感知与行动的高度融合。智能的展现不仅依赖算法和计算，还通过本体与环境的持续互动而发展，在解决实际问题中展现价值。随着不断地进行环境交互，具身智能体实现了智能的持续迭代与优化。

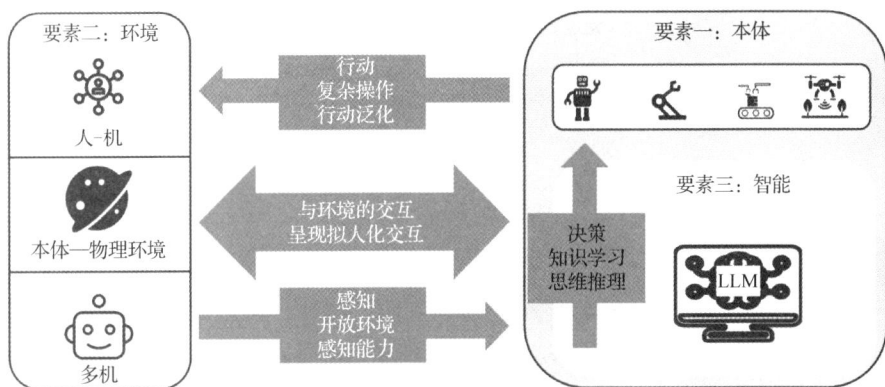

图 3.3 具身智能的"三要素"

具身智能集成了计算机视觉、自然语言处理和机器人技术等多项关键技术，推动这些技术向更高层次迈进。2023 年，英伟达创始人黄仁勋在 ITF World 大会上指出，具身智能将成为人工智能发展的下一个重要方向。通用人工智能与机器人技术的深度融合正成为行业发展焦点，多个因素正在助力这一领域的发展。首先，大模型的广泛应用和计算能力的显著提升，使复杂物理世界的建模与交互成为现实。其次，以 SAM（Segment Anything Model）、数据生成及世界模型为代表的技术工具链快速进步，为具身智能的训练和优化提供了更高效的支持。这些技术的成熟持续优化具身智能系统的感知与理解能力。最后，机器人领域的重大技术突破，尤其是在整机设计与运动控制领域的突破，显著提升了机器人运动能力和综合性能。服务机器人和四足机器人已逐步进入产业化阶段，而人形机器人也正从学术研究向产业应用加速过渡。

具身智能通过模拟人类大脑的"智能"和不同形态的机器人的"身体"，能在多个领域释放巨大的应用潜力，推动迈向通用人工智能。在工业制造领域，具身智能突破了人机协作的瓶颈，实现了智能化柔性适配。通过自然语言、肢体语言和动作示范，具身智能实现了更自然的人机交互。首先，机器人能够理解并迅速响应人类指令，解决了传统工业机器人在人机沟通中的语义障碍。例如，微软计划将 ChatGPT 的能力扩展至机器人领域，实现通过自然语言与机器人交互，而阿里巴巴则将千问大模型集成到工业机器人中，赋予其推理与决策能力。这样，机器人能够灵活应对复杂的工业生产场景，减少操作失误带来的风险。其次，具身智能通过实时感知和自主调整，推动了工业机器人在柔性制造中的应用。机器人能够在复杂且动态的环境中自主调整行动，降低对人类操作的依赖，大幅提升生产效率与精度。例如，香港理工大学开发的 LLM 机器人可以适应非结构化作业环境，而发那科的 CRX 协作机器人则通过轻触感知及时停止运动，确保安全。这种智能化的柔性适配不仅提升了工业生产的安全性，还增强了生产线的灵活性，减少了人为因素对生产质量的影响。

在自动驾驶领域，具身智能能够适应复杂的交通环境，实现安全可靠的智能驾驶。具身智能显著增强了系统对复杂、动态交通条件的适应能力。首先，自动驾驶系统依靠多模态感知技术，能够应对光照、天气和路况的多变性。例如，特斯拉的 Autopilot 利用车载传感器和摄像头，实现自适应巡航、车道保持和自动变道，确保在不同驾驶条件下的稳定性与安全性。谷歌 Waymo 的自动驾驶技术通过感知、定位和规划的无缝协调，能够实时识别行人、车辆和交通信号灯，并提前做出避险决策，大幅提升行车安全性。然后，具身智能为自动驾驶系统提供了更精准的智能决策和执行能力。该系统整合多种车载传感器，综合分析环境数据，做出合理的驾驶决策，并通过转向、加速和制动等操作迅速执行。这种高效的感知、决策、执行流程，确保车辆在复杂交通环境中做出可靠反应。此外，具身智能通过持续收集数据和经验进行自主学习，能够在不断变化的交通环境中持续优化自身性能。特斯拉推出的 Robotaxi 计划，展现了具身智能在无人驾驶中的未来潜力，车辆将能够在无人干预下自主完成复杂驾驶任务。

在医疗健康领域，具身智能为应对人口老龄化问题提供了拟人化交互服务。首先，具身智能通过情感交互技术，可以缓解老年人的孤独感，并提供情感支持。例如，日本的 Paro 治疗机器人以海豹形态为老年人和儿童提供陪伴，帮助他们缓解焦虑和孤独感。韩国 Hyodol 公司的 AI 伴侣娃娃则专为老年人设计，它可以通过对话来缓解阿尔茨海默病患者的情绪问题。然后，具身智能机器人通过人性化设计，显著提升了医疗和护理服务的质量。例如，美国 Glidance 公司开发的导盲机器人 Glide，通过与用户的动作互动，确保用户在导航过程中的控制权，提供更个性化的导盲服务。

具身智能是人工智能发展的新里程碑，预示着"知行合一"新时代的到来。在这一时代，智能不再局限于抽象的算法和数据处理，而是与现实世界深度融合，形成相互促进的关系。未来，具身智能的进步与应用将对社会的各个层面产生广泛且深远的影响。

资料来源：中国信息通信研究院《具身智能发展报告（2024 年）》。

（三）人工智能的核心能力

1. 计算智能

计算智能是人工智能利用强大的计算模型与数据处理的过程，拥有解决复杂问题的能力。计算智能主要依赖于对大规模数据的获取、存储和处理，以及基于深度学习和增强学习等算法的优化。计算智能通过模型训练，可从海量数据中提取规律并优化决策路径。例如，AlphaGo 通过深度神经网络中的价值网络与策略网络，在围棋对弈中利用强化学习策略，从博弈经验中不断优化决策能力。计算智能的优势不仅在于数据处理的规模大和速度快，还在于通过反馈机制实现自我优化与迭代。

2. 感知智能

感知智能使人工智能能够从外部环境中获取并处理多模态感知信息，包括视觉、听觉和触觉等，实现人工智能与物理世界的交互，使系统能够理解和响应外部刺激。多模态感知融合是该能力的核心。例如，谷歌的自动驾驶系统通过激光雷达、摄像头和雷达等多种传感器采集环境数据，并利用计算机视觉技术和空间定位算法，生成车辆周围的动态环境模型，从而使车辆实时识别障碍物、行人和其他交通参与者，实现复杂交通环境下的安全驾驶。感知智能再次展现了其将外部感知转化为系统可操作信息的强大能力。

3. 认知智能

认知智能是人工智能在更高层次上表现出的类人的推理、判断和决策能力，包括对数据的理解分析、假设生成、逻辑推理和预测未来结果的能力。认知智能依赖于自然语言处理、知识表示和推理机制等技术的协同工作。例如，IBM Watson 通过对病例、研究文献和病人健康数据的分析，结合自然语言处理技术，生成合理的假设并进行多维推理，最终为复杂的医疗决策提供支持。认知智能的关键在于模拟人类专家的思维模式，在面对不确定性和复杂情境时，灵活处理问题并提出有效的解决方案。

二、人工智能的主要学术流派

在人工智能 60 多年的研究过程中，由于人们对智能本质的理解和认识不同，形成了人工智能研究的多种途径。不同的研究途径具有不同的学术观点，不同的研究方法，又形成了不同的研究学派。目前在人工智能界主要的研究学派有符号主义、连接主义和行为主义等。符号主义的方法以物理符号系统假设和有限合理性原理为基础；连接主义的方法以人工神经网络模型为核心；行为主义的方法侧重研究感知－行动的反应机制。

（一）符号主义（20 世纪 60 年代至 80 年代）

符号主义是人工智能研究中的一个重要流派，其核心观点认为：智能的基础在于物理符号系统，即智能行为可以通过符号的操作和处理来实现。该学派认为，思维过程是符号模式的处理过程，智能系统通过操作符号结构来执行推理和决策任务。这一观点最早由赫伯特·西蒙（Herbert Simon）和艾伦·纽厄尔（Allen Newell）于 20 世纪 50 年代提出，并在 1976 年 ACM 图灵奖演说中对物理符号系统假设进行了详细的阐述。

西蒙和纽厄尔的物理符号系统假设指出，能够展示一般智能行为的物理系统的充要条件：它是一个物理符号系统。其充分性表明智能可以通过任意合理组织的物理符号系统来实现；必要性则表明，任何拥有一般智能的主体，如人类、外星人或计算机，都必须通过操作符号来实现其智能行为。换言之，智能体可通过符号结构的操作生成适应性行为，以适应其所处的环境和任务要求。

符号主义学派将智能视为对符号的处理，并提出了几个关键的理论和方法论：一是符号系统的使用，符号系统被视为智能体描述世界的中介，符号代表现实世界中的对象、关系和规则，能够帮助人工智能系统建模和操作复杂概念。二是搜索机制的设计，符号主义强调启发式搜索在推理过程中的重要性。启发式搜索通过在符号系统支持的空间中探索，帮助系统在有限的时间内找到最优或近似最优的解决方案。例如，国际象棋中的 AI 利用启发式搜索机制在复杂的棋局中找到最佳的下一步。三是认知体系结构的分离，符号主义假定，智能的因果机制可以由符号系统提供，而不必依赖于系统的物理实现。换言之，符号系统的逻辑结构和认知过程是独立于具体硬件的。

（二）行为主义（20 世纪 80 年代至 20 世纪 90 年代）

行为主义学派，又称行为模拟学派，主张通过"感知—行动"反应模式来理解智能行为。该学派认为，智能不依赖于内部的知识表达或逻辑推理，而是通过与环境的直接交互作用表现。行为主义强调智能体通过感知外界刺激并作出相应的行为反应来展现智能，而非依赖符号系统的推理或内部知识表示。

1991 年，人工智能研究者罗德尼·布鲁克斯（Rodney A. Brooks）提出，智能体无须依赖知识表示或推理，而是在与环境的交互过程中自然表现出智能。布鲁克斯认为，智能是去中心化的，而非通过符号表示或集中控制系统来实现。他提出智能体应该通过感知环境、采取行动，并根据反馈逐步调整自身行为，从而实现复杂的任务。这种理念反映了行为主义在人工智能中的应用，即智能体通过感知—行动，而非内部逻辑或知识表示，以此来表现出复杂行为。

行为主义学派的核心观点可以总结为以下几点。首先，知识的形式化表示和模型化方法是人工智能发展的一个障碍，智能更依赖于感知—行动；其次，智能行为只能通过与周围环境的交互展现中得出，而非在封闭系统中推理得出；最后，智能体的行为是分阶段发展的，类似于生物的进化过程，可以随着时间逐步增强。布鲁克斯提出的行为智能观还强调智能体应具备独立的功能模块，通过分布式方式实现复杂行为，而非依赖统一的中央控制系统。

行为主义的典型工作是布鲁克斯教授研制的六足智能机器虫。这个机器虫可以看作新一代的"控制论动物"，它虽然不具备人的推理、规划能力，但其应对复杂环境的能力却远超原有的机器人，在自然环境下，具有灵活的防碰撞能力和漫游行为。

（三）连接主义（20 世纪 90 年代至 21 世纪）

连接主义的核心思想是模拟人类大脑的神经元网络结构。1959 年，神经生理学家大卫·休伯尔（David Hubel）和托斯坦·维厄瑟尔（Torsten Wiesel）通过对猫进行视觉实验，首次发现了视觉初级皮层的神经元对移动边缘刺激具有高度敏感性，并揭示了视功能柱的结构。这一发现表明：视觉中枢系统可以通过简单模式逐步构建复杂模式。休伯尔和维厄瑟尔的研究为人工神经网络的设计提供了重要启示，促使计算机科学家探索如何利用简单的神经元结构组合复杂的认知功能。此项研究成果使两人共同获得了 1981 年诺贝尔生理学或医学奖。

这一发现引导了人工神经网络的多级结构设计理念，类似于我们在识别复杂图像时的能力。以毕加索的《格尔尼卡》为例，虽然这幅画呈现出极其抽象和扭曲的形体，如牛头、马面等，但我们的大脑依然能够通过识别基本的几何形状、颜色和轮廓，快速理解出整体图像的含义。这是因为大脑首先处理图像的低级特征（边缘、颜色），然后逐步将这些特征整合为更高层次的复杂概念（人物、情感）。这一认知过程具有分层性，从简单到复杂，从局部到整体。这种能力启发计算机科学家设计出人工神经网络，即通过分层结构使低级特征作为高级结构的输入，从而逐步构建对复杂对象的识别能力。

三、人工智能的发展浪潮

人工智能的兴起源于人们对其应用前景的高度期待，而人工智能的衰落往往伴随着技术无法达到预期的落空。本节聚焦人工智能产业的发展历程，梳理其起伏变化的关键节点。图 3.4 展示了人工智能在发展过程中经历的几次浪潮与寒冬，揭示了产业在不断进步与调整中的周期性变化。

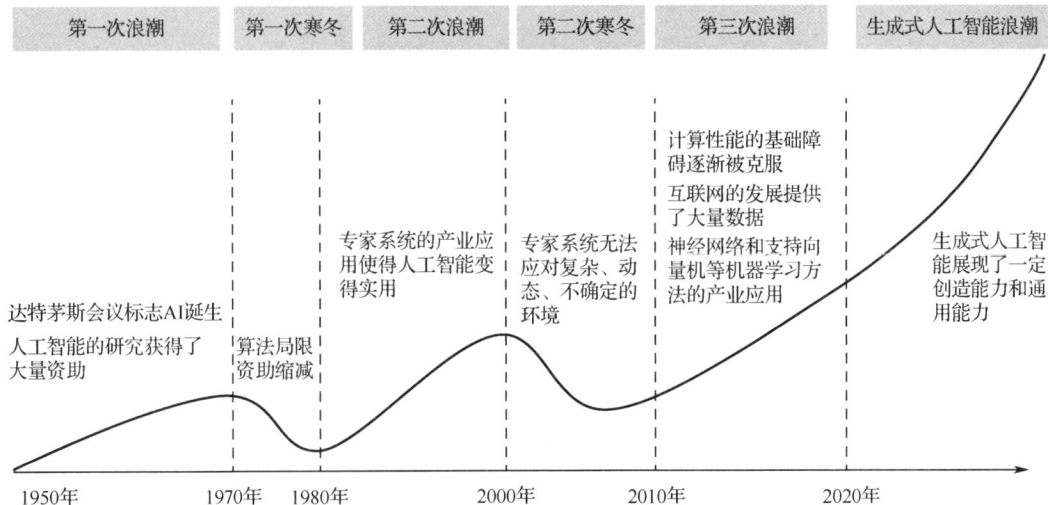

图 3.4　人工智能的发展浪潮

（一）人工智能的第一次浪潮

人工智能的第一次浪潮始于 20 世纪 50 年代中期。当人工智能概念被首次提出后，研究者开始探索如何利用计算机模拟人类的能力，其中的重点在于赋予机器逻辑推理能力，开发能够解决代数应用题和几何证明题的程序。在算法领域，弗兰克·罗森布拉特发明了首个基于神经网络的感知器算法。在硬件方面，研究者开发了能够证明数学应用题的机器 STUDENT，以及能进行简单人机对话的机器 ELIZA。此时，研究者对人工智能充满信心，认为其有潜力达到替代人类的程度。

然而，这种乐观情绪并未持续太久。随着感知器的局限性暴露，特别是 1969 年美国学者马文·明斯基证明了感知器无法解决异或问题，公众信心大幅下降。1973 年，著名数学家詹姆斯·莱特希尔向英国政府提交了一份人工智能研究报告，严厉批评了当时机器人在语言处理和图像识别技术方面的停滞不前，指出许多宏伟目标遥不可及，研究进展乏力。20 世纪 70 年代中期，许多人工智能项目未能兑现承诺，导致资金支持大幅减少，研究者们被迫停止相关研究。人工智能的发展进入了第一次"寒冬"，产业发展陷入停滞状态。

（二）人工智能的第二次浪潮

人工智能的第二次浪潮发生在 20 世纪 80 年代至 90 年代。1980 年，卡内基梅隆大学为 DEC 公司开发的专家系统 XCON 投入使用，该系统能够根据用户需求自动配置计算机部件，指令处理准确率超过 95%，每年为 DEC 节省约 2500 万美元的成本。XCON 的成功让其他企业看到了专家系统的巨大潜力，推动了其他企业的研发应用。1981 年，日本经济产业省投资 8.5 亿美元启动第五代计算机计划，旨在开发具备人类知识检索、问题推理和自然语言理解能力的专家系统。此时，知识工程成为 20 世纪 80 年代人工智能研究的主流方向，专家系统逐渐被广泛应用。

然而，到了 20 世纪 80 年代中期至 90 年代中期，随着第五代计算机系统计划的失败，以及专家系统自身局限性的显现，如应用领域狭窄、知识获取困难、推理方式单一等局限，研究者开始认识到，要应对更复杂的问题，人工智能必须依赖更强的计算能力和更大规模的数据。然而，当时的技术水平和数据规模无法满足这一需求，导致人工智能再次进入"寒冬"。

（三）人工智能的第三次浪潮

人工智能的第三次浪潮始于 21 世纪 10 年代。进入 21 世纪，人工智能研究持续扩展，涵盖了计算机视觉、自然语言处理、机器人学、知识表示、推理、规划和搜索等多个领域。人工智能技术的应用不断拓宽，逐渐渗透至医疗、教育、金融等多个行业。技术工具箱也日益丰富，出现了迁移学习、元学习、主动学习和持续学习等多种新方法和模型。与此同时，随着互联网的兴起，大量数据的积累推动了人工智能与大数据的结合，云计算的发展突破了算力的瓶颈。支持向量机、随机森林等机器学习算法得到了广泛应用。这些进展为人工智能在接下来二十多年的迅速发展奠定了坚实基础。

（四）人工智能的第四次浪潮

人工智能的第四次浪潮以深度学习技术的进一步发展和生成式大模型的广泛应用为核心驱动力，标志着人工智能从特定领域应用向更广泛、更通用的方向发展。此次浪潮始于 21 世纪 20 年代，其显著特征是生成式大模型的崛起，如 GPT-4、Sora 等。这些模型不仅具备处理复杂生成任务的能力，还展示了通用性和创造力，能够应用于多个领域。

在这个阶段，人工智能与大数据、云计算和增强算力的结合更加紧密，技术生态系统日益完善。生成式大模型在语言生成、图像生成和代码生成等方面表现出色，推动了生产力的提升，并提高了人工智能在医疗、教育、金融等领域的影响力。第四次浪潮的关键驱动力在于计算资源的显著提升、数据规模的爆炸性增长，以及算法的持续创新。特别是在生成式大模型的推动下，人工智能正在朝着通用人工智能（AGI）的方向迈进，人们对于实现具备高度自主学习和推理能力的智能体充满期待。

随着技术的不断进步，人工智能正从专注于特定领域的感知和理解，逐步走向具备通用推理和创造能力的广泛应用。尤其是基于 Transformer 架构的生成式大模型，凭借其强大的学习与创造能力，正在重新定义人类对技术潜力的认知边界，开启了前所未有的创新时代。

【知识拓展】低代码趋势

在人工智能时代，企业面临着数字化转型的压力，迫切需要快速开发和部署基于人工智能的应用。然而，开发者资源紧缺、开发成本高，以及对敏捷开发的需求迫切，使得传统的开发模式难以满足这一需求。低代码平台通过降低技术门槛、缩短开发周期和降低成本，让更多非技术人员也能参与开发，从而加速了人工智能应用的普及，成为企业数字化转型的重要工具。

低代码是一种源自高级语言的软件开发技术，用户通过可视化方式以更少的编码更快地构建和交付应用，全面降低开发、配置、部署和培训成本。典型的低代码开发平台由四部分构成。可视化设计器，支持用户界面、工作流和数据模型的可视化定义，并允许在必要时手写代码；服务器程序，用于承载由可视化设计器构建的应用并支持多终端访问，通常以私有化部署或云端服务的形式存在；各种后端或服务连接器，自动处理数据结构、存储和检索；应用程序生命周期管理器，用于应用的测试、构建、调试、部署和维护的自动化管理。低代码通过简化开发流程，允许非技术人员参与应用开发，大幅降低了开发的技术门槛，使更多业务人员可以直接参与数字工具和应用的构建中。这种方式不仅减少了对开发人员的依赖，还加快了开发速度，显著提高了企业的整体生产效率。同时，低代码平台通常集成了自动化工具和人工智能技术，支持数据自动处理、流程自动化和智能化的业务决策。这种能力大幅减少了手动操作的过程，提高了工作效率，使生产力进一步释放。当前，我国在《"十四五"软件和信息技术服务业发展规划》和《中小企业数字化转型指南》等文件中明确提出，要突破低代码关键核心技术，推广低代码产品服务，并大力支持低代码开发平台的发展。

未来，低代码技术将更加灵活，具备更强的扩展性和集成能力，能够与企业现有的IT系统、云服务和第三方应用无缝衔接，支持不同平台和系统之间的数据交换，帮助企业更顺利地进行数字化转型。同时，人工智能和自动化技术将深度融入低代码开发中，增强智能推荐、自动生成代码和自动化处理流程的能力，减少人为干预，进一步提高开发效率。此外，低代码技术将逐步支持全栈开发，不仅限于前端，还将涵盖后端服务、数据库管理和API接口管理，满足复杂的业务需求。最后，低代码技术将支持在多种设备（网页、移动端和桌面端）上运行，并借助云原生架构和微服务技术，提高系统的弹性和扩展能力，优化部署流程。

资料来源：根据公开资料整理。

四、人工智能的技术基础

（一）人工智能的技术体系

要实现通用人工智能，机器需要具备模拟人类核心能力的技术支撑，包括推理、规划、感知、学习、交流、行动等关键领域。

1. 推理领域

在推理领域，人工智能基于现有的信息和知识进行逻辑推理和判断以解决问题。推理包括：知识表示、自动推理和常识推理。知识表示将人类的知识转化为机器可以处理的形式，用于表征世界中的各种信息。例如，将单词转化为向量，使计算机能够在语境中理解其含义。这不仅简化了复杂系统的构建，还增强了机器对人类知识的理解和操作能力。

机器在学习到人类知识后，推理能力便成为关键。推理可以分为自动推理和常识推理。自动推理是基于给定条件和逻辑规则生成结论的过程。例如，给定"所有人都吃蔬菜"和"小明是人类"两个条件，人工智能能够推导出"小明吃蔬菜"的结论。自动推理严格遵循逻辑规则，适用于复杂的推理链条。常识推理则模拟人类基于日常经验进行合理判断的过程。这种推理不依赖精确的逻辑推导，而是基于启发式知识和规则进行操作，能够处理模糊性和不确定性。例如，给定"衣服被丢进火堆里"这一情境，人工智能能够推断出"衣服会被点燃"。

2. 规划领域

在规划领域，智能规划、搜索和优化技术赋予人工智能解决复杂问题的能力，帮助其高效地制定行动方案。智能规划为人工智能提供了从初始状态到目标状态的清晰策略，人工智能需选择合适的策略以实现目标。例如，在自动驾驶的停车场景中，初始状态是车辆在停车位外，策略包括扫描障碍物、前进和后退等一系列动作，而最终目标是将车辆精准停入车位。搜索则通过搜索问题空间（所有可能的状态及相应的行动），权衡各种可能性，寻找实现目标的最优解。例如，在国际象棋中，人工智能通过搜索和评估不同的棋步组合，预测并选择最佳走法。优化是在满足特定约束条件下，通过最大化或最小化目标函数，在空间中寻找最佳解决方案的过程。例如，神经网络训练中的参数优化。在很多实际应用中，优化算法能够帮助人工智能快速、准确地解决复杂问题，并且在资源受限的条件下依然能有效提升效率。

3. 感知领域

在感知领域，计算机视觉和语音处理技术将人类的视觉、听觉等感知能力赋予机器，使其在与人类交互时更加自然和智能。计算机视觉通过模拟人类对视觉信息的处理机制，使计算机能够识别、分析并理解图像和视频中的物体、场景、人物。例如，人脸识别就是基于计算机视觉技术提取面部特征来实现身份验证的，已在安防、智能手机解锁等多个领域中应用。语音处理使机器能够处理和理解人类的语音信号，以完成语音识别、语音合成和情感分析等多个任务。语音识别将语音信号转化成文本，支持人机语音交互；语音合成生成自然流畅的语音输出，应用于虚拟助手、导航系统等场景；情感分析则检测说话者的情感状态，增强机器对用户需求的理解和响应。

4. 学习领域

在学习领域，机器学习使计算机系统能够从大量数据中提取规律并完成任务，其无须依赖明确规则，而是基于数据驱动训练，是实现人工智能的重要途径。当训练数据能够充分反映待分析数据集的特征时，模型可做出更精确的预测和决策。这一过程包括特征提取、算法优化，以及参数调整，旨在增强模型对新数据的泛化能力。机器学习的核心在于：通过持续训练和调优，提升系统在分类、回归、聚类等任务中的表现，能够广泛应用于金融、医疗和自动驾驶等多个领域。

5. 交流领域

在交流领域，自然语言处理使计算机具备处理和运用人类自然语言的能力，人机交互变得更加自然流畅。自然语言处理主要包括两大任务：一是自然语言的认知与理解，指计算机能够通过句法分析、语义解析和上下文理解等，将文本转化为具有语义关联的结构化信息，帮助计算机掌握人类语言的复杂性；二是自然语言生成，指将计算机内部数据转换为人类可理解的自然语言，用于回答问题、生成报告。自然语言处理不仅提升了人机互动效率，还扩大了人工智能的应用范围，包括机器翻译、聊天机器人、信息检索、情感分析和问答系统等。

6. 行动领域

在行动领域，人工智能通过具身智能实体与物理世界进行实时交互。类似于人类借助感官感知环境并将信息传递至大脑，不断塑造和调整自身行为的过程，具身智能实体中的人工智能依托其物理载体，主动感知自身行为对周围环境的影响，并基于环境反馈实现动态优化和调整。这种交互机制不仅使人工智能能够适应复杂动态的环境，还能通过持续学习不断提升其决策和行动能力。

（二）人工智能的关键技术

1. 机器学习

机器学习（Machine Learning，ML）是人工智能的核心技术之一，它使计算机能够从数据中自动学习规律并做出预测或决策，能够执行分类、回归、聚类等任务，无须编程。机器学习包括：监督学习、半监督学习、无监督学习和强化学习等方法。监督学习（Supervised Learning）是最常见的机器学习方法，依赖于带标签的数据集。在训练过程中，算法通过学习输入数据（特征）和已知标签之间的映射关系来构建模型，并反复调整内部参数，使预测输出尽可能接近真实标签。常见应用有分类（垃圾邮件检测）和回归（房价预测）等任务。半监督学习（Semi-Supervised Learning）结合少量带标签数据和大量无标签数据，适用于标注数据昂贵或难以获取的场景。通过使用少量标注数据提供指导，算法能够有效理解大量无标签数据的结构。无监督学习（Unsupervised Learning）处理无标签数据，其目标是发现数据内部的结构或模式。常见的应用包括：聚类（客户分群）和降维（主成分分析）。无监督学习算法需要通过数据本身来识别相似性或差异性，并做出相应的划分或简化。强化学习（Reinforcement Learning）通过与环境的交互来学习。算法通过试错的方式，依据奖励信号来学习最优的行为策略。强化学习常用于复杂的决策任务，如机器人控制、游戏和自动驾驶。

2. 深度学习

深度学习（Deep Learning，DL）是通过多层神经网络模拟人脑的工作方式，处理和学习大量复杂的数据。深度学习依赖于人工神经网络（Artificial Neural Networks），特别是深度神经网络（Deep Neural Networks，DNNs）。深度神经网络具有多层结构，通过层与层之间的非线性转换逐层抽象数据特征，最终实现复杂的学习和推理任务。神经网络（Neural Networks）是深度学习的基础，模拟生物神经元的工作原理，网络由多个节点（神经元）组成，每个节点接收输入并应用权重与偏置进行加权求和，再通过激活函数输出结果。网络中的节点按层级连接，层数越多，网络越"深"，因此称为"深度神经网络"。卷积神经网络（Convolutional Neural Network，CNN）是专门用于处理图像数据的神经网络，利用卷积层自动提取空间特征，广泛应用于计算机视觉领域，如图像分类、目标检测等任务。循环神经网络（Recurrent Neural Network，RNN）主要用于处理序列数据，如时间序列或自然语言序列。它通过记忆前一步的信息来处理连续数据。然而，传统 RNN 存在梯度消失问题，改进的变体如 LSTM（长短期记忆网络）和 GRU（门控循环单元）都被广泛使用。生成对抗网络（Generative Adversarial Network，GAN）由生成器和判别器组成，通过两者的对抗训练生成逼真的数据。GAN 在图像生成、艺术创作和超分辨率等任务中展现出了广阔的应用前景。

3. 知识图谱

知识图谱（Knowledge Graph，KG）是一种用于组织、存储和表示知识的结构化数据模型，它将事实和概念通过实体（entity）和关系（relationship）连接起来，形成一个具有语义关联的网络。实体是知识图谱中的基本节点，代表现实世界中的对象或概念，如人物、地点和组织等。"李白""《将进酒》"都是实体。关系则是连接实体的边，表示实体之间的语义关联。例如，"李白""《将进酒》"之间存在"创作"的关系。知识图谱的构建主要依赖于信息抽取、实体链接、关系抽取和知识推理。信息抽取指从非结构化数据（文本、文档）中抽取实体、关系和属性，是构建知识图谱的基础。实体链接指将文本中的实体与知识图谱中的实体节点进行匹配。例如，文本中的"苹果"可以指代水果或"Apple 公司"，通过实体链接技术，结合上下文将其准确匹配到"Apple Inc."。关系抽取指从文本中识别出实体之间的关系，如识别"Einstein 提出了相对论"中的提出关系。知识推理指通过现有的知识推导出新知识。例如，根据已知"Albert Einstein 出生于德国""德国属于欧洲"，推理出"Albert Einstein 出生于欧洲"。

4. 计算机视觉

计算机视觉（Computer Vision）使计算机能够从图像、视频或其他视觉数据中获取有用的信息，并做出相关的分析、理解和决策。其核心目标是：通过模仿人类视觉系统，赋予计算机"看"的能力，并理解视觉世界中的物体、场景和动态。计算机视觉常见的核心任务包括：图像分类、目标检测、图像分割、动作识别等。图像分类指将图像分为预定义的类别。例如，给定一张图像，计算机视觉系统需要识别图片中是否包含"猫"或"狗"。目标检测不仅需要识别图像中的物体，还需要在图像中确定它们的位置，通常以边界框的形式标记物体的存在。常见的目标检测模型包括：YOLO（You Only Look Once）、Faster R-CNN 等。图像分割是一种更加细粒度的任务，它要求将图像中的每个像素归类到特定类别。其中，语义分割将图像分割成具有相同标签的区域，实例分割进一步区分同一类别下的不同个体。动作识别指在视频中识别并理解人物的动作和行为。例如，监控视频中的动作识别可以用于检测异常行为。

5. 自然语言处理

自然语言处理（Natural Language Processing，NLP）是让计算机能够理解、生成和处理人类语言的技术，结合了语言学、计算机科学和人工智能。自然语言处理使计算机实现人机交互，被广泛应用于机器翻译、语音识别、文本生成和情感分析等任务。自然语言处理的核心技术包括：词向量、序列模型和注意力机制等。词向量是通过将单词嵌入到低维向量空间中，捕捉词汇之间的语义关系。常见模型有 Word2Vec 和 GloVe。这些模型能够将具有语义相近的词映射到相邻的向量空间中，极大地提高了文本语义处理的能力。序列模型用于处理具有顺序依赖关系的文本数据，常见的序列模型包括：隐马尔可夫模型、循环神经网络、长短期记忆网络和门控循环单元等。注意力机制是一种能够动态聚焦于序列中不同部分的技术，在机器翻译、文本生成和阅读理解任务中表现出色。Transformer 架构采用自注意力机制，能够并行化处理输入序列的不同部分，解决了传统循环神经网络处理长序列时的效率问题。基于 Transformer 的预训练模型，如 BERT、GPT、T5 等，已成为现代自然语言处理中的主流技术。

【案例】ChatGPT 的前世今生

GPT 系列从最初的 GPT-1 到如今的 GPT-4，不断提升参数规模和语言处理能力，从单纯的语言生成到多模态交互，推动了自然语言处理技术的飞跃发展。

1. GPT-1：开启生成式预训练语言模型的新纪元

2018 年，OpenAI 发布了第一个版本的 GPT 模型——GPT-1（Generative Pre-trained Transformer）。该模型基于 Transformer 架构，拥有 1.17 亿个参数。GPT-1 通过大量的文本数据进行自回归语言建模，即根据前面的单词预测下一个单词，从而学习语言的语法和语义特征。GPT-1 的发布标志着生成式预训练语言模型的崛起，首次展示了深度学习在自然语言生成中的巨大潜力，为后续的 GPT 系列模型的发展打下了基础。

2. GPT-2：更强大的语言模型，引领自然语言处理的新高度

2019 年，OpenAI 推出了 GPT-2，作为 GPT-1 的升级版本，GPT-2 拥有 15 亿个参数，大幅提升了模型的容量和预测能力。相较于 GPT-1，GPT-2 能够生成更加连贯和复杂的文本，且在处理开放领域的任务时表现出色。GPT-2 的训练基于海量互联网数据，因此具备更广泛的知识和更强的生成能力。然而，由于 GPT-2 生成的文本非常逼真，OpenAI 起初对其发布持谨慎态度，担心其可能被误用于生成虚假信息方面。

3. GPT-3：1750 亿参数的巨型模型，推动自然语言处理技术的新浪潮

2020 年，GPT-3 面世，拥有惊人的 1750 亿个参数，模型规模达到了前所未有的高度。GPT-3 的训练数据量极其庞大，覆盖了从社交媒体到百科全书等各种文本源。它在生成自然语言时表现出前所未有的逼真度，能够执行各种复杂的任务，如编写代码、翻译语言、回答问题和生成创意写作等。GPT-3 的推出进一步推动了自然语言处理的技术发展，展现了大规模语言模型在跨领域任务中的通用性。然而，GPT-3 也因其庞大的参数量而存在显著的资源消耗问题。

4. InstructGPT：引入人类指令，推动 AI 的定向优化

InstructGPT 是 GPT-3 的一个重要分支版本，它引入了人类反馈作为优化机制。与原版 GPT-3 不同，InstructGPT 通过"有监督微调"的方法，根据人类给出的指令进行调整，使模型更符合用户的意图。通过这种交互反馈，InstructGPT 能够生成更符合实际

需求的内容，减少了生成错误或不相关内容的概率。InstructGPT 的开发为后续 ChatGPT 和类似产品的开发奠定了基础，特别是在交互式任务中的表现得到了极大的改善。

5. ChatGPT：基于 GPT-3.5 的聊天机器人，开启智能化、人性化对话新时代

2022 年，OpenAI 发布了基于 GPT-3.5 的 ChatGPT。虽然 ChatGPT 的参数减少至 67 亿个，但它在语言理解和生成方面表现出更加精确和高效的能力。这得益于持续的预训练和微调过程，使其在对话场景中更加适应人类的交互需求。ChatGPT 被广泛应用于智能客服、虚拟助理、智能家居等领域，推动了自然语言处理技术在实际应用中的普及。它不仅能理解用户的指令，还能根据上下文生成连贯、贴近人类思维的对话，标志着智能对话系统的重大突破。

6. GPT-4：多模态交互，开启 AI 新时代

2023 年，OpenAI 发布了具有跨模态处理能力的 GPT-4。作为多模态模型，GPT-4 不仅能够处理文本输入，还能够理解和生成图像内容，真正实现了多模态交互。这使 GPT-4 能够在更多应用场景中展现其潜力，如图像标注、复杂数据可视化等。此外，GPT-4 通过引入更多的人类反馈机制进行优化，显著提升了模型在不同任务中的表现，并能更好地适应用户的多样化需求。GPT-4 的发布使生成式人工智能的能力达到了新的高度，代表了人工智能在理解和生成多模态信息方面的重大进展。2024 年 5 月 13 日，OpenAI 发布了最新旗舰模型 GPT-4o，GPT-4o 继承了 GPT-4 的多模态处理能力，还提高了在音频、视频和文本方面的实时推理能力，使多模态交互性能更加智能化和个性化。

资料来源：根据公开资料整理。

五、人工智能的应用领域

近年来，国家陆续出台多项政策，鼓励人工智能的快速发展和产业深度融合。从 2017 年《新一代人工智能发展规划》提出"加快人工智能深度应用"，到 2023 年发布的《关于推进 IPv6 技术演进和应用创新发展的实施意见》《质量强国建设纲要》，政策重点已从人工智能技术发展转向技术和产业的深度融合。人工智能正以惊人的速度重塑着社会结构与生活方式。从出行方式的革新到医疗健康服务的智能化，从家庭生活的便捷化到金融科技的精准化，乃至工业生产的无人化及养老服务的智能化等，人工智能正引领着我们迈向一个更加智能、高效的新时代。下面介绍几个典型的应用领域。

（一）医疗领域

在医疗领域，人工智能通过数据分析、模式识别和自动化处理，从根本上改变疾病的诊断、治疗和预防方式。人工智能能够快速处理大量医疗数据，帮助医生更准确地诊断疾病并优化治疗方案。具体来看，在医学影像分析方面，依图医疗的肺结节检测系统利用深

度学习技术，可以快速扫描肺部 CT 影像，识别出肺结节的大小、形态和位置，帮助医生更早发现肺癌，提高早期诊断的准确性，降低了漏诊的可能性。在个性化治疗方面，IBM 的 Watson Health 系统能够通过分析患者的基因组数据、病例和最新的医学文献，为医生提供个性化的癌症治疗方案，提高治疗效果。在药物研发方面，人工智能技术的应用加快了新药的发现与开发的过程，缩短了传统药物研发周期。例如，DeepMind 开发的 AlphaFold 系统能够预测蛋白质的三维结构，解决了生物学和药物研发中长期未解的难题。AlphaFold 通过精确预测蛋白质的折叠方式，帮助科学家更好地了解蛋白质功能，加速药物靶点的发现。这项技术已在抗癌药物研发等项目中得到了应用，推动了基础生物学研究与药物开发的发展。

（二）金融领域

随着金融智能化的发展，人工智能在金融领域的应用越来越广泛，包括智能风控、智能客服、智能营销、智能合规等多个核心业务环节。

在智能风控方面，金融机构利用机器学习和自然语言处理技术，实时分析大规模数据，识别潜在风险和异常行为，人工智能被广泛应用于反欺诈、反洗钱和资金流向监控等领域。例如，商业银行利用人工智能进行贷款审核和客户信用评估，精准评估借款人还款能力，降低金融风险。支付宝的智能风控系统能实时监控交易，及时识别高风险操作并采取应对措施，有效降低欺诈事件的发生率。

在智能客服方面，金融机构利用自然语言处理和语音识别技术，打造了 24 小时全天候智能客服系统，能够高效解答常见问题，处理交易请求，甚至进行账户管理操作。例如，浦发银行推出的虚拟数字员工"小浦"利用语音识别和自然语言处理技术，实现了对客户问题的自动应答和业务引导。客户可以通过语音或文字与"小浦"互动，完成查询余额、转账等操作。与传统的人工客服相比，智能客服不仅能大幅降低运营成本，还能在复杂的业务处理中提供精准的服务，优化客户体验。

在智能营销方面，金融机构利用人工智能技术深度分析客户信息，创建精准的客户画像，优化营销策略并提高转化率。机器学习模型能够根据客户的历史交易记录分析个人偏好，向其推荐个性化的理财产品和投资建议。例如，中国工商银行的智能营销系统通过结合资金流向的知识图谱，实时跟踪客户的资金动态，识别客户潜在需求，并推送相应的金融产品。这种智能营销手段不仅提高了营销精准度，还提高了客户的参与度。

在智能合规方面，金融机构利用知识图谱和自然语言处理技术，实现了对大量文档的自动化审核，减少人工处理的错误。例如，摩根大通开发的 COiN 平台，利用自然语言处理技术对金融合同和合规文件进行自动化分析。该平台可以在数秒内审阅数千页的合约，并提取关键信息，快速识别潜在的合规风险。这一自动化流程缩短了审阅时间，降低了成本，同时减少了人为错误的发生。

（三）制造业领域

人工智能技术已被广泛应用于制造业的各个环节，从设备维护、生产线自动化，到供应链优化等，帮助制造企业提高生产效率、降低成本，并灵活响应市场需求，实现传统制造向智能制造转型。在预测性维护方面，人工智能技术可以分析设备运行数据，预测潜在故障或停机时间。人工智能技术借助传感器采集设备的温度、振动、压力等数据，可提前发现异常并发出预警，从而减少非计划停机并降低维护成本。与传统的预防性维护相比，预测性维护更能精确优化设备维护周期，提高生产效率。在质量检测方面，通过结合计算机视觉和机器学习技术，人工智能技术可以实现对产品的实时检测与追踪监控。传统人工检测效率低且易出错，而人工智能技术可以通过图像识别快速检测产品的外观缺陷、形状误差和颜色偏差，提高检测精度和速度，降低人工检测的错误率。在供应链管理中，人工智能技术可以通过分析历史数据、市场需求和物流信息等，做出智能化的供应链预测和决策。人工智能技术可借助实时数据动态调整供应链，避免因供需不平衡导致库存过剩或短缺，优化采购、生产和库存管理等，提高供应链整体效率。

（四）无人驾驶领域

人工智能在无人驾驶领域中的应用使车辆拥有全方位的智能决策和执行能力，涵盖环境感知、障碍物避让和行为预测等方面。随着技术的不断进步，未来的无人驾驶将更加智能、安全和高效，预计会对交通系统带来前所未有的改变。人工智能技术通过整合激光雷达、毫米波雷达、摄像头和超声波传感器等多种工具，实时采集车辆周围的环境数据，构建三维环境模型，帮助车辆识别并避让周围的行人、其他车辆、路障、交通标志、车道线等关键元素。在复杂交通环境中，人工智能借助机器学习和深度学习算法对大量历史数据的训练，能精准感知路况、预测潜在风险并作出合适反应，避免事故发生。例如，当前方车辆突然刹车或行人横穿马路时，人工智能驾驶系统可及时调整行驶路线或速度，确保车辆安全通过。人工智能技术让避让反应更迅速、精准，提高了车辆的行驶安全性。

【案例】百度无人驾驶——"萝卜快跑"

百度自2013年入局无人驾驶以来，已经成为全球无人驾驶领域的领军企业之一。凭借持续的技术研发和大规模资金投入，百度在这一前沿技术的竞争中占据了重要地位。百度的无人驾驶业务涵盖了从底层技术研发、硬件集成到商业化落地的全链条，尤其是Apollo平台的推出，标志着百度在全球无人驾驶领域取得了深入的发展与重大突破，其发展历程如图3.5所示。

79

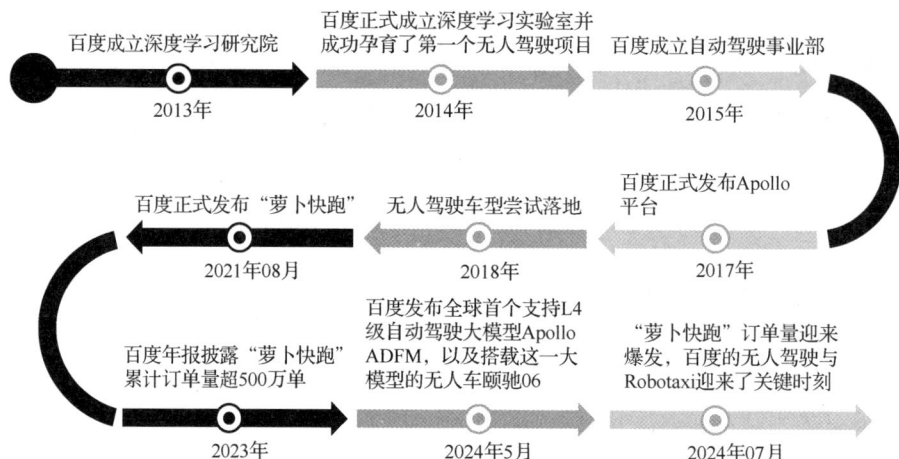

图 3.5 "萝卜快跑"的发展历程

百度的无人驾驶技术强依赖人工智能,尤其是深度学习技术。百度早在2013年成立的深度学习研究院,为其迈向无人驾驶技术领域奠定了基础。深度学习通过神经网络模型使 AI 系统能够从大量数据中提取有用的特征,这在复杂的驾驶环境中至关重要。百度的 AI 技术通过对摄像头、激光雷达等传感器采集的大量数据进行处理与分析,使无人驾驶车辆可以实时感知周围环境并作出响应。

2017 年,Apollo 平台的横空出世,标志着百度无人驾驶进入技术深耕阶段,此后几年,百度不断推进 Apollo 平台迭代升级,从支持多场景无人驾驶到城市复杂道路中的无人驾驶能力显著提升,Apollo 6.0 的问世更是将无人驾驶技术推向新的高度。

2021 年起,百度的"萝卜快跑"Robotaxi 服务逐步在多个城市开展商业化示范运营,尤其在武汉、上海、北京等地反响热烈。截至2023年,"萝卜快跑"累计订单量超过五百万单。2024年5月,百度在武汉发布第六代萝卜快跑无人驾驶汽车——颐驰06,该车搭载了全球首个支持L4级别无人驾驶应用的自动驾驶大模型 ADFM。ADFM 大模型包括感知大模型和规划大模型两种。两者通过联合训练,从原始数据捕捉到油门和转向输出,形成端到端的自动驾驶系统。其中,感知大模型利用感知网络从原始传感器数据中提取信息,生成道路结构和障碍物等数据,数据不仅用于模型内部,还以人类可读的形式输出,确保了系统的可监督性和问题追溯性。规划大模型是决策规划网络用于接收并处理感知网络输出的数据的一种架构,包括显示的三维向量空间和隐式的BEV 特征,通过 Transformer 在大量数据之间挖掘关系,最终形成最佳的轨迹匹配。车辆具备1200tops双AI多核芯片和40个传感器,包括激光雷达、摄像头等,在感知、计算、高精度定位、转向、制动、驻车、网络、热管理、5G、电源十个领域的冗余设计全面应用了"百度Apollo ADFM 大模型+硬件产品+安全架构"的方案。

随着"萝卜快跑"无人驾驶自动运营网络的逐步完善,其运营成本预计降低30%。与此同时,借助自动驾驶技术的不断进步和运营效率的持续优化,服务成本有望下降

80%。在此背景下，"萝卜快跑"的收入维持持续且稳定的增长态势，2024年年底在武汉实现收支平衡，并于2025年全面进入盈利阶段，成为全球首个实现商业化盈利的自动驾驶出行服务平台。

资料来源：根据公开资料整理。

第四节 区块链

区块链作为当前提升生产力的创新技术，已从早期的加密货币阶段、智能合约阶段，发展到大规模应用阶段。经过十五年的快速发展，整个行业经历了资本涌入和技术革新，现已进入稳步发展的成熟期。本节介绍区块链的概念与特征、分类、核心技术，并分析其发展与挑战、应用。

一、区块链概述

（一）区块链的概念与特征

区块链的概念最早可追溯至2008年中本聪发布的比特币白皮书 *Bitcoin: A Peer-to-Peer Electronic Cash System*（《比特币：一种点对点的电子现金系统》）。中本聪提出了比特币的概念，并介绍了区块链作为底层支撑技术。区块链的诞生旨在解决传统金融系统对中央机构的信任依赖问题，提供了去中心化方式，实现点对点交易。这项技术使比特币能够在没有中介的情况下，实现安全、透明且不可篡改的货币转移。

区块链是一种去中心化的分布式账本技术，通过加密算法和共识机制，确保交易或数据的安全性、透明性和不可篡改性。区块链由多个按时间顺序相连的"区块"组成，每个区块记录一组交易数据，并通过加密技术与前一区块相连，从而形成一个链条。每个区块都包含时间戳，用于精确标记区块生成的时间，确保数据按时间顺序排列，并防止数据被篡改。每个节点（参与者）都有区块链的完整副本，这些节点利用算法共识机制协同确认并更新数据，保障数据的真实性和完整性。

区块链的核心技术特征包括去中心化、不可篡改、可追溯和信息透明等。一是去中心化。传统系统依赖中心化的权威机构（银行、清算中心）来验证和处理交易，而区块链是通过分布式网络实现交易记录和验证的。每个节点（参与者）独立参与账本维护，无单一机构或个人能完全控制系统，从而降低了对中央机构的依赖，增强了系统的抗审查性和可靠性。在去中心化的区块链网络中，节点通过共识机制（工作量证明PoW、权益证明PoS等）来验证交易并维护账本一致性，提升系统的故障抵御能力和抗攻击性。二是不可篡改。区块链通过加密算法和共识机制来实现不可篡改。一旦交易被记录并经过足够多的节点验证和确认，数据就几乎无法被篡改。区块链采用链式数据结构，每个区块包含前一区块的加密哈希值，确保前后区块的紧密连接。要篡改区块链中的数据，不仅需要修改目标区块的内容，还需要重新计算后续所有区块的哈希值，并掌握大部分计算能力，使修改不被其他节点发现。这种高成本和高复杂性保证了区块链数据的不可篡改性。三是可追溯。区块链的透明和结构化设计，可以确保每笔交易会按时间戳的顺序被永久记录，任何人可沿着链条回溯历史交易。这一特征使区块链在供应链管理、金融审计等领域具有一定的优势，确保交易流程透明可查。通过加密签名技术，区块链在保护每个参与者身份的同时，可确保交易行为是可验证的，实现对资金流、信息流和物资流的完整追踪。四是信息透明。区块链的账本对所有节点公开，任何节点可访问、验证交易数据并参与账本更新。虽然交易内容公开，但各方身份通过公钥进行加密保护，在数据透明与隐私保护之间达成了一种均衡状态。

（二）区块链的分类

区块链根据参与权限的不同可以分为公有链、联盟链和私有链三种类型，如表 3.3 所示。

表 3.3　区块链的分类

	公　有　链	联　盟　链	私　有　链
访问权限	任何人	联盟成员	内部人员
性能	较慢	较快	最快
去中心化程度	较高	偏低	极低
激励机制	需要	可选	无
共识机制	证明类共识算法	传统共识算法	传统共识算法

公有链是开放的区块链网络，任何人可自由参与读写数据、交易、加入网络或验证交易，无须任何授权。比特币和以太坊是公有链的典型代表，它们完全去中心化，没有单一的控制实体。由于具有开放性，公有链通常使用工作量证明或权益证明等共识机制，虽然去中心化程度高，但这种机制计算复杂，交易处理速度较慢。为了鼓励节点参与并维护网络，公有链通常采用加密货币作为激励机制，以确保网络的持续运行。

联盟链是由多个相互信任或已知身份的组织机构协同管理的区块链网络，参与者是经过授权的联盟成员，适用于多个机构合作的工作环境，如银行间清算、供应链金融等。与公有链相比，联盟链的性能较好，交易处理速度较快，这主要得益于其节点数量较少，且通常使用类似拜占庭容错算法 BFT 的高效共识机制。此外，联盟链的激励机制是可选的，具体取决于联盟的业务需求。

私有链由中心组织或机构控制，外部人员无法参与。私有链去中心化程度极低，适用于对隐私保护和私有控制有高要求的内部应用，如企业内部的审计系统、供应链管理等。由于节点数量少且由特定实体管理，私有链的性能最好，交易处理效率高。私有链通常不设激励机制，因为其运行和维护由内部负责，不需要依赖激励机制来吸引外部参与。它通常采用效率较高的共识算法，如 PBFT 或 Raft，以确保快速验证和高性能运作。

（三）区块链的核心技术

区块链的核心技术包括多个关键组成部分，这些技术共同构建了区块链系统的安全性、透明性和去中心化特性。

1. 分布式账本

分布式账本是一种去中心化的数据存储和共享技术，多个参与者共同维护和更新账本，无单一控制方。每个参与节点都拥有账本的完整副本，所有数据的记录、更新、验证都由网络中的多个节点协同完成，确保了数据的一致性和安全性。在分布式账本系统中，数据的写入和修改需要通过共识机制达成一致，保证各节点存储的账本副本都是相同的。这一去中心化特性使分布式账本具有较高的抗审查性和抗篡改能力。不同于传统的集中式账本系统，分布式账本没有中心化的管理机构或数据库，一个节点发生故障或被恶意利用也不会影响整个系统的运行。

2. 加密技术

区块链使用强大的加密技术来确保数据的安全性和隐私性。加密技术的核心包括两部分：哈希函数和公钥/私钥加密。

哈希函数用于将任意大小的数据输入映射为固定长度的字符串（称为哈希值）。在区块链中，每个区块都包含前一区块的哈希值，这样任意区块中的数据一旦被修改，后续所有区块的哈希值都会改变，使篡改变得极为困难。

公钥/私钥加密即每个用户都有一对公钥和私钥。公钥用于加密数据，私钥用于解密。公钥可以公开用于身份识别，私钥则由用户自己保管，用于签署交易。在这种加密方式下，只有交易的发送方可以授权资金的转移，确保了交易的不可否认性。

3. 共识机制

共识机制是区块链系统中的关键技术，决定了网络中多个节点如何协调并达成一致意见，以确保分布式账本的安全性和一致性。常见的共识机制包括：工作量证明是比特币等公有链的经典共识机制，要求节点（矿工）通过复杂的计算来解决数学难题，胜者获得记录交易的权利并获得奖励。虽然工作量证明具有较高的安全性，但计算资源消耗大，且运行效率相对较低。权益证明根据节点持有的代币数量和时间来决定谁有权验证交易。持币量越大、持有时间越长的节点被选中生成区块的概率越大，这种机制提高了效率，减少了能源消耗。拜占庭容错是一种容错机制，网络在一定比例的节点失效或被恶意利用的情况下，系统仍能够正常运行并达成共识。拜占庭容错被广泛应用于联盟链和私有链系统中。

4. 智能合约

智能合约是一种自执行的程序，能够在满足预设条件时自动执行合约条款，且无须第三方干预。智能合约以代码形式编写，并存储在区块链中，合约执行的结果公开透明且不可篡改。智能合约在去中心化金融、供应链管理等领域得到了广泛应用，极大地提升了交易效率，降低了中介成本。

二、区块链的发展与挑战

（一）区块链的发展历程

区块链从最初的概念提出到如今的广泛应用，经过了十多年的技术迭代和市场推广，可分为以下几个关键阶段。

1. 区块链 1.0：数字货币与比特币（2008—2013 年）

区块链 1.0 主要指区块链在数字货币领域的应用。2008 年，中本聪在其发布的白皮书《比特币：一种点对点的电子现金系统》中首次提出了比特币这一概念，详细描述了比特币作为去中心化数字货币系统的架构和工作原理。2009 年，比特币正式上线，成为世界上首个去中心化的数字货币，开启了数字货币时代。

2. 区块链 2.0：智能合约与以太坊（2014—2017 年）

2015 年，以太坊上线，标志着区块链 2.0 时代的到来。以太坊不仅提供了类似比特币的加密货币功能，还引入了智能合约。智能合约是一种能够在满足特定条件时自动执行的合约，通过编程语言写入区块链，可高效执行且无须中间机构参与。这使区块链的应用范围超越了数字货币，广泛扩展到去中心化金融、供应链、版权保护、身份验证等领域。

3. 区块链 3.0：跨行业应用与性能优化（2018 年至今）

区块链 3.0 标志着区块链技术的全面升级，不再局限于数字货币和智能合约的应用，而是扩展到多个领域，成为数字经济领域中的关键支撑技术。随着区块链性能的不断优化，尤其在处理速度、可扩展性和能耗效率方面的提升，区块链技术进入了更广泛的商业和社会应用领域。区块链 3.0 不仅提升了交易处理能力，还通过联盟链、私有链等多种形式，满足了不同组织和行业对数据隐私、性能和去中心化的多样化需求。这一阶段的核心是通过区块链构建一个全球性的分布式记账系统，区块链自此不仅用于记录金融交易，还可以记录几乎任何能以代码形式表示的有价值的事物。区块链能够记录共享资源的使用权（共享汽车）、交通信号灯的状态、出生和死亡证明、婚姻登记、学历、财务账目、医疗记录、保险理赔、投票及能源分配等。

（二）区块链的发展现状

在政策支持方面，在"十三五"规划中，区块链技术被首次纳入国家信息化发展战略。

该规划指出，要积极推进区块链技术的研发进程，并制定相关的标准规范，推动区块链在信用管理、金融、物联网、供应链管理等领域的应用。随后，我国于 2017 年发布《关于创新管理优化服务培育壮大经济发展新动能加快新旧动能接续转换的意见》《新一代人工智能发展规划》《国务院关于进一步扩大和升级信息消费持续释放内需潜力的指导意见》等文件，从多领域、多技术角度支持区块链发展。2019 年 10 月，中共中央政治局在第十八次集体学习时，进行了关于区块链技术发展现状及趋势的集体学习。2022 年 1 月，在《"十四五"数字经济发展规划》中，区块链被列为重点发展的数字技术之一，强调要加快区块链技术在供应链管理、金融、公共服务、社会治理等领域的应用，还提出到 2025 年要打造多个具有国际竞争力的区块链产业集群目标。2023 年 4 月，国务院印发了《计量发展规划（2021—2035 年）》，强调充分运用大数据、区块链、人工智能等现代技术，建立新型计量监管模式和制度，推动监管重点由管器具向管数据、管行为、管结果的全链条计量监管体系转变。总的来说，中国区块链的发展已经进入国家战略高度，国家从政策引导、产业规划、标准化建设等多个层面给予支持，推动区块链技术在多个行业应用落地。

在标准制定方面，截至 2023 年年底，我国共研究或制定区块链标准 118 项，其中包含 12 项国家标准计划、8 项国家标准、15 项行业标准、5 项地方标准、78 项区块链团体标准，这些标准为区块链技术的发展和应用提供了重要的规范和保障。

在人才培养方面，各高校持续加大区块链相关技术人才的培养力度。截至 2023 年年底，超过 90 所高校开设了区块链专业或课程。同时，31 所高职院校于 2023 年成功备案了区块链技术应用专业，为行业提供了大量的人才支持。

在创新产出方面，2004 年以来，中国的区块链专利申请数量累计约 8 万件。2017 年起，专利申请数量呈爆发式增长，2020 年达到 19835 件。尽管自 2021 年开始有所下降，但 2023 年专利数量仍达到 14859 件，这充分展示了中国在区块链领域的创新能力。

（三）区块链的监管挑战

区块链技术的去中心化特性、透明性和不可篡改性为社会带来了诸多创新机会，但也带来了复杂的监管挑战。

1. 跨境监管问题

区块链的去中心化特性使其不受特定国家或地区的物理限制，交易和数据流可在全球范围内瞬时传递，这导致管辖权模糊，传统法律框架难以与之匹配。一个区块链应用可能涉及多个国家的用户和节点，且各国的法律标准不一致，导致跨境监管难以协调。现有的法律体系缺乏明确的跨区域责任界定和执行机制，因此建立全球统一的监管框架和协调机制尤为迫切，国际组织应推动制定全球适用的区块链监管标准，以应对这一新兴技术带来的挑战。

2. 隐私与数据保护问题

区块链的透明性和不可篡改性虽然提升了信任度，但也带来了严重的隐私问题。区块链中的所有交易记录对任意网络参与者都保持开放，虽然用户身份通过加密技术保护，但交易行为是透明的，这与许多国家的数据隐私法规存在冲突。例如，欧盟的《通用数据保护条例》GDPR 赋予用户"被遗忘权"，允许删除个人数据，而区块链技术的不可篡改性与此冲突。因此，隐私保护和区块链技术的透明性存在矛盾，需要通过技术解决方案（零知识证明和可控透明性）来平衡数据安全与隐私保护之间的关系。

3. 金融监管问题

区块链的去中心化和匿名性使其成为逃避监管的工具，尤其在洗钱、逃税、恐怖主义融资等非法活动中。虽然区块链的所有交易记录都在公开账本中，但想要追踪和识别背后操控这些交易的真实身份却非常困难。全球的监管机构正试图通过加强加密货币交易平台的监管，实施强制性身份验证和交易报告制度，以防止非法活动发生。例如，2021 年 10 月，美国财政部的金融犯罪执法网络和商品期货交易委员会对加密货币交易所 Bitfinex 处以巨额罚款，原因是该平台未能有效执行反洗钱和反恐怖融资规定，且未注册为期货佣金商。监管机构认为 Bitfinex 的操作缺乏合规性，未能在其交易中阻止非法资金的流动和洗钱行为的发生。

三、区块链的应用

作为诞生于金融领域的支持技术，区块链凭借其去中心化特性、安全性、匿名性、开放性等，应用范围随着数字经济的发展持续扩大。虽然区块链在其他领域都有应用，但尚处于起步阶段，因此这里仅围绕金融领域介绍区块链的应用。

第一，区块链技术打破了贸易金融中的信任壁垒，提供了透明、可验证的交易记录。传统的贸易金融存在纸质单证交互低效、审查流程烦琐等问题，易产生虚假贸易、价格欺瞒等，所以银行"不敢贷"、企业"融资难"。借助区块链平台，银行和企业能够实时共享企业信息、银行账户、资金流动等数据，从而有效防范欺诈行为，提升运作效率。例如，浙江省金融监督管理部门通过区块链金融综合服务平台，实时监控信贷资金的流向，提高了供应链与产业链的透明度。

第二，区块链在供应链金融中得到了广泛应用，将供应链中的应收账款等业务上链，提高了金融交易的透明度和安全性，降低了融资成本。浙商银行推出了基于区块链的供应链金融服务平台，解决了应收账款的流动性问题。该平台确保信息的不可篡改性和可追溯性，加快了业务处理速度。截至 2023 年 6 月底，该平台已上链的供应链金融业务超过 500 万笔，累计提供融资超过 3800 亿元。

第三，区块链技术在区域性股权市场中，提升了交易的透明度和安全性。将股权交易过程上链，金融机构能够更好地跟踪和管理股权质押融资活动，降低了欺诈风险，提高了融资效率。例如，中央结算公司通过区块链技术实现了数字债券发行，保障了整个债券发行过程中的数据透明度和业务可追溯性。

第四，在跨境金融中，区块链技术被用来提高金融数据的安全性与透明度。通过将资金流、贸易流、单据流等信息上链，区块链降低了跨境金融交易的人工审核成本，并有效遏制了产生洗钱活动和虚假交易等行为的风险。例如，中远海运、招商局集团等利用区块链优化了外贸海运费支付和跨境结算的流程，显著提高了跨境金融业务的处理效率。

第五节　云计算

云计算作为数字时代的重要基础设施，是整合科技创新资源、加速新质生产力形成的关键要素，也是构建现代化产业体系的支撑力量。本节介绍云计算的基本概念及其应用。

一、云计算概述

（一）云计算的定义与发展

云计算的起源可以追溯至 20 世纪 60 年代，当时的计算机科学家约翰·麦卡锡提出了一个观点：“计算可能有一天会像公用事业服务（电力或水）一样，通过按需供给的方式广泛提供”，这个设想为云计算奠定了理论基础。然而，真正意义上的云计算开始发展是在 20 世纪 90 年代末期至 21 世纪初期，随着几项关键技术和商业模式的出现，云计算才真正开始步入发展阶段。

随着互联网的快速普及，企业和个人对在线服务的依赖日益增强，软件即服务的概念逐渐形成。1999 年，Salesforce 推出了基于浏览器的 CRM 系统，成为最早的软件即服务应用之一。2006 年，亚马逊推出了 Amazon Web Services，提供基础设施及服务，象征着现代云计算正式迈入发展阶段。2008 年，Google 发布了 Google App Engine，允许开发者在 Google 的基础框架上构建和部署应用程序，开创了平台即服务模式。同年，微软推出了 Azure 云计算平台，加速了企业云计算的商业化进程。2010 年 5 月，中国移动发布“大云计划 BC1.0”操作系统。2011 年 7 月，阿里巴巴推出阿里云平台，开始大规模对外提供云计算服务。2015 年，华为发布了企业云服务。同年，百度也正式开放运营其公有云平台“百度云”。随着云计算服务被相继推出，云计算逐渐走向大众，应用范围不断扩大。

业界广泛接受的云计算定义来自美国国家标准与技术研究院，该机构将云计算定义为“一种通过互联网提供的按需可用的计算资源共享池（网络、服务器、存储、应用程序和服务），这些资源可以被快速供应和释放，用户无须与服务提供商进行直接互动，且能够以最少的管理工作量获得所需服务”。

随着云计算技术的不断发展和创新，国内外企业纷纷抢占云计算市场，促使其市场规模快速增长。中国信息通信研究院发布的《云计算白皮书（2024 年）》显示，2023 年全球云计算市场规模为 5864 亿美元，同比增长 19.4%，在生成式 AI、大模型的算力与应用需

87

求的刺激下，云计算市场将保持长期稳定增长，预计 2027 年全球云计算市场将突破 1 万亿美元，如图 3.6（a）所示。2023 年，我国云计算市场规模达 6165 亿元，同比增长 35.5%，且仍保持较高活力，人工智能驱动的云技术革新和企业战略升级，正引领我国云计算行业开启新一轮增长，预计 2027 年，我国云计算市场规模将突破 2.1 万亿元，如图 3.6（b）所示。

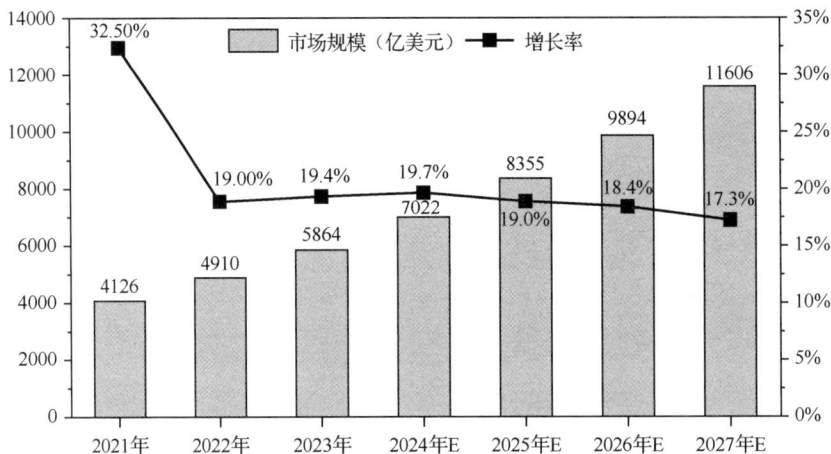

（a）全球云计算市场规模与增长率

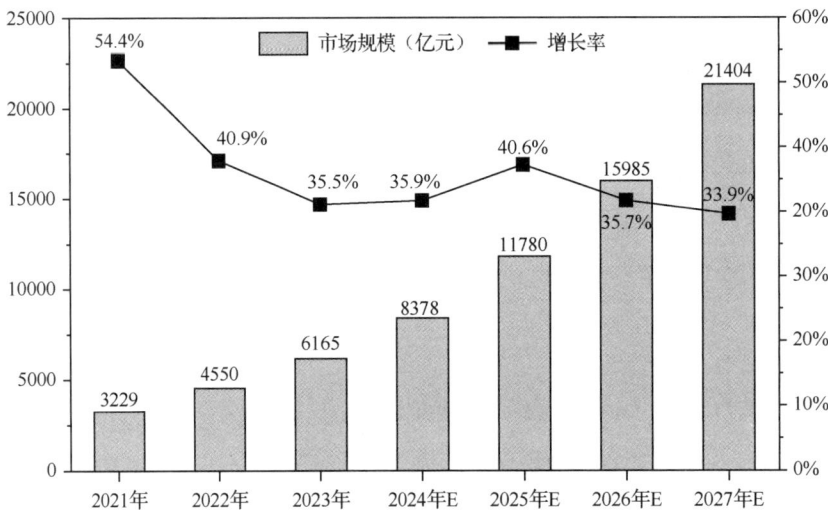

（b）中国云计算市场规模与增长率

图 3.6　云计算市场规模

数据来源：中国信息通信研究院《云计算白皮书（2024 年）》。

（二）云计算的基础架构

云计算的基础架构包括基础设施层、平台层、服务层和应用层，如图 3.7 所示。

1. 基础设施层

基础设施层是云计算基础架构的底层，主要由物理硬件和网络资源组成，提供云计算所需的计算、存储、网络等基础资源。基础设施层通过虚拟化技术将物理资源抽象成虚拟化资源，实现了资源的按需扩展和池化管理，为上层的服务和平台提供支持。其中，计算资源包括服务器、虚拟机、容器等，支持大规模的并行计算任务；而存储资源提供大规模的数据存储能力，包括块存储、文件存储、对象存储等类型，以满足不同的数据存储需求；网络资源通过软件定义网络、虚拟局域网等技术，实现灵活的网络连接和管理，并保障跨区域的网络通信和资源调度的高效性。

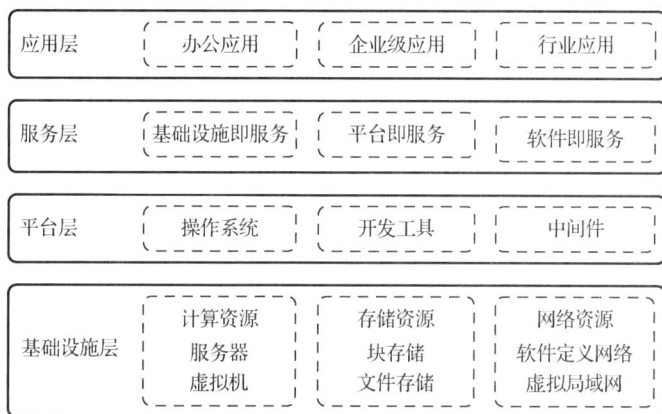

应用层	办公应用	企业级应用	行业应用
服务层	基础设施即服务	平台即服务	软件即服务
平台层	操作系统	开发工具	中间件
基础设施层	计算资源 服务器 虚拟机	存储资源 块存储 文件存储	网络资源 软件定义网络 虚拟局域网

图 3.7　云计算的基础架构

2. 平台层

平台层位于基础设施层之上，主要面向开发者和系统管理员，提供全面支持应用程序开发和运行的平台。平台层包含操作系统、数据库管理系统、开发工具和中间件等，可以简化应用开发和部署的流程，免去开发者对底层硬件和基础设施的关注。其中，操作系统提供虚拟化操作环境，如 Linux 或 Windows，供开发者运行应用程序；开发工具包括编译器、集成开发环境和调试工具等，它们能帮助开发者高效编写代码、测试和部署应用；中间件提供数据库、消息队列、缓存服务等功能，简化复杂的企业级应用的开发流程。

3. 服务层

服务层是云计算架构的核心服务交付层，负责提供不同类型的云服务，通常被划分为三大主要服务模式：基础设施即服务、平台即服务和软件即服务。服务层是云计算为用户提供各种计算服务的关键，通过不同服务模型灵活满足用户从硬件资源使用到应用程序直接访问的不同需求。

4. 应用层

应用层直接面向终端用户，为用户提供具体的应用程序和服务，这些服务通常以软件即服务的形式提供给用户。用户通过浏览器或客户端访问应用，无须关心底层基础设施和平台管理，应用层的核心职责是为企业或个人提供日常业务所需的应用解决方案。例如，在办公应用方面，Google Workspace 和 Microsoft Office 365 为用户提供文档处理、电子邮件、数据分析等功能，帮助企业和个人提高工作效率；在企业级应用方面，Salesforce 和 SAP 等提供客户关系管理、企业资源计划等解决方案，帮助企业管理其业务流程；在行业

89

应用方面，还有如工业云、农业云、政务云、金融云等专属于行业的应用解决方案。

（三）云计算的分类

可以从不同的角度对云计算进行分类，通常按资源部署模式或服务模式进行分类，如表 3.4 所示。

表 3.4　云计算分类

分 类 方 式	分　类	特　　点
按资源部署模式	公有云	成本效益高、维护简单、数据隐私较弱
	私有云	安全性高、完全控制、成本较高
	混合云	灵活性强、成本与性能平衡、管理复杂
按服务模式	IaaS	灵活的基础设施、用户自行管理、技术复杂
	PaaS	简化开发、专注应用、定制性有限
	SaaS	即用即付、无须维护、控制权较弱

1. 按资源部署模式分类

公有云，由第三方服务提供商拥有和管理，它通过互联网与广大用户共享其计算资源。用户可以根据需要租用资源并按使用量付费，无须承担设备维护和管理的责任。典型的公有云服务提供商包括 Amazon Web Services、Google Cloud 和 Microsoft Azure。公有云的优势在于成本效益高、灵活性好，但也面临着数据安全和隐私保护的挑战。

私有云，由企业或组织独自拥有，所有资源专门为一个用户或组织提供服务。私有云既可以托管在企业内部的数据中心，又可以由第三方管理。这种模式允许企业更好地控制和管理资源，从而能够满足对数据隐私和安全性的严格要求。私有云的优势在于安全性高、控制权强，但成本较高且维护复杂。

混合云，是公有云和私有云的结合，企业可以根据具体需求，选择将不同的工作负载运行在公有云或私有云上。混合云允许资源在公有云和私有云之间灵活切换，确保数据和应用能够在不同环境中高效运行，同时满足了企业对敏感数据的安全需求。

2. 按服务模式分类

基础设施即服务（IaaS）是云计算的基础，提供虚拟化的计算资源，如服务器、存储和网络，用户可以灵活配置和管理这些资源。IaaS 允许企业根据需求动态增加或减少计算资源，降低了购买和维护物理设备的成本。典型的 IaaS 提供商有 AWS 的 EC2 和 Google Cloud 的 Compute Engine 等。

平台即服务（PaaS）提供了一个开发、测试、部署和管理应用的平台，开发者可以专注于应用程序的开发，而不需要管理底层的硬件和基础设施。PaaS 通常包括操作系统、数据库和开发工具等。Google App Engine 和 Microsoft Azure 的 PaaS 是常见的 PaaS 平台，可以帮助企业快速开发和部署应用。

软件即服务（SaaS）是云计算的最高层次，它通过互联网直接为用户提供应用程序。用户无须管理底层的硬件、操作系统和软件安装，通过浏览器或客户端界面即可轻松使用所需的应用。常见的 SaaS 应用包括 Google Workspace、Salesforce 和 Microsoft Office 365 等。SaaS 的优势在于用户无须承担软件的维护和更新，可以轻松地访问和应用软件。

二、云计算的应用

当前，国家对云计算的支持力度不断加大，持续加强云计算基础设施建设和行业应用发展，助力各领域的数字化转型。在基础设施建设方面，2023 年 10 月，工业和信息化部等六部门印发《算力基础设施高质量发展行动计划》，提出推动以云服务方式整合算力资源，充分发挥云计算资源弹性调度优势，旨在推动多方算力资源的无缝连接与共享。2024 年 1 月，工业和信息化部在《云计算综合标准化体系建设指南》中，明确优先制定云计算创新技术、新型服务应用和关键领域的标准。在行业应用方面，2023 年 3 月，中共中央办公厅、国务院办公厅印发了《关于进一步完善医疗卫生服务体系的意见》，提出加速云计算在医疗卫生领域中的应用，加强健康医疗大数据共享与保障体系建设。2023 年 12 月，工业和信息化部等八部门联合发布《关于加快传统制造业转型升级的指导意见》，强调推动云计算与制造业深度融合，提升智能化、数字化水平，满足不同产业的差异化需求。

随着政策的持续推进和云平台的不断完善，各类应用场景逐渐丰富，具体表现如下。

1. 工业云

工业云是云计算在制造业的应用，旨在通过云平台为企业提供工业数据处理、智能制造等服务，推动工业互联网的发展。在智能制造方面，工业云平台通过整合生产设备数据，提供实时监控、预测性维护和故障预警等功能，帮助企业优化生产线，提高生产效率。例如，企业通过工业云平台远程监控设备运行状况，缩短故障停机时间。在供应链管理方面，工业云利用实时数据分析优化生产和供应链流程，提高生产和库存管理的灵活性。西门子推出的 MindSphere 平台将机器设备连接到云端，帮助企业实时监控设备运行状况，并利用大数据分析和预测设备的维护需求，从而缩短生产线故障停机时间，提高生产效率。

2. 农业云

农业云是云计算在农业的应用，通过数据采集、分析和处理为农业提供智能化支持，提升农业生产效率。农业云利用传感器、无人机和物联网设备实时收集土壤、天气、作物生长等数据，并通过云计算分析，帮助农民制定精准的施肥、灌溉和病虫害防治方案，以提高农作物产量和保证农产品质量。同时，农业云通过整合农田、气象、市场等数据，可提供种植计划、价格预测和销售建议，增强决策的科学性。此外，农业云平台支持农场远程监控作物生长和牲畜健康状况，利用移动设备安排生产任务，实现智能化农业管理。阿里云农业大脑项目便是智慧农业的典型例子，利用人工智能和云计算技术帮助农场进行智能化管理，采用病虫害监控、精准施肥等措施，减少农药和化肥的使用，提升农产品质量。

3. 政务云

政务云是云计算在政府部门中的应用，通过整合政府的 IT 资源和数据，提升政府的服务能力和管理效率，来推进智慧城市和电子政务建设。政务云平台为政府提供统一的 IT 基础设施，支持在线办公、数据共享和跨部门协作，从而提升政府办公效率。例如，政务云平台可以整合各部门数据，实现电子政务服务，方便市民在线办理政务业务。同时，政务云通过大数据分析技术优化了城市管理，包括交通、环境、公共安全等领域。例如，政务云平台可以通过整合城市交通数据，实时监控交通状况、优化交通信号调控、缓解城市交通拥堵问题。此外，政务云平台具备高安全性和数据治理能力，能确保数据隐私和信息安全，同时通过数据分析技术，为政策制定和公共服务优化提供了支撑。

4. 金融云

金融云是云计算在金融行业的应用，金融机构通过金融云获取灵活的计算资源和数据分析能力，提升服务效率和安全性。金融云可以处理海量交易数据，支持风险管理、市场分析和个性化金融产品推荐。例如，金融云可以通过大数据分析预测市场趋势，帮助机构制定投资策略。金融云提供稳定、高效的支付和交易处理能力，确保用户能够快速、准确地进行交易操作，并具备高并发处理能力，适应高频金融交易的需求。同时，金融云通过实时监控交易数据，结合人工智能和大数据分析技术，可以识别潜在的欺诈行为并及时报警，增强了金融机构的风险防控能力。

5. 交通云

交通云是云计算技术在交通领域的应用，通过实时数据的采集和分析，帮助交通部门优化管理，提高运输效率，保障交通安全。交通云通过整合车辆、路况、交通信号等数据，可实时监控城市交通流量、优化交通信号灯的控制、提升道路通行效率、缓解交通拥堵现象。此外，交通云可为公交系统提供数据支持，可实时分析交通数据以优化公交线路和发车时间，提高公共交通的服务效率，缩短乘客等待时间。在智慧物流方面，交通云帮助物流公司实时跟踪货物位置和获取车辆状况，优化运输路线，降低物流成本并提高物流效率。例如，深圳市的智能公交调度系统利用华为云平台优化公交线路和调度策略，提高了公交车的准时率，缩短了乘客的等待时间。

第六节　元宇宙

元宇宙作为数字经济未来发展的重要载体，承载着数字经济的新场景、新应用和新生态，是推动数字经济高质量发展的关键力量。从生产力角度看，元宇宙不仅为传统产业提供了新的应用场景，还构建了全新的虚拟经济生态，促进了数据、技术、平台等要素的深度融合与协同创新。本节详细介绍元宇宙的概念、核心技术及应用前景。

一、元宇宙概述

（一）元宇宙的概念

元宇宙（Metaverse）的概念最早可以追溯至 1992 年美国科幻作家尼尔·斯蒂芬森的小说《雪崩》。在这部小说中，他首次提出了"Metaverse"这一术语，描述了一个与现实世界平行的虚拟世界，在这个虚拟世界中，人们可以通过数字化身进行互动、交流、购物和工作等。斯蒂芬森的构想描绘了一个三维的虚拟宇宙，参与者通过虚拟现实技术进入并沉浸其中，仿佛现实中的日常生活被迁移到数字世界之中。

随着科技的不断进步，特别是虚拟现实（VR）、增强现实（AR）、区块链和人工智能（AI）等技术的突破，元宇宙的概念逐渐从科幻走向现实。20 世纪末期至 21 世纪初期，许多类似于元宇宙的虚拟世界相继涌现，其中最具代表性的便是 2003 年推出的"Second Life"，它让全球各地用户可以在虚拟世界中创建属于自己的数字身份，并开展社交、虚拟交易和娱乐活动。

2020 年，元宇宙的概念得到了进一步拓展，尤其是在 Facebook 更名为 Meta 后，这一概念迅速成为全球科技和商业领域的焦点。元宇宙被重新定义为一种融合多项前沿技术的新型虚实融合的互联网应用形态与社会结构。它将虚拟世界与现实世界紧密连接，深度融合经济系统、社交系统和身份系统，允许用户自由进行内容创作和虚拟环境编辑。元宇宙利用虚拟现实、增强现实、区块链、人工智能等先进技术构建了沉浸式虚拟空间，不仅成为娱乐和社交的载体，还拓展了经济活动、生产力和数字应用场景，为数字经济注入了新的动力。

（二）元宇宙发展历程

元宇宙从早期的科幻构想逐步走向现实应用，随着技术的进步，元宇宙从虚拟世界的设想演变为数字经济和社会互动的重要组成部分。图 3.8 展示了元宇宙发展历程中的标志性事件。

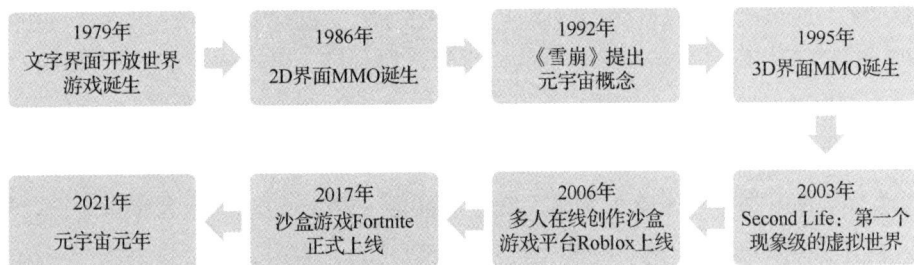

图 3.8　元宇宙发展历程

元宇宙的早期发展可以追溯至 1979 年，当时第一个文字界面的开放世界游戏诞生，这标志着虚拟世界的初步尝试。用户通过输入文字和命令可以在虚拟空间中探索和互动，为后续虚拟世界和元宇宙概念的发展打下了基础。1986 年，2D 界面的大规模多人在线游戏（MMO）问世，网络将多个玩家连接在一起，构成了一个共享虚拟世界，逐渐形成了"虚拟社会"的雏形。1992 年，尼尔·斯蒂芬森在他的科幻小说《雪崩》中首次提出了元宇宙概念，描绘了一个深度沉浸的虚拟世界，人们可以通过数字化身在虚拟空间中进行互动和活动。这一概念为未来的元宇宙奠定了理论基础。

1995 年，随着 3D 图形技术的进步，3D 界面的 MMO 游戏诞生，为虚拟世界带来了沉浸式视觉体验。玩家可以在三维空间中自由探索，虚拟世界的表现形式大幅优化。2003 年，《Second Life》上线，成为第一个现象级虚拟世界。它允许用户创建虚拟身份，并在虚拟空间中进行社交、交易和建造等活动。用户可以自由创作和编辑虚拟世界的内容，这一功能进一步实现了元宇宙的愿景。《Second Life》不仅是一个游戏，还被用作社交平台和虚拟经济的实验场所，展现了虚拟世界的潜在经济价值。2006 年，Roblox 作为多人在线创作的沙盒游戏平台正式上线，允许用户自由创建游戏和内容，并在虚拟世界中互动。用户生成内容的模式推动了虚拟世界中自定义和创造力的发挥，逐渐形成了一个具有虚拟经济和社交功能的初级元宇宙平台。

2017 年，沙盒游戏 Fortnite 正式上线。虽然它最初只是一款生存游戏，但随着时间的推移，Fortnite 逐渐演变成一个虚拟社交空间和文化平台。例如，Fortnite 举办了多场虚拟音乐会和跨界活动，成功吸引了数百万名玩家参与。它不仅是游戏，还是元宇宙中的一种社交和娱乐的形式，体现了虚拟与现实的融合。2021 年，元宇宙概念成为全球关注的焦点，尤其是在 Facebook 更名为 Meta 后，元宇宙的发展迎来了新的契机。Meta 的大力投资和积极推动，标志着元宇宙从科幻概念逐渐演变为科技场景。2021 年被称为"元宇宙元年"，随着更多科技企业加入元宇宙领域，未来元宇宙的发展将进一步加速。虚拟现实、增强现实、区块链、人工智能等技术的快速进步，为构建更加完善的元宇宙提供了技术支持。

技术进步与社会环境变化是元宇宙兴起的两大关键推动力。在技术层面，VR/AR 技术自 2014 年起逐渐走向成熟，科技巨头如 Facebook、微软、索尼、三星和 HTC 等纷纷进入 VR/AR 领域，推动了市场的初步发展。2015—2016 年，VR/AR 的市场热度达到阶段性高点，产业却因技术和内容滞后而进入低谷，市场热度逐渐下降。随着技术的持续进步、5G 技术的部署，以及 Oculus Quest 和 Valve Index 等的发售，用户体验大幅提升，市场自 2019 年开始复苏。2020 年，Oculus Quest 2 等消费级设备需求增长和"Half-Life: Alyx"等高端 VR 游戏发布，VR 技术迎来重大突破。在社会层面，2020 年起，居家需求上升，线下活动减少，线上场景增多，为元宇宙概念的发展提供了重要契机。这一因素在一定程度上改变了企业办公模式，推动了远程办公的逐渐普及。2021 年 9 月，微软 CEO 萨提亚·纳德拉提出了"企业元宇宙"这一新概念，预示着 VR/AR 技术将与日常工作深度融合。

（三）元宇宙的要素

元宇宙的八个必备要素包括身份、社交、沉浸感、随时随地访问、低延迟、多元化、经济系统和文明，这些要素共同构成了元宇宙丰富的生态体系。身份和社交为用户奠定了虚拟互动的基础；沉浸感、随时随地访问和低延迟提高了用户的体验质量；多元化推动了内容的丰富和多样化；而经济系统和文明则为元宇宙提供了可持续的运作模式。

1. 身份

在元宇宙中，用户拥有自己独特的虚拟身份，这一身份通过虚拟形象进行自我表达，代表了用户在虚拟世界中的形象和个性。虚拟身份允许用户在元宇宙中自由行动、互动和表达，它不仅是简单的用户形象，还具有一定的复杂性和持久性，用户可以通过虚拟身份积累经验、获得资产，甚至建立起个人的声望和社会地位。

2. 社交

虚拟形象可以穿梭于不同的游戏、虚拟世界或场景中进行社交互动。无论是与朋友进行沟通，还是在虚拟环境中结识新的人都畅通无阻。这种社交体验丰富了用户的元宇宙体验。元宇宙中的社交互动不再局限于文字或语音的交流，还包括虚拟物品分享、共同参与虚拟活动，以及在共享虚拟空间内的实时互动。

3. 沉浸感

沉浸感是元宇宙体验的关键。借助虚拟现实技术，用户能够深度沉浸在虚拟世界中，感官与环境紧密交织，增强互动的真实性和情感共鸣。元宇宙通过生动的 3D 图形、沉浸式音效和自然的人机交互技术，提升了用户的参与感，让虚拟体验变得更加真实和生动。

4. 随时随地访问

用户可以通过手机、平板、PC 和 VR 头戴设备等多种设备访问元宇宙，这种跨终端操作打破了硬件的限制，使用户能够随时随地进入虚拟世界，扩展了元宇宙的应用场景。

5. 低延迟

低延迟是元宇宙流畅体验的基础。通过云计算和先进的网络技术，元宇宙降低了各地服务器之间的延迟，确保用户能够实时与虚拟世界中的其他用户交互。高延迟则会导致操作与虚拟世界反馈不同步，严重削弱用户的沉浸感。

6. 多元化

丰富的 UGC（用户生成内容）游戏内容带来了多元化体验，用户可以创造游戏、虚拟空间、虚拟物品，并与其他用户分享。这不仅提升了平台的活跃度，还提供了更多个性化和创新性的体验。用户生成内容为元宇宙带来了无限可能，推动了虚拟生态的不断演进。

7. 经济系统

元宇宙中的经济系统支持虚拟货币自由交易，并允许虚拟资产与现实货币相互兑换。平台内的虚拟经济系统模拟现实世界的经济运行，使用户可以通过创造、购买、出售虚拟物品来获得收益，同时平台支持虚拟资产的积累、投资和消费，形成了完整的虚拟商业生态。虚拟货币的自由交易及其与现实货币的兑换，使元宇宙成为一个自我维持的数字经济体。

8. 文明

文明指的是元宇宙中所形成的虚拟世界文化和社区规则。随着用户数量的增加和互动的深入，这个虚拟世界平台逐渐形成一个稳定繁荣的内容生态系统，其中包括规则、习俗、行为规范等，确保了虚拟社会的稳定和可持续发展。文明要素还涉及内容审查、治理机制和虚拟法律等，这些要素为元宇宙的繁荣和安全提供了制度保障。

（四）元宇宙的六大组件

元宇宙六大组件包括后端基建、虚实界面、底层架构、人工智能、内容与场景、协同方。

1. 后端基建

元宇宙的实现主要依赖于关键技术支持和基础设施建设。5G 技术的高速率、低时延、低能耗和大规模设备连接等特性，满足了用户实时交互的需求，能确保多人多设备同时在线，为用户提供稳定且高质量的体验。面对复杂的场景和大规模用户，元宇宙对数据处理和实时渲染能力提出更高要求，云计算和云渲染成为关键支持。云计算提供了强大算力，保障了虚拟世界的实时更新和动态变化，而云渲染技术将复杂的 3D 场景渲染任务移至云端，减轻了终端设备的计算负荷。此外，全息影像、随机交互、传感技术等交互技术，为用户提供了多元化的交互体验。全息影像为立体虚拟形象，增强了视觉效果。传感技术和随机交互技术使用户能够通过肢体动作、手势、语音等自然方式与虚拟世界互动，增强体验的沉浸感和真实度。

2. 虚实界面

虚实界面是用户接入元宇宙的主要入口，它融合了虚拟世界和现实世界，为用户提供沉浸式互动体验。虚实界面的核心技术包括 XR 设备（涵盖 VR、AR、MR），它是元宇宙的第一入口。未来，智能耳机和脑机接口技术将进一步增强用户交互方式，推动虚拟世界和现实世界的无缝连接。

3. 底层架构

元宇宙的底层架构包括区块链、数字孪生和引擎。区块链技术提供经济运行规则，如虚拟货币和 NFT 资产管理，确保数据的透明性和安全性；数字孪生技术在虚拟空间内创建了真实世界事物的动态孪生体，实现虚实融合；引擎则为创作者提供了开发设计工具、创作平台，以支持复杂虚拟场景和内容的高效开发。

4. 人工智能

人工智能在元宇宙中通过智能生成大量不重复的虚拟内容，并对这些内容进行呈现和审查，来确保用户体验的多样性和安全性。在过去的六十年里，人工智能从简单的感知任务（图像和语音识别），逐渐发展到处理复杂的认知任务（语言理解、决策推理和内容生成），这种进化为元宇宙中的智能化数据处理提供了强大的支持，使虚拟世界的创建过程变得更加高效且智能。

5. 内容与场景

元宇宙的内容与场景包括游戏、社交及其他泛娱乐 C 端应用场景、B 端应用场景等。游戏是元宇宙的起点，最初通过虚拟世界中的互动吸引用户。随着发展，元宇宙逐渐扩展到社交、体育、旅游、虚拟交易平台等泛娱乐 C 端应用中，推动了用户在日常生活中更广泛地参与和互动。同时，元宇宙开始涵盖 B 端应用场景，开始提供虚拟办公、虚拟会议、数字化生产等企业级服务，逐渐从娱乐和社交平台拓展为商业与工作融合的新型数字化平台。

6. 协同方

协同方指的是在一个生态系统或产业链中，通过合作、协调来共同推动整体发展并共享收益的参与者。元宇宙催生了新市场业态，并涌现出新行业巨头，为合作伙伴创造了更多机会。技术提供商与服务商有望沿袭互联网时代的协同发展路径，通过技术、内容和服务的深度合作，共同推动元宇宙的创新与扩展，从而构建一个多方共赢的生态体系。

元宇宙的发展遵循特定的产业轮动顺序，各个板块相互促进，共同推动生态系统进步。首先，硬件与内容是元宇宙发展的起点。硬件（VR 头显、AR 眼镜）作为用户接入元宇宙的第一入口，必须先行发展，而这些硬件的进步需要配套内容的推动。初期内容主要集中在 VR 游戏和链游等初级形态，硬件和内容相互促进，共同优化用户体验。随着内容和场景的复杂化，元宇宙的制作、生产、运营和交互都需要依赖底层架构的升级，如游戏引擎和工具集成平台的完善。这些架构支持虚拟世界的高效创建和运行，为后续的创新提供了技术支持。随着底层架构的升级，数据处理需求大幅提升，后端基建和人工智能的作用逐渐显现。大量数据流的出现推动了物理世界的数字化，人工智能在这一阶段将扮演越来越重要的角色。人工智能不仅依赖底层架构和数字基础设施，还与内容的丰富紧密相关，逐渐成为元宇宙的核心生产要素，替代或辅助人类进行创造和管理。然后，元宇宙的发展重心将回归到内容与场景中。相较于其他板块，内容与场景的变数最大，元宇宙将催生超出当前想象的全新内容、场景和业态，彻底重塑内容产业的规模和竞争格局。在这一轮的轮动过程中，技术和服务提供商作为协同方，在每个阶段都发挥了关键作用，推动整个元宇宙生态系统向着更加繁荣的方向发展。

二、元宇宙的核心技术

元宇宙是虚拟现实、人工智能、区块链、数字孪生等多种信息技术的有机结合，构建了沉浸式、虚实融合的数字网络空间。其中，虚拟现实技术、增强现实技术、混合现实技术、全息影像技术、脑机交互技术是打造沉浸式体验的关键支撑技术。

（一）虚拟现实技术

虚拟现实技术利用计算机生成可供用户互动的虚拟环境，提供视觉、听觉和触觉等感官体验。用户通过使用 VR 设备（Oculus Quest、HTC Vive），可以进入沉浸式三维虚拟世界。VR 设备结合显示器、传感器和运动追踪系统，实时响应用户的头部动作、手势和身体动作，从而增强互动感和真实体验。

（二）增强现实技术

增强现实技术是一种将虚拟信息与真实世界巧妙融合的技术，利用多媒体、三维建模、实时跟踪及注册、智能交互、传感等多种技术手段，将计算机生成的文字、图像、三维模型、音乐、视频等虚拟内容进行模拟仿真后应用于真实世界，两种信息互为补充，从而实现对真实世界"增强"的效果。

（三）混合现实技术

混合现实技术包括增强现实和增强虚拟，创造出物理和数字对象共存并实时互动的可视化环境。在工业设计、教育培训、医疗等领域，混合现实技术都有广泛应用。例如，工业领域的工程师可以在实际工厂场景中查看复杂的机器模型，并在虚拟与现实环境中进行实时操作；在医疗领域，外科医生可以利用混合现实技术查看患者的 3D 影像，还可以进行模拟手术，以提升手术精度。

（四）全息影像技术

全息影像技术是一种通过记录和再现物体光波信息来生成三维图像的先进技术。全息的定义是"全部信息"，即通过投影记录并再现被拍摄物体发出的所有光信息。其核心技术原理基于干涉和衍射，记录物体发出光波的相位和振幅信息，借衍射原理对光波信息进行展现，进而生成三维影像，使观众能够从不同角度观察虚拟影像，呈现生动、立体的视觉效果。

（五）脑机交互技术

脑机交互技术是一种基于脑电信号实现人脑与计算机或其他电子设备通信和控制的前沿技术，其交互原理依赖于对脑电信号的检测，以捕捉大脑神经系统的电活动变化，并对其进行分类、识别，以解析用户的动作或意图。利用脑电信号检测技术能够精确获取大脑活动的电信号，并通过算法对这些信号进行处理和分类，以辨别用户的意图。脑机交互技术利用计算机把人的思维活动转变成命令信号并驱动外部设备，实现人脑对外部环境的直接控制。

三、元宇宙的应用前景

元宇宙作为虚实融合的数字世界，具有广阔的应用前景，它不仅可以改变人们的娱乐方式和社交互动方式，还可以影响虚拟经济、教育培训、医疗健康等领域的发展，为未来的数字社会创造全新的可能。

（一）游戏

游戏作为现实的模拟与延伸，其形态与元宇宙高度相似，极有可能成为元宇宙最早落地的应用场景。以 Roblox 为例，它提出了元宇宙的八大要素，而现阶段的游戏已能实现其中的几个核心要素。"身份"，游戏中每位玩家都有自己独特的 ID 和虚拟形象；"沉浸感"，通过 VR/AR 技术，部分游戏已初步实现了身临其境的体验；"随时随地"，玩家可以通过移动端、PC 端、主机端等随时随地进入虚拟世界；"社交"，游戏中的好友系统和互动功能让玩家在虚拟世界中实现社交；"多元化"，通过 UGC（用户生成内容）和玩家自主开发的游戏丰富了平台的多样性；"经济系统"，Roblox 的虚拟货币 Robux，已经构建了完整的充值、消费、收入和提现机制，初步形成了元宇宙中的虚拟经济模式。

（二）购物

元宇宙中的 VR/AR、数字模拟等技术正在重构线上电商场景，通过沉浸式体验提升消费者的购物感受，从而推动成交转化率和客单价的提升。例如，天猫推出的 3D 版天猫家装城，为消费者提供了 360°沉浸式的"云连街"购物体验，让用户可以身临其境地浏览商品。与此同时，NFT（Non-Fungible Tokens，非同质化代币）开始重构数字资产的价值，使每个 NFT 都是独一无二的，因此能够为独特的物品和资产提供"标记"，成为数字物品的所有权凭证。在区块链技术的支持下，数字资产不再是可复制的同质化产品，而是具备可识别性和收藏价值的独特资产。

（三）影院/演唱会

在影院方面，虚拟世界打造多人参与的沉浸式影院，增强影视的沉浸感和现场感。观众可以身临其境，甚至扮演其中的角色，开创观影观剧的全新体验，拓展"影游联动"的想象空间。在会展或演唱会方面，观众以虚拟身份参与，还可购买 NFC 的门票、数字周边、虚拟道具、设计虚拟分身等，以便更好地参与。虚拟演唱会不受天气、场地等因素限制，可以为观众带来沉浸式、多视角的丰富体验。

（四）文娱旅游

元宇宙与文娱旅游融合，虚拟讲解、全息真人演出、时空穿越、场景还原、历史再现、AR 现场互动、AR 空间装饰等新业态、新模式层出不穷，为文娱旅游行业带来了新体验。

例如,三星堆博物馆引入全球文博领域首部 MR 导览电影《古蜀幻地第一章——青铜神树》,以 AR 技术为核心,通过视觉采集、3D 复原再现、AR 展示等,将电影情节融入博物馆展览过程中,为游客提供沉浸式参观游览体验。

【案例】BAT 布局元宇宙

依托强大的技术创新能力与庞大的市场需求,越来越多的企业开始将元宇宙作为新一轮数字化转型的关键方向。各大科技巨头纷纷在前端硬件、后端基建、底层架构、人工智能、内容与场景及协同方等领域布局,推动了元宇宙产业生态的加速构建。表 3.5 展示了国内外主要元宇宙企业的布局领域。

表 3.5　国内外主要元宇宙企业的布局领域

	前端硬件	后端基建	底层架构	人工智能	内容与场景	协同方
Meta	√	√	√	√	√	
字节跳动	√	√			√	
Unity			√		√	
Roblox		√	√		√	
Epic Games			√		√	
Nvidia	√		√			
高通	√		√		√	
Sony	√					
网易					√	√
腾讯		√	√		√	√
Amazon		√			√	
阿里巴巴		√	√			
Microsoft	√	√	√			
Google		√	√			
百度		√		√	√	
Apple			√		√	
华为	√	√	√			
小米				√		
HTC	√		√		√	
Valve		√		√		
以太坊		√	√	√		

资料来源：根据公开资料整理。

随着元宇宙的快速崛起,作为未来数字经济和虚拟现实的关键领域,百度、阿里巴巴和腾讯三大科技巨头纷纷加快布局，以抢占这一新兴赛道的战略高地。腾讯在元宇宙领域的不同切入点与发展策略，体现出了它的技术积累与行业资源，推动了中国元宇宙生态的多样化发展。

1. 腾讯多赛道布局元宇宙

腾讯在元宇宙的布局主要集中在底层架构、后端基建、内容与场景三个方面，其核心策略是软件驱动，而非硬件。在底层架构方面，腾讯早在 2012 年就以 3.3 亿美元收购了 Epic Games 40%的股份，它旗下的虚幻引擎是全球领先的两大游戏引擎之一，广泛应用于虚拟世界的渲染与开发，为开发者提供强大的技术支持。在后端基建方面，腾讯的布局涵盖了云游戏技术，如 START、GameMatrix 和腾讯即玩。此外，腾讯云已建立了包括一体机柜、T-MDC、T-Block、定制 IDC、腾讯智维、培训与认证、咨询服务等在内的 IDC 产品生态体系，并提供全场景的 IDC 服务，以满足客户的多样化需求。腾讯还在生活与企业服务领域积极布局，覆盖线上支付、智慧零售和云服务等方面。在内容与场景方面，腾讯依托微信和 QQ 等成熟的社交网络，实现了与游戏、阅读平台、影视等内容生态的互通，通过多元化的内容产品，进一步深化了用户体验，并成功实现了虚拟与现实场景的无缝连接。

2. 阿里巴巴在云计算、电商领域优势明显

阿里巴巴在元宇宙方向的布局可以追溯至 2016 年淘宝上线的 VR 购物功能，它还投资了 AR 独角兽 Magic Leap。2021 年阿里巴巴在元宇宙方向的布局更加频繁，先后成立新品牌"元镜"、XR 实验室，还聘请 AYAYI 成为天猫超级品牌日数字主理人等，内容和场景也在不断丰富，具体事件如表 3.6 所示。阿里云作为全球第三、中国第一的云服务商，使阿里巴巴在底层基建上具有先发优势。

表 3.6　阿里巴巴布局元宇宙事件

时　　间	事　　件	主　要　内　容
2016 年 11 月	淘宝 VR 购物 Buy+计划正式上线	用户可以直接与虚拟世界中的人和物进行交互，甚至将现实生活中的场景虚拟化，成为可以互动的商品
2016 年	参与 AR 独角兽 Magic Leap C 轮和 D 轮融资	Magic Leap 创立于 2010 年，曾推出 Magic Leap One 的头戴式虚拟视网膜显示器与类人 AI 助手 Mica
2021 年 8 月	注册成立杭州数典科技有限公司	布局 VR 硬件设备领域
2021 年 9 月	阿里云游戏事业部成立新品牌"元镜"	"元镜"是一个基于元宇宙底层技术设立的云游戏 Paas 能力和开发者平台
2021 年 9 月	AYAYI 正式入职阿里	AYAYI 成为天猫超级品牌日数字主理人，并与品牌展开合作
2021 年 9 月	阿里云方面表示，针对元宇宙的企业级应用，能够提供从渲染、串流到编码的一整套视觉计算解决方案	阿里云在广州举办了视觉计算私享会，针对元宇宙的企业级应用，阿里云提供了从渲染、串流到编码的一整套视觉计算解决方案。其中，亚洲最大的 GPU 集群、自研编码技术与视频增强技术等是阿里云的独特优势
2021 年 10 月	在达摩院旗下建立 XR 实验室	致力于探索 XR 眼镜等新一代移动计算平台

3. 百度注重 AI 与硬件入口

百度先于阿里巴巴、腾讯布局 AI，以搜索场景为起点，已经形成完整的 AI 生态。目前形成了全方位的人工智能生态体系，以百度大脑为底层技术与核心引擎，在飞桨深度学习平台、百度昆仑芯片、DuerOS 平台与智能硬件的加持下，不断深化 AI 技术在 B 端的商业化，以百度智能云为载体，加速 AI 在各行业的商业化。

百度 VR 面向 B 端，重点布局教育、营销等垂类领域。2016 年百度先后推出了 WebVR、VR 浏览器安卓 1.0 版本，开启了 VR 技术产业化的大门。

2021 年 11 月，百度在苹果 App Store 与安卓应用商店上线了一款名为"希壤"的社交 App，被称为国内首款元宇宙应用，其核心特色是提供沉浸式的虚拟社交体验。

练习与思考

1. 数据有哪些特征？请举例说明。
2. 请简述 5G 技术如何赋能数字生产力。
3. 人工智能的发展可以分为哪几个阶段？如何看待人工智能在机器人中的应用？
4. 请简述具身智能的三大要素及其应用场景。
5. 区块链的发展包括哪些阶段？请简述我国区块链产业的未来展望。
6. 请简述云计算的概念、服务模式及作用。
7. 除了本章介绍的企业，你还了解哪些其他企业在布局元宇宙？它们的布局有哪些特点？

第四章

数字经济中的生产关系

生产关系有狭义和广义之分。狭义上，生产关系是指生产过程中劳动者与生产资料的直接关系；广义上，生产关系包括生产资料的所有权关系、劳动者之间的合作关系，以及产品的交换和分配关系。马克思认为，生产力决定生产关系，生产关系又反作用于生产力。二者并不是同步发展的，生产力的突破往往先于生产关系的变革。当新生产力出现时，旧的生产关系无法适应，这意味着人们必须创新和重构新的生产关系以适应生产力的快速发展。在工业经济中，生产关系主要集中在生产资料的控制权和生产组织结构上，具体表现为资本家与工人、生产者与消费者、所有者与劳动者之间的关系，这些关系决定了资源的分配方式及社会财富的流动与积累。然而，进入数字经济时代，大数据、云计算、人工智能等技术迅速发展，生产力迎来了质的飞跃，生产资料的范畴也发生了变化。从传统的土地和机器等有形资产，到数据、算法和平台等无形资源，这一转变推动了生产关系的变革。新的生产关系在数据要素化、平台经济和共享经济中得到了充分体现，新的生产关系重新塑造了资源配置、合作模式和社会财富的流动方式等。本章从数据要素化、平台经济和共享经济三个方面分析数字经济中的生产关系，揭示技术进步和资源配置方式的变化对生产关系的影响。

第一节 数据要素化

数据要素化不仅赋予了数据作为生产要素的经济价值，还改变了数字经济中生产关系的表现形式。数据的确权问题影响了数据的权属关系，数据的定价机制决定了利益分配，而数据流通增强了经济主体间的协作。此外，数据要素市场作为数据要素化的现实载体，为不同主体在生产关系中赋予了新的角色。本节介绍数据要素化的内涵与演变过程，阐述在数据要素市场中，各参与主体的具体表现，以及它们在生产关系中的定位，并详细分析数据要素化过程中的数据确权、数据定价、数据交易三个关键环节。

一、数据要素化概述

数据要素化指将数据确立为关键生产要素，并通过各类手段让其参与到社会生产经营活动的过程中，该过程的核心在于将数据从原始资源转化为具有经济价值的资产，最终实现资本化。这一过程通常分为三个递进阶段：数据资源化、数据资产化、数据资本化。

数据资源化指将原始、分散的数据转化为可用于生产和分析的基础资源。这个过程是数据价值释放的前提，包括数据的收集、整理、存储和管理，这使数据具备系统化、结构化特征。数据资源化的核心在于通过技术手段（传感器、物联网设备、信息系统等）将分散的原始数据进行汇聚、清洗和标准化处理，使其转变为能够为后续应用、分析和资产化奠定基础的资源。随着数据收集、存储、处理成本的大幅下降和计算能力的大幅提高，全球数据实现了"井喷式"生产。国际数据公司 IDC 发布的《Worldwide IDC Global DataSphere Forecast，2023-2027》显示，全球每年产生的数据将从 2023 年的 128 ZB（1 ZB=10 万亿字节）增长至 2027 年的 180 ZB。如此庞大的数据量为全球经济注入了新活力，为数据资源化应用的推广提供了基础。

数据资产化指为经过资源化处理的数据赋予经济价值，并将其纳入资产管理体系，使其成为能够产生经济效益的资产。数据资产化的核心在于充分实现数据要素价值，而这一过程的关键在于数据确权和数据定价两个环节。第一，数据作为资产必然涉及产权，但当前数据的产权和确权存在较大争议。传统要素产权的经济实体性令产权具有分离性和流动独立性，这对数据要素而言并不完全符合。由于数据要素的参与主体多，权属关系复杂，现有法律体系尚不能有效解决数据确权问题。第二，定价是资产能够实现流通和交易的关键条件，但目前数据市场中的定价机制尚未成熟。由于买卖双方的信息严重不对称，市场缺乏足够的透明度，交易双方可能被误导，所以数据市场中存在"劣币驱逐良币"的现象。低质量的数据可能通过不透明的市场机制流通，高质量的数据又难以在市场中流通，从而无法获得应有的价值，最终阻碍了数据要素市场的健康发展。因此，建立科学合理的定价机制和提升交易市场的透明度，是推动数据资产化和数据市场化的关键步骤。

数据资本化指通过某种方式衡量数据的投入与产出，估算其未来价值，从而释放数据要素的潜在价值并创造新价值。数据资本化的核心在于通过市场交易来实现数据的增值。例如，企业可以将数据共享或出售给第三方，以实现资源的二次利用，从而获得额外收益。在这个过程中，建立规范化的数据交易机制至关重要。目前，国内已经成立了若干数据交易中心，如上海数据交易所、北京国际大数据交易所、贵阳大数据交易所等，这些交易中心为数据的合法流通和市场化交易创造了基础条件。通过规范的数据定价和交易流程，数据资本市场初见雏形，推动了数据作为资本在经济活动中的流通和增值。

二、数据要素市场

（一）数据要素市场概述

数据要素市场是以数据产品或服务主体为流通对象的，是以数据的供需方为市场主体，通过数据要素的流通实现参与者诉求的场所，是由相关制度与技术支撑的复杂系统[①]。数据要素市场的关键在于建立清晰的数据确权、定价和流通机制，以保障数据交易具有较高的透明性、公正性和效率，促进数据自主有序流动，提高资源配置效率，最大化数据的经济价值。

近年来，数据在生产要素中的经济意义日益凸显，政府不断出台相关政策，以推动数据要素市场的发展。2019 年 10 月，党的十九届四中全会通过《中共中央关于坚持和完善中国特色社会主义制度、推进国家治理体系和治理能力现代化若干重大问题的决定》，指出应健全数据等生产要素由市场评价贡献、按贡献决定报酬的机制，确立了数据作为生产要素的重要地位。2020 年 4 月，中共中央、国务院印发《关于构建更加完善的要素市场化配置体制机制的意见》，首次提出"加快数据要素市场培育""建立健全数据产权交易和行业自律机制"等要求。2022 年 1 月，国务院发布的《"十四五"数字经济发展规划》，明确将数据要素市场作为推动数字经济高质量发展的重要组成部分，并强调了加快数据要素市场制度建设，建立全国统一的数据要素市场，并提出要完善数据交易规则，促进数据资源流通，推动数据要素的合规流转和利用。2022 年 12 月，《中共中央、国务院关于构建数据基础制度更好发挥数据要素作用的意见》等提案进一步强调要建立数据产权制度，推进公共数据、企业数据、个人数据分类分级确权授权使用，建立数据资源持有权、数据加工使用权、数据产品经营权等分置的产权运行机制，健全数据要素权益保护制度。2023 年 3 月，国家数据局成立，这是中国专门负责数据驱动经济发展的国家级机构，旨在统筹行业数据标准，推动数据共享和加强市场监管，这标志着中国数据要素市场化进入了新的阶段。2024 年 1 月，国家数据局等部门印发《"数据要素×"三年行动计划（2024—2026 年）》，强调充分发挥数据要素的放大、叠加、倍增作用，构建以数据为关键要素的数字经济。上述文件和举措肯定了数据要素配置的市场化机制，点明了市场机制在数据要素市场中的决定性作用，为进一步培育数据要素市场指明了方向。

目前，我国数据要素市场正处于高速增长的阶段，数据要素市场的活跃度显著提升，总体规模正在稳步扩大，以数据采集、数据存储、数据加工、数据流通、数据分析和生态保障六大板块为核心。2023 年，市场规模达到 1191.1 亿元，近五年年均复合增长率为33.5%，如图 4.1 所示。其中，数据采集及存储的市场规模达到 213.6 亿元，数据加工的市

---

① 中国信息通信研究院. 数据要素白皮书（2022 年）[R]. 2023.

场规模达到 48.4 亿元，数据流通的市场规模达到 498.5 亿元，数据分析的市场规模达到 220.8 亿元，生态保障的市场规模达到 9.8 亿元等。

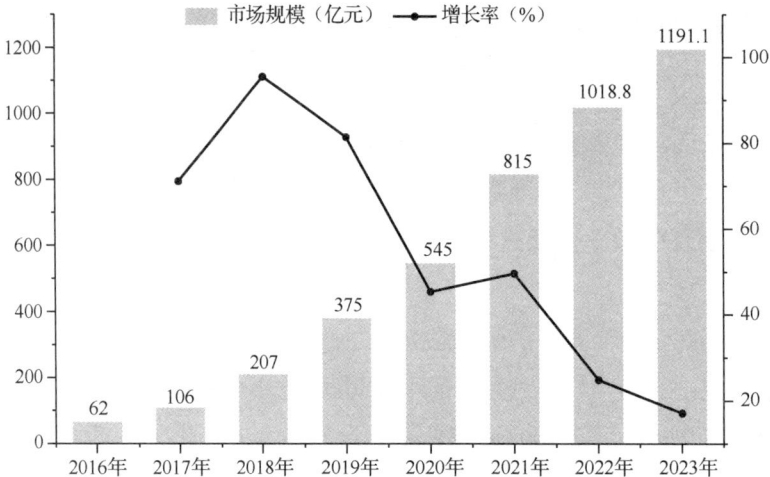

图 4.1 2016—2023 年我国数据要素市场规模情况

（二）数据要素市场的参与主体

数据要素市场的参与主体是构建和推动该市场运行的核心力量。不同的主体在数据生产、存储、加工、交易、流通和监管等环节中发挥着关键作用，数据要素市场的参与主体如图 4.2 所示。

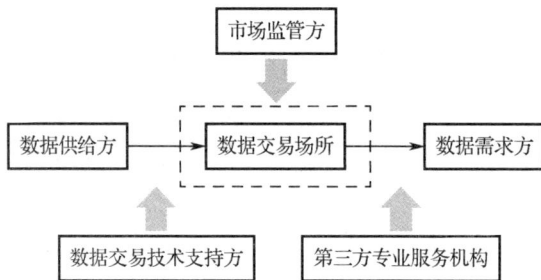

图 4.2 数据要素市场的参与主体

资料来源：资产信息网、千际投行、中国移动通信有限公司研究院。

1. 数据供给方

数据供给方是数据要素市场的核心主体之一，负责生成和提供原始数据资源。数据供给方可以是个人、企业、政府机构、非营利组织等，这些主体通过日常活动、业务运营和公共服务等途径生成、收集并存储数据。例如，物联网设备生成环境监控数据，政府通过社会管理产生公共数据，电商平台通过用户的消费行为收集购物数据等。数据供给方不仅是市场数据流通的源头，还是承担着数据初步管理和存储责任的主体。数据供给方是生产资料的提供者，拥有数据的所有权和控制权。

2. 数据需求方

数据需求方是数据的使用者，主要包括企业、科研机构、政府部门、金融机构等组织或个人。这些使用者通过获取和分析数据来优化决策、改进业务流程、洞察市场动态或开展其他创新活动。例如，金融机构可以通过购买大量数据来优化风险管理，科研机构通过获取大量数据来进行学术研究和技术开发。数据需求方通过有效利用数据来提升生产力，并与数据供给方形成互惠互利的合作关系。

3. 数据交易场所

数据交易场所是数据要素市场的重要中介平台，负责为数据供给方与数据需求方提供交易、接触、需求匹配等服务。数据交易场所是专门的数据交易所或数据交易平台，这些场所通过规范的数据定价规则、审核标准和合同管理要求，确保了数据交易的合法合规。例如，贵阳大数据交易所就是中国最早成立的数据交易平台，是通过标准化流程促进了数据合法流通。

4. 数据交易技术支持方

数据交易技术支持方为数据的采集、存储、处理、分析和安全提供技术支持，包括云计算平台、数据存储供应商、数据分析工具开发商、人工智能技术公司，以及提供数据加密和隐私保护等技术的企业。数据交易技术支持方为数据的安全性、有效性和高效流转性提供了基础设施保障，确保数据要素市场能够高效运行。例如，云服务平台提供了高效的数据存储和处理能力，确保大规模数据能够进行稳定管理。数据交易技术支持方是生产关系中"基础设施"的提供者，能够确保数据要素市场的高效、安全运行。

5. 第三方专业服务机构

第三方专业服务机构在数据要素市场中发挥着支持与保障的重要作用，提供了合规性审核、数据质量评估、数据安全审计、数据标准化等服务。这类机构能够保证数据交易的安全性、合法性和可靠性，减少市场参与者之间的信息不对称。例如，数据隐私保护机构负责审查数据的合规性，确保数据在交易过程中不侵犯个人隐私或违反相关法律法规。

6. 市场监管方

市场监管方是数据要素市场健康发展的保障力量，负责制定并执行有关数据交易的法律法规和政策，确保市场公平、透明、有序。市场监管方包括政府监管部门、行业协会和相关法律机构，它们通过制定数据交易规则、规范市场行为、保护数据产权、打击数据滥用等措施，监管各参与主体的互动关系，并维护数据要素市场的健康发展。例如，国家数据局负责推动数据要素市场的建设，规范市场行为并加以监管。

三、数据确权

（一）数据确权的必要性

纵观国民经济的发展历程，明确产权和建立产权保护制度始终是各类生产要素参与生产并获得收益的关键，数据要素亦不例外。数据确权通过法律明确数据持有者、加工者等法律主体的权利归属。若缺乏明确的数据确权规则，各类数据的交汇融合将缺乏信任，政府数据对外共享将缺乏使用规则，企业数据开发利用有可能沦为灰色产业，个人数据也有可能被滥用。在没有确权依据的情况下，数据控制者难以开展数据共享、交易等活动，数据要素市场也会陷入缺乏信任、缺乏预期的恶性循环局面之中，数据获取及利用的需求和难度会日益增加。因此，明确的确权规则是破解这一困局的关键。

我国现行法律尚未对数据确权作出明确规定，在此背景下，数据要素市场产生的问题只能依据传统法律解决。刑法、反不正当竞争法虽能保护数据不被破坏和窃取，但是无法界定积极利用数据的权利主体和权利能力。市场主体可以通过合同自治方式对数据财产进行权利分配或安排，但在多方主体参与的情况下，往往难以就混合数据的使用达成共识，或者只由缔约能力强的一方当事人掌握实际控制权。现行知识产权保护法可以保护具有创造性的数据集合、数据模型、数据产品等，但是客观记录的原始数据在数字经济市场下具有的巨大价值无法通过现行知识产权保护法进行保护。因此，有必要进行改革，通过建立或完善法律制度来明确数据权利规则，对数据权利的内容进行精细规定。

数据确权在确保数据有序流通与利用、保障数据安全、激励数据生产与供给等方面都有积极作用。在确保数据有序流通与利用方面，数据的生成、处理、流通和交易涉及多个主体，包括数据生产者、使用者和交易方等。若在制度层面没有明确相应权利，可能导致各主体前期劳动成果无法得到保障。数据确权可以有效划定各主体在数据流通过程中的权责，如数据的所有权和使用权等，避免数据的非法使用和滥用情况发生。同时数据确权可以为数据流通与利用提供规则依据，创造可靠的数据交易环境，引导数据需求者合法获取和利用数据。反之，缺失数据确权制度可能导致数据资源归属不清，产生"丛林式争夺"，抑制数据生产，并加大个人信息保护和数据安全治理压力。在保障数据安全方面，数据确权可以通过明确数据的所有权和使用权，有效保障个人隐私和商业机密的安全，防止数据被非法使用或泄露。同时，数据确权可以确保数据在合规的框架内运行，降低非法获取和滥用的风险。在激励数据生产与供给方面，传统经济中的产权制度通过明确资源的所有权，促进了资源的高效配置与生产，同样，数据确权也能够有效激励数据的生产与供给。对于个体而言，数据确权保障了数据生产者对数据的持有、使用和交易权利，使其能够通过数据获得经济回报。这种产权的确立不仅激励了个人参与数据生产和交易，还为数据创新提供了动力。对于社会而言，数据确权引导了生产资源向数据生产领域的集中，推动了数据

108

生产向精细化、规模化和产业化方向发展。随着数据供给规模的扩大，数据要素的市场化配置程度也随之提升，从而满足了各类经济主体日益增长的对数据供给的需求。

（二）数据确权的难点

《"十三五"国家信息化规划》明确提出要加快推动数据权属、数据管理相关立法。在第十三届全国人民代表大会期间，全国人民代表大会财政经济委员会进一步提出应完善数据权属、权利、交易等规则的法律框架。习近平总书记在党的十九大期间也强调要制定数据资源确权、开放、流通、交易相关制度，完善数据产权保护制度。尽管 2021 年 9 月 1 日起施行的《中华人民共和国数据安全法》为解决数据安全问题提供了重要指导，但在数据的安全管理和保护这一核心问题上国家仍未作出明确规定。2022 年 12 月发布的《中共中央、国务院关于构建数据基础制度更好发挥数据要素作用的意见》进一步细化了数据确权的实施路径，明确提出"推动数据产权结构性分置和有序流通""推进数据分类分级确权授权使用"。该文件为数据确权的实施指明了方向。尽管数据确权作为数字经济发展的关键保障制度已逐渐成为政策和学术讨论的重点，其推进过程仍面临诸多挑战。

一是数据的特殊性。与传统有形财产不同，数据具有无形性和可复制性，导致数据确权无法直接套用传统物权法。数据确权涉及多方主体，包括数据生产者、数据加工者、数据使用者等，并且这些主体可能对同一数据拥有不同的权利主张。例如，个人在使用某个平台或服务时生成的用户数据，是属于用户、平台，还是属于其他相关方，这并不明确。平台通常掌握数据收集的技术能力和市场地位，但用户是数据生产者，因此数据确权的归属要在多方利益之间找到平衡，以确保数据使用权和利益分配的公平性。

二是侵权难以识别与追溯。数据要素的无限次复制性和传播与使用的隐秘性，导致平台很难准确识别并确认数据是否被非法使用或用来获利。侵权行为通常发生在未经授权的二次数据交易或使用过程中，侵权方非法获得数据收益的行为往往难以追踪和量化。例如，用户在使用甲 App 浏览视频时，允许该平台收集其浏览记录以用于个性化推荐，然而若甲 App 未经用户授权，将这些数据出售或共享给乙 App（网购平台）并从中获利，这就构成了明显的违规行为。此类现象在现实中屡见不鲜，但由于数据使用的隐蔽性及复杂的交易链条，侵权行为的识别、取证及法律追责都面临极大挑战。

三是数据的动态流通。在数据流通过程中，数据的形态和价值链会不断变化，原始数据往往被加工成新的数据要素或数据产品，这使界定原始数据与衍生数据的产权成为一大难题。此外，随着数据流通的参与者日益增多，权利和责任的划分也愈加复杂。数据流通涉及多个主体之间的利益协调，导致在动态流通中合理分配各方的权利与义务成为难点。

四是技术难题。随着隐私计算、区块链等新技术的兴起，数据确权的技术实现方式变得更加复杂。例如，隐私计算技术的"数据可用不可见"特性为数据确权提供了新的路径，但也带来了如何保护数据持有者既有竞争优势的新问题。同时，技术进步也需要与制度设计紧密配合，确保技术应用与法律框架的协同发展。

（三）数据产权结构性分置制度

根据《中共中央、国务院关于构建数据基础制度更好发挥数据要素作用的意见》，中国已确立了针对公共数据、企业数据和个人数据的分类分级确权授权制度。该制度根据数据的来源和生成特征，清晰界定了数据生产、流通和使用过程中，各方主体所享有的合法权利，提出了"数据资源持有权、数据加工使用权、数据产品经营权"的三权分置机制，即数据的权利结构包括数据持有权、使用权和数据经营权，如表 4.1 所示。这一机制确保在有安全保障的前提下，数据处理者能够依法依规地开发和利用原始数据，同时行使数据应用的相关权利。同时，该机制促进了数据的复用和价值最大化，推动了数据使用权的市场化流通与交换，为数据要素的高效配置提供了制度保障。

表 4.1 数据权属制度及内涵

产 权	定 义	内 涵
数据持有权	指持有者对数据的控制权，允许其支配数据的存储、保管及安全	数据持有者对数据有直接控制权，但不等于所有权 持有权主要体现在对数据的安全管理、存储与保管上 持有者有权防止数据被非法获取、复制或侵犯
数据使用权	指数据的合法使用者在法律授权框架内，基于已有的数据进行处理、分析、利用等活动的权利	数据使用者可在授权范围内进行数据收集、存储、分析、加工等行为 使用数据需采取隐私保护措施（去标识化、加密等） 必须遵循合同约定或法律规定的使用边界
数据经营权	指数据的所有者或使用者，基于数据的商业化利用，包括数据交易、共享、出售等操作的权利	数据经营权允许对数据进行交易、买卖、共享或授权使用等商业化操作 高敏感数据（个人信息）涉及用户授权，遵循"告知—同意"原则 数据经营需符合数据安全和隐私保护法律

在这一背景下，地方政府加速探索数据确权与监管的新路径，深圳率先实践"三权分置"，北京、广州出台数据要素政策，以推动数字红利释放，数据确权产品落地。人民网推出了全国首批数据确权产品，数据权属证、数据使用证和数据交易证（统称为"数据三证"）。这些产品的正式应用标志着数据确权向标准化和市场化迈出了重要一步。同时人民网推出的"人民云区块链"技术平台已通过中央网信办审核。该平台利用区块链技术为数据确权过程中的权属确认、交易安全和信息透明提供技术支持。此外，新华网子公司新华智云拥有版权监测业务，推动了数字资产中心建设，并利用区块链技术提供数据确权服务。2023 年 8 月 3 日，由工业和信息化部电子第五研究所牵头编制的《数据确权授权的流程与技术规范》标准正式立项，这是国内首部以"数据确权授权"命名的标准，首批合作伙伴包括国科数通、中航信、广州数据交易所等单位。

四、数据定价

（一）数据定价的必要性

数据定价指为数据确定公允的市场价格。2021 年 11 月，工业和信息化部印发的《"十四五"大数据产业发展规划》提出，到 2025 年初步建立数据要素价值评估体系，推动建立市场定价、政府监管的数据要素市场机制。2022 年 1 月，《"十四五"数字经济发展规划》指出，鼓励市场主体探索数据资产定价机制、逐步完善数据资产定价体系。"数据二十条"也表示支持探索多样化、符合数据要素特性的定价模式和价格形成机制。数据定价的必要性体现在资源配置、市场流通和公平分配等方面。

1. 资源配置

数据定价是实现数据资源合理配置的基础。经济学中的市场机制通过价格信号来引导资源流向最具生产力的领域。数据作为一种无形资产，其定价能够帮助市场参与者判断数据的稀缺性和潜在的经济价值。不同类型的数据有不同的市场需求，合理的定价能够确保高价值数据（金融数据、医疗数据）得到有效利用，避免资源浪费或市场垄断现象发生。

2. 市场流通

数据定价是数据合法交易的前提。没有定价机制则交易双方难以评估数据的市场价值，数据交易将难以进行，从而阻碍市场流通。价格是市场经济中的桥梁，它将数据的供需双方连接起来，确保供给方获得合理收益，需求方也能以公允价格获取所需的数据。这种定价机制不仅能防止数据滥用，还能降低交易成本、减少市场摩擦。

3. 公平分配

数据定价也关系到数据流通中不同参与主体的利益分配。数据流通过程涉及数据提供者、使用者、平台等多个主体。定价机制能够平衡各方利益，确保所有参与者都能基于其贡献获得相应的收益，避免市场失衡。例如，平台通过收集和处理用户数据获得经济利益，合理的定价机制可以确保用户作为数据生产者获得适当的补偿，防止数据价值的单向流失，维护市场的公平性。

（二）数据定价的难点

数据定价难题已成为阻碍数据要素市场功能有效发挥的重点问题，形成这一现象的原因虽不能轻易概括，但是可以从以下几个方面来了解。

1. 数据权利主体多元化，权利归属问题难解决

数据不仅能维护持有者获取经济利润和商业价值的权利，还能保护个人信息，以及推动数据流动的社会公共利益。由于数据的经济价值不完全依赖传统单一的买卖逻辑，更多

通过多方主体的协作来完成数据经济活动，所以实践中各方的经济利益难以清晰划分，数据的权利归属问题难以有效解决。

2. 数据交易方式不确定，场景影响效应难以量化

当前，企业之间的数据交易模式尚处于探索阶段，包括直接数据交易、数据交易所、资源互换、会员账号服务、数据云服务交易，以及 API 接口访问等多种模式。同时，数据的经济价值不仅取决于其本身属性，还受应用场景的影响。卖方可根据买方所处行业的特定需求采取差异化定价策略，进而削弱数据交易对社会数据资源再创造的潜在经济效益。应用场景的多样性使数据的实际价值难以统一量化，从而加剧了交易双方在价值认定上的分歧。

3. 数据估价指标不统一，数据质量标准难定论

与传统有形资产不同，数据估价缺乏统一指标，现有市场定价多为交易双方协商的结果，这种"个案协商"的估价模式难以形成普遍适用的参考依据。在数据分析技术不断进步的背景下，市场主体对数据质量的要求愈发严格，但行业内至今未能就数据估价标准和数据质量的统一标准达成共识。数据的定价受多重因素影响，包括成本、利润、行业属性、时效性、颗粒度、数量和适用范围等，这些因素都会对数据的最终估价产生重要影响。

（三）数据定价的方法

目前，关于数据定价的探讨仍在持续进行中。根据中国资产评估协会于 2019 年发布的《资产评估专家指引第 9 号——数据资产评估》，当前数据资产评估仍主要依赖成本法、收益法和市场法等基本方法。虽然这些定价方法存在一定的局限性，但这些尝试为数据市场最终形成成熟的数据定价方法奠定了基础。

1. 成本法

成本法是根据数据的生产、处理、存储和维护等产生的实际成本来确定数据价格的定价方法。这种方法通过计算数据在整个生产过程中所产生的各项成本，如硬件设备、软件系统、人工投入、数据运营与维护，以及对未来可能产生的成本的预估，为数据定价提供依据。成本法的核心理念是确保数据提供者能够在覆盖投入成本的基础上获得一定的利润。

成本法的优点在于定价透明，基于实际支出定价可使数据提供者和购买者能够清楚了解价格构成，从而增强交易的透明度与公平性。此外，它能够确保数据提供者覆盖了所有投入成本，降低因定价过低带来的风险，并提供较高的稳定性。然而，成本法的缺点在于未能充分考虑数据资产的潜在价值和未来收益，可能导致数据资产价值被低估。此外，由于定价的灵活性较差，成本法可能会限制利润空间。此方法适用于数据生成成本较高且需求相对稳定的数据场景，如工业传感器数据、气象数据和卫星影像数据等，这些数据的生成成本可以量化，定价较为合理且可预测。

2. 收益法

收益法是一种基于数据对未来收益或潜在经济价值进行定价的方法。这种方法通过评估数据在使用过程中可能带来的经济效益来确定价格。收益法在数据定价中侧重于关注数据的实际应用价值，特别是它在业务运营、市场分析、产品优化等场景中能够带来的直接或间接的经济收益。

收益法的优点在于它能够将数据的实际经济价值与未来预期收益直接挂钩，使定价更具针对性。这种方法能够激励数据使用者最大化利用数据的潜在价值，特别适用于长期投资回报较高的场景，如精准营销、金融风险管理和工业优化等。收益法通过预测数据在未来使用中的经济效益，为企业提供长期价值评估的凭证，帮助企业做出更加精准的投资和业务规划。然而，收益法的缺点在于其预测未来收益的难度较大，尤其在市场波动性强或应用场景复杂的情况下，数据资产价值在较短的时间内会出现显著波动，因而收益估值变得不准确。此外，如果数据需求方对未来收益的预估持保守态度，或者对风险的评估较高，那么通过收益法得出的数据资产估值可能低于其真实价值，这可能会低估数据实际的市场潜力。

3. 市场法

市场法是一种基于数据市场历史成交价格和可比数据资产定价的方法。它通过参考市场中近期或往期类似数据资产的成交价格，结合类比分析来预估数据价格，价格能够灵活调整，从而更好地反映其实际市场价值。市场法的核心在于类比过去的市场交易，将已知的价格信息作为新数据资产定价的依据，而非依赖实时的供需关系。

市场法的优点在于公允性，通过参考历史成交价格，定价更容易被买卖双方接受。同时，该方法能够提供一定的市场依据，确保数据价格相对合理透明。然而，市场法对市场环境的依赖度较高，尤其是在市场信息不完整或交易活跃度较低时，定价难度较大。此外，如果市场中的可比交易数据有限或交易频率较低，该方法可能无法准确反映当前市场中的数据资产价值。市场法特别适用于活跃、交易频繁的数据市场，如广告技术领域和金融领域的实时数据交易市场。在这些市场中，丰富的历史参考价格可为定价提供支持。然而，当前我国的数据交易市场尚不成熟，存在交易规模较小、交易频率较低、公开交易信息不足等问题，这些问题限制了市场法的广泛应用。在这样的市场环境下，虽然市场法在理论上较为公允，但其实际应用效果受到了一定的限制。

五、数据交易

（一）数据交易的定义与类型

数据交易指数据所有者通过合法合规的方式将其数据资源出售、出租或授权给需求方使用的经济活动。数据作为一种新型生产要素，可以在各种应用场景中创造经济价值。数据交易的核心在于通过市场化流通实现潜在的经济效益变现。数据交易通常涉及数据的获取、交换、定价、支付、交付等环节，确保数据在合法、安全、透明的环境下交易。

数据交易的类型主要包括数据买卖、数据租赁、数据授权和数据交换。数据买卖指数据所有者将数据一次性出售给购买者，购买者即可获得数据的所有权或使用权，常见于结构化数据市场，如用户行为数据或企业生产数据的交易。数据租赁允许数据使用者在规定的期限内使用数据，但所有权仍属于数据提供者，租赁期结束后，数据使用者应停止使用或归还数据，适用于临时或特定场景下的数据需求。数据授权允许数据提供者通过合同授权第三方在特定条件下使用数据，授权的范围通常限定在使用权，而非所有权，常用于数据 API 接口服务或云计算数据授权服务，确保数据提供者对数据保持控制权。数据交换指数据供需双方通过互换数据资源进行交易，而非通过货币交换，常用于合作机构之间，互换各自拥有的不同类型或领域的数据资源。

（二）数据交易模式

根据数据加工程度和交易场所的不同，数据交易可分为直接交易、间接交易、场内交易、场外交易 4 种模式。直接交易指数据卖方向数据买方直接提供未经加工的原始数据。间接交易指数据卖方向数据买方提供经过一定加工处理的数据产品。场内交易指在政府或行业监管机构批准设立的标准化数据交易平台上进行的交易（贵阳大数据交易所、上海数据交易所等）。场外交易指在非标准化平台上或私下协商完成的交易，包括企业间直接交易、数据中介撮合等模式，灵活性强但规范性较低。这 4 种交易模式在适用条件、交易方式、交易规模等方面存在明显差异。

1. 适用条件

直接交易适用于原始数据价值相对容易评估的场景，买方对数据的处理能力较强则能够在获得原始数据后进行进一步分析和利用。这种模式多见于对数据处理有一定技术储备的企业或研究机构，它们需要的是未经加工的数据，如传感器数据、未经处理的用户行为数据等。由于数据未经加工，买方有机会根据自身需求定制分析方法，拥有更高的数据使用自由度。

间接交易适用于数据敏感性较高且数据的网络外部性和隐私风险较强的场景，如医疗、金融等涉及个人隐私数据的行业，由于数据具有敏感性，原始数据的直接交易存在较大风险。为了降低敏感数据泄露的风险，数据经过脱敏、清洗和加密处理后，才适合交易。间接交易尤其适用于那些对数据安全性、合规性要求较高的场景，加工处理不仅确保了数据的安全，还能为买方提供更具商业价值的分析结果，如数据模型、报告等。

场内交易适用于数据市场较为规范的场景。在这种交易模式下，交易所设有明确的规则、标准化合同和监管机制，交易双方能够在公开透明的环境下进行数据交易。市场的规范化使得场内交易更加高效和安全，适合交易量大、结构清晰的市场，如金融和广告技术等领域。场内交易特别适用于数据标准化程度较高的市场，能够通过平台对数据进行筛选、认证和评级，保障交易双方的权益，确保价格和交易过程的透明。

场外交易适用于市场不成熟、交易需求个性化的场景。数据市场在初期阶段，可能缺乏完善的交易所和平台，在这种情况下，交易方可以通过私下协议进行灵活的交易。场外交易为那些需求特殊、定制化的数据产品或服务提供了灵活的解决方案，适合交易规模较小、交易频率较低的场景。例如，某些行业或公司可能需要特定格式或数据组合，当标准化平台无法满足其需求时，场外交易便成了理想的选择。

2. 交易方式

直接交易通常侧重于灵活的定价方式，如订阅模式，买方定期付费并持续获得最新的原始数据。捆绑销售则允许数据卖方将不同类别的原始数据打包销售，以扩大数据交易的规模和提高收益。此外，多阶段销售也是直接交易中的一种，数据卖方可以先提供部分样本数据给买方，以验证数据质量和相关性，在确保买方对数据满意后再进行完整交易。这种模式适用于数据量较大、单笔交易金额较高的场景，降低了买方的风险。

相比之下，间接交易常采用更加复杂的定价方式。常见的定价方式包括二部定价法，即数据提供方先收取固定费用，再根据数据的使用量或服务时长收取额外的计量费用。这种模式非常适用于 API 数据服务或云平台的数据交易。此外，拍卖是间接交易中用于稀缺或高价值数据的一种定价方式，数据提供者可以通过竞价的方式确保数据以最优价格成交。第三方平台则通过标准化流程提供安全的交易环境，适合数据提供者和需求方广泛参与的公开市场交易。这种模式简化了交易流程，适合数据量大且交易频繁的场景。

场内交易的交易过程通常由平台自动撮合完成，交易的条件、定价、支付等由平台统一设定，且所有数据买卖受平台标准化的约束。场内交易的定价通常是公开透明的，且基于平台设定的标准定价规则或拍卖机制进行定价。例如，数据可按"数据包"的数量、使用时长或访问量等标准进行定价。交易流程的标准化、价格的公开透明，降低了双方的沟通成本与风险。场内交易的特点是高效、标准化、安全，适合那些需求量大、交易频繁且对数据安全性有较高要求的行业，如金融、广告技术、证券等。与之相对的，场外交易具有较高的灵活性，交易条款、价格、付款方式等由买卖双方根据实际情况自行商定，内容和方式较为个性化，通常有着更高的隐私性和定制化需求。

场外交易通常通过买卖双方的点对点协商来定制合同条款，合同内容灵活，常见的方式包括数据分成或长期合作框架。此外，数据经纪人等中介服务也常用在数据交易中（尤其是在跨境数据交易中）起到重要作用。技术工具如隐私计算（联邦学习）被用于保障数据的"可用不可见"，在确保数据隐私的同时降低法律风险。

3. 交易规模

直接交易的交易规模相对较小，通常适用于特定场景或专用需求。在直接交易中，买方通常明确地知道自己需要的数据类型和范围，交易的个性化程度较高。因此，直接交易更适用于服务高度定制化的市场，交易量较为有限。在这种模式下，数据卖方的收入主要依赖长期合作或持续交易，而非一次性大规模数据的出售。间接交易则更适合大规模数据的销售。由于数据经过处理和标准化，间接交易中的数据产品可以多次出售，并通过平台化交易产生规模化效应。通过重复出售同一批次的数据，数据卖方可以扩大收益。这种模式也适合标准化程度高的数据产品，如行业报告、商业分析模型等。通过数据市场或平台，间接交易能够快速实现规模化和数据的批量交易，使数据在多次交易中发挥更大的市场价值。场内交易更适用于大规模的、标准化的数据交易。场内交易通常由平台自动撮合，交易过程中涉及的数据产品是经过预先加工和标准化的，适合大宗数据的批量销售。平台化的交易模式能够更快速且有效地处理高频交易，因此其交易规模通常较大。卖方通过平台交易可以实现数据的规模化分发，并获得更多市场覆盖。场外交易通常涉及较为个性化、定制化的数据交易，且交易规模相对较小。买卖双方直接协商交易条款、价格、数据种类等，因此每笔交易的规模较为有限。这种模式适合数据需求相对独特、个性化定制的场景，其交易频率较低，但可以通过进行多次定制化的交易来建立稳定的收入流。

（三）数据交易的难点

数据交易的难点涉及 3 个阶段：交易前、交易中和交易后。

1. 交易前：数据权属与合规性问题

一方面，数据可能来自多个参与者，使数据在交易时权属界定模糊。另一方面，数据的合规性是交易的前提条件，尤其是在涉及个人隐私数据或敏感商业数据时，各国或地区的法律法规（《通用数据保护条例》）可能对数据的收集、使用和交易有严格的规定。交易双方在确保数据合规之前，很难开展合法的交易。

2. 交易中：数据传输的安全与交易透明性

一方面，在数据交易时，大量敏感数据可能面临黑客攻击、数据泄露、篡改等风险。尽管加密技术可以提供一定的保护，但在复杂的数据传输环境下，保证数据安全仍有一定的难度。另一方面，交易双方可能因缺乏信任而难以达成协议。卖方不愿意在买方付费之前展示数据的全部内容，而买方希望在支付之前了解数据的质量和价值。这种"不见数据交易"的模式提高了交易的复杂性，往往需要通过第三方中介或特殊技术手段（零知识证明）来确保交易的公平性和透明性。

3. 交易后：交付纠纷与二次倒卖

一方面，由于数据具有无形性，交易后如何确认其完整性和质量常常成为争议的根源。买方在收到数据后，如何判断其是否符合约定的质量和数量，往往缺乏有效评估标准，容易引发纠纷。另一方面，由于缺乏有效的监督机制和追踪手段，买方可能未经许可将数据转售或倒卖，使卖方在后续的权益保护中处于被动地位。

【案例】中国的数字交易市场

党的十九届四中全会首次将数据确立为新型生产要素，党的十九届五中全会进一步提出要建立健全数据要素基础制度。2020年，《中共中央、国务院关于构建更加完善的要素市场化配置体制机制的意见》明确要求加快培育数据要素市场，推进政府数据的开放共享，提升社会数据资源的经济价值。2022年12月，《中共中央、国务院关于构建数据基础制度更好发挥数据要素作用的意见》，进一步强调要充分利用我国海量数据资源和丰富的应用场景，构建合规高效的、场内外结合的数据要素流通与交易制度，以激发数据要素的潜能。在《"十四五"数据经济发展规划》《"十四五"国家信息化规划》等政策文件中，也多次强调要规范数据交易平台的培育，推动市场主体积极参与，并探索多元化的数据交易模式。2023年12月发布的《"数据要素×"三年行动计划（2024—2026年）》进一步明确了目标：推动数据产业年均增速超20%，数据交易规模翻倍增长，并显著提升场内数据交易规模。在这一系列顶层设计的指引下，各地根据自身实际情况，积极探索和推动数据交易市场的发展。党的二十届三中全会强调，要深化经济体制改革，加快完善社会主义市场经济体制，特别是要培育和发展数据要素市场。在这一背景下，数据交易成为社会各界关注的焦点。国家工业信息安全发展研究中心测算的数据显示，2023年我国数据要素市场规模达到1191.1亿元。在数据开放共享方面，截至2024年4月连接中央部门及相关机构225家，地方政务部门及相关机构达到51.85万家，乡镇街道接入率达到99.4%以上。

2015—2017年，国内数据交易机构迎来了数据交易场所发展的第一个高峰，共有20家数据交易所注册并成立。这一阶段的快速发展得益于大数据技术的初步成熟及市场需求的快速增长。进入2020年后，随着新技术（区块链、人工智能等）深入发展，以及国家多项重要政策如"数据二十条"的出台，数据交易进入新一轮热潮。2021—2022年，全国有18家数据交易机构成立，其中包括北京国际大数据交易所等标志性平台。截至2024年5月，全国共计成立50多家数据交易场所（含注销的数据交易场所），分布在全国各地，较为知名的如北京国际大数据交易所、贵阳大数据交易所、上海数据交易所、华东江苏大数据交易中心、中原大数据中心等。从地域分布来看，我国数据交易场所主要集中在华东、华南和华中地区，三者合计占比65%。其中，华东地区以16家交易所的数量领先，华南和华中地区分别有9家和7家，华北和西南地区各有5家。从代表性企业分布情况来看，北京、浙江、广东和吉林的代表性企业较多。例如，北京的零点有数、航天宏图、中科星图、海量数据；浙江的浙数文化、安恒信息；吉林的吉视传媒和锐迅股份等。这些地区经济发达、科技实力雄厚，为数据交易场所的发展提供了良好的市场环境和基础设施。

资料来源：《政策引领，市场驱动：我国数据交易市场的崛起与发展》。

第二节　平台经济

平台经济借助数字技术和网络平台重新定义了生产、交换和消费模式。在这一形态下，生产者、消费者和平台三者形成了新的生产关系。平台作为连接生产者和消费者的桥梁，通过数据掌控、算法优化和流量引导，主导资源分配和市场规则，进而重塑传统生产关系。本节介绍平台经济的概念、特性，以及平台生态。

一、平台经济的概念

（一）平台的定义

平台作为交易空间或场所，无论是在现实世界中还是在虚拟网络空间中，其核心功能都在于连接不同的用户群体（生产者与消费者、卖家与买家、开发者与用户），并引导或促成他们之间的交易。传统平台依赖于物理空间或实体设施，为商家、消费者及第三方服务提供商提供集中交易和交流的场所，如购物中心。随着互联网技术的发展，互联网平台逐渐成为新型的连接方式。互联网平台是利用互联网及相关数字技术实现双方或多方参与者的交易或交流的空间或场所，如阿里巴巴电商平台等。与传统平台相比，互联网平台借助数字技术，极大地扩大了平台的覆盖范围，奠定了用户基础，加快了平台的扩展速度，同时提升了用户体验和运营效率。

平台的作用不是直接参与生产，而是通过创建市场来发挥其作用。首先，平台吸引供需双方进入，并提供一个集中的交易空间。其次，平台为交易双方提供交互工具，帮助不同用户群体（生产者和消费者）进行信息交流、产品展示或服务推广。最后，平台利用数据分析、算法推荐等技术手段，优化供需匹配效率，从而促成高效的交易。

随着信息化和智能化的快速推进，平台企业的数量与种类不断增加，其覆盖领域也日益广泛。平台的应用已渗透至多个行业，从信息门户、网络游戏到电子商务、网络支付，甚至扩展到社交媒体与直播等领域。Quartr Insights 的数据显示[①]，全球市值排名前十的企业包括苹果、微软、亚马逊、谷歌母公司 Alphabet、脸书母公司 Meta 和特斯拉等，科技平台公司占据了大部分名额。

（二）平台的分类

平台的应用场景广泛且类型丰富，其分类标准包括用户群体数量与关系、商业模式、连接属性和主要功能等，具体见表 4.2。

---

① Quartr Insights. The World's 10 Largest Companies by Market Cap in 2023, 2023-12-01.

表 4.2 主要平台分类

分 类 标 准	平 台 类 型	定 义
用户群体数量与关系	双边市场平台	连接两类用户群体（供给方和需求方），典型例子包括 Uber（连接司机与乘客）和 Airbnb（连接房东与租客）
	多边市场平台	涉及多个用户群体相互作用的生态系统，如亚马逊（连接卖家、买家、支付服务商、物流提供商等）
商业模式	免费平台	为用户提供免费服务，通常通过广告或其他增值服务盈利，如 Facebook 和 Google
	付费平台	用户需要为核心服务付费，如 Netflix 和 Spotify 的订阅模式
	混合模式平台	同时提供免费和付费服务，如 YouTube 的免费内容与 YouTube Premium 的付费订阅
连接属性和主要功能	网络销售类平台	连接的是人与商品，主要提供销售服务、促成双方交易、提高匹配效率等
	生活服务类平台	连接的是人与服务，主要提供出行、旅游、配送、家政、租房买房等服务
	社交娱乐类平台	连接的是人与人，主要功能包括社交互动、休闲游戏、视听娱乐、文学阅读等
	信息咨询类平台	连接的是人与信息，主要提供新闻资讯、搜索服务、音视频资讯内容等
	金融服务类平台	接的是人与资金，主要提供支付结算、网络贷款、金融理财、金融资讯和证券投资等服务
	计算应用类平台	连接的是人与计算能力，主要应用在手机、操作系统上，进行信息管理和提供云计算服务等

1. 按用户群体数量与关系分类

根据用户群体数量与关系，可将平台分为双边市场平台和多边市场平台。双边市场平台连接两类用户群体，通过平台来促成其直接互动。典型例子包括 Uber 和 Airbnb，分别连接司机与乘客、房东与租客。在 Uber 中，司机和乘客通过平台实现交通服务交易；Airbnb 则使租客能够找到房东提供的房源。这类平台依赖双向网络效应，即一方用户的增加提升另一方用户的价值，让司机吸引更多乘客，反之亦然。双边市场平台面临的主要挑战是必须同时吸引两类用户群体并保持供需平衡。

多边市场平台连接多个不同的用户群体，不局限于供需双方。例如，亚马逊不仅连接了卖家和买家，还涉及支付服务商、物流供应商等多个角色。亚马逊平台的生态系统包含多个相互作用的群体，卖家通过平台销售商品，买家通过平台购买商品，而支付服务商和物流供应商则提供支持服务。多边市场平台的网络效应比双边市场复杂，因为多个用户群体之间的互动可能产生连锁反应。例如，更多卖家会吸引更多买家，进而带动支付服务商和物流供应商的增加。平台需要协调多个群体的需求，以维持平台生态系统的平衡。

2. 按商业模式分类

根据商业模式，可将平台分为免费平台、付费平台和混合模式平台。免费平台通过为用户提供免费的服务或内容来吸引大量用户，再通过其他方式盈利。免费平台依赖于庞大的用户基数，通过展示广告或提供其他增值服务来获取收入。例如，Facebook 和 Google 提供免费的社交网络、搜索引擎等服务，但其主要收入来源是通过广告商向用户展示个性化广告。此外，这类平台通常会通过分析用户行为数据来优化广告投放，从而提升广告收入。虽然用户无须直接付费，但平台可以通过广告流量实现盈利。

付费平台依赖于用户为其核心服务或内容直接付费，通常通过订阅或单次购买模式获得收入。这类平台的核心在于提供高质量、独特的内容或服务，吸引用户为此付费。例如，Netflix 和 Spotify 采用了订阅模式，用户按月支付固定费用，享受对海量视频或音乐内容的无限访问权限。平台通过持续更新内容来维持用户忠诚度。付费平台的商业模式相对简单透明，依赖于用户的支付意愿。

混合模式平台结合了免费和付费服务，既向用户提供免费基础服务，又提供需要付费的高级功能或内容。以 YouTube 为例，大多数用户可以免费访问平台内容，但平台还推出了YouTube Premium 付费订阅，提供广告免除、离线播放，以及访问独家内容等高级功能。通过这一模式，平台不仅能够从广告中获利，还能够通过付费订阅增加收入。混合模式能够实现平台利润最大化，既能吸引不愿付费的用户，也能为愿意付费的用户提供更好的体验。

3. 按连接属性和主要功能分类

平台的连接属性指通过网络技术把人和商品、服务、人、信息、资金，以及计算能力连接起来，使平台具有交易、社交、娱乐、资讯、融资、计算等各种功能，由此将平台分为以下 6 类。

网络销售类平台主要连接人与商品，核心功能包括提供销售服务、促成双方交易并提高匹配效率。此类平台可以进一步分为多种类型：综合商品交易平台，如提供衣帽鞋靴、数码电器、食品洗护等多类商品的综合性平台；垂直商品交易平台，专注于某类特定产品，凭借精准的差异化定位和独特的品牌附加值服务于特定用户群体；商超团购平台，主要提供生活用品，如蔬菜水果、肉蛋水产、日用百货等，通常附带团购与配送服务。

生活服务类平台主要连接人与服务，其功能涵盖出行、旅游、配送、家政、租房买房等多个领域。根据不同的服务类型，平台可以分为多种子平台：出行服务类，如共享单车、打车软件等；旅游服务类，提供交通、住宿、餐饮和游览等一站式旅游服务；配送服务类，专注于外卖送餐、物流和快递等配送业务；家政服务类，涵盖护理、保洁等家庭服务；房屋经纪类，提供房屋买卖和租赁服务。

社交娱乐类平台连接人与人，主要功能包括社交互动、休闲游戏、视听娱乐、文学阅读等服务。这类平台可以进一步分为多个类型：即时通信类，用于传递文字、语音、视频等信息；休闲游戏类，涵盖网页游戏、PC 游戏和手机游戏等内容；视听服务类，提供音乐、电影等多媒体资料；直播类，利用流媒体技术进行实时直播；短视频类，推送几秒到几分钟不等的短视频内容，主题多样；文学阅读类，专注于网络文学和电子出版物的阅读体验。

信息咨询类平台连接人与信息，主要功能包括提供新闻资讯、搜索服务，以及音视频资讯内容等。这类平台有多种类型：新闻门户类，提供新闻、娱乐等信息资源及相关服务；搜索引擎类，通过组织和处理互联网信息，为用户提供检索和展示服务；用户内容生成类，允许用户上传原创内容并与其他用户分享；视听资讯类，专注于广播电台、音频分享等服务；新闻机构类，负责新闻采集、制作和发布。这些平台通过整合信息资源，帮助用户更便捷地获取所需信息。

　　金融服务类平台连接人与资金，主要提供支付结算、网络贷款、金融理财、金融资讯和证券投资等服务。这类平台可分为以下几种类型：综合金融服务类，为小微企业和个人消费者提供普惠金融服务；支付结算类，提供互联网支付、手机支付等服务；消费金融类，为消费者提供消费贷款服务；金融资讯类，提供行情报价、财经数据、分析工具等综合性金融资讯服务；证券投资类，为金融机构提供互联网技术的解决方案，并为个人投资者提供财富管理工具。通过这些平台，用户可以便捷地管理资金、获取金融信息，并进行投资理财。

　　计算应用类平台连接人与计算能力，主要用于手机、操作系统的信息管理和云计算服务等领域。这类平台包括多种子平台：智能终端类，开发和销售数据通信设备、信息系统等；操作系统类，研发移动式和分布式操作系统；手机软件类，负责 App 软件的设计和生成；信息管理类，为企业提供资源计划、财务系统等管理软件服务；云计算类，为企业提供基础设施、平台和应用软件服务；网络服务类，涉及域名服务、文件传输协议等网络基础设施服务；工业互联网类，专注于智能制造、数字管理等工业互联网服务。

二、平台经济的特性

（一）连接双边或多边市场

　　平台通过连接两类或多类用户群体来创建互动空间。图 4.3（a）展示了双边市场平台，其中平台作为中介连接着两类用户群体，分别是供给方和需求方，构成了一个双边市场。例如，Uber 平台连接了司机和乘客，为他们提供便捷的交通服务交易。多边市场平台则是双边市场平台的拓展，同时连接多类用户群体，如图 4.3（b）所示。例如，亚马逊不仅连接了卖家和买家，还连接了物流服务商、广告商和第三方支付服务提供商。

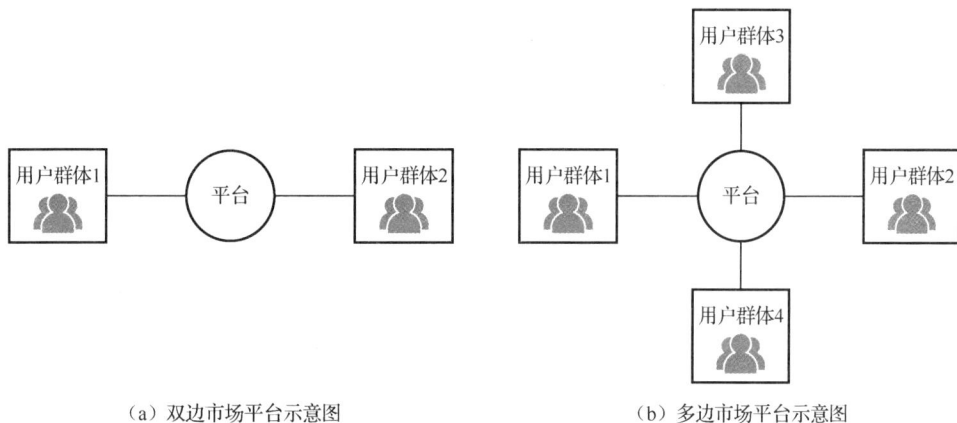

（a）双边市场平台示意图　　　　　　　（b）多边市场平台示意图

图 4.3　双边与多边市场平台

（二）网络外部性

网络外部性指用户从一个产品或服务中得到的效用随着用户数量的增加而发生变化的现象。例如，电话的价值会随电话用户的增多而增大，用户能与更多的人取得联系，导致电话变得更有用；某种货币的持有者会随着这种货币使用者的增多而增多，以与更多的人进行交易。网络外部性分为直接网络外部性、间接网络外部性和跨边网络外部性。

1. 直接网络外部性

直接网络外部性指同一市场中消费者之间的依赖性，即同一产品的消费者可以直接增加其他消费者的效用。以微信为例，每当有新用户注册和使用微信，现有用户就可以与更多的人互动，进而增加每个用户的体验感和效用。

2. 间接网络外部性

间接网络外部性主要产生于基础产品和辅助产品之间，可以提供技术上的互补性，这种互补性导致产品产生需求上的相互依赖性，即用户使用一种产品的价值取决于互补产品的数量和质量，一种产品的互补产品越多，该产品的市场需求也就越大。例如，DVD 播放器是基础产品，而 DVD 光盘是互补产品。DVD 播放器的价值取决于市场上可供播放的 DVD 光盘的数量和种类。如果没有足够多的电影、电视剧等内容以 DVD 光盘形式发布，消费者购买 DVD 播放器的需求就会下降。同样，DVD 光盘的销售也依赖于市场上有足够多的消费者拥有 DVD 播放器。如果 DVD 播放器的用户群体较小，制作商就会缺乏动力来发行更多的 DVD 光盘。

3. 跨边网络外部性

跨边网络外部性指在一个双边市场平台上，一边用户数量的增加提高另一边用户效用的现象。例如，在电子商务平台上，卖家数量的增加可以让买家买到更加丰富的商品，而买家数量的增加可以让卖家获得更大的客流量，并提高销售额。同理，在网约车平台上，司机数量的增加可以让乘客更快叫到车，而乘客数量的增加可以缩短司机的等待时间，使其获得更多的订单。

根据影响的不同，网络外部性又可以分为正网络外部性和负网络外部性。正网络外部性指用户数量的增加为其他用户带来额外的好处。在这种情况下，平台上的每个新用户都能提升平台对现有用户的价值。正网络外部性广泛存在于许多数字平台中，特别是在社交网络和共享经济平台上。例如，电子商务平台上买家数量的增加吸引更多卖家入驻，而更多的卖家为买家提供了更多选择，提升了整体的购物体验。

与正网络外部性相反，负网络外部性指用户数量的增加可能对其他用户产生负面影响。通常，这种情况会在平台资源有限或使用过于集中时产生。例如，在某款多人在线对战游戏中，当玩家的数量不断增加时，游戏的服务器承载能力可能达到上限，导致服务器性能下降，游戏延迟加剧，影响玩家的游戏体验。

【案例】正网络外部性——滴滴出行

滴滴出行是正网络外部性的典型案例，它展示了供需双方的相互促进效应，如图 4.4 所示。当平台上的乘客数量增加时，需求量随之增多，吸引了更多司机加入平台。这使平台的覆盖范围扩大，司机的位置分布更广，进而提升了司机接单的速度和效率。与此同时，乘客的等待时间缩短，改善了出行体验。这种需求带动供给，供给反过来又提升需求的效应，形成了一个良性循环。随着接单效率的提高，司机的工作时间得到了更好的利用，平台的运营效率也进一步优化，出行服务的价格降低，吸引更多乘客加入平台。这种循环在平台中不断强化，通过扩大用户基础，提升平台整体的服务质量和经济效益，进一步推动了平台效益的持续增长。正网络外部性不仅提高了滴滴平台的供需匹配效率，还提高了平台的市场竞争力，体现了平台经济中用户规模扩大对平台价值的积极影响。

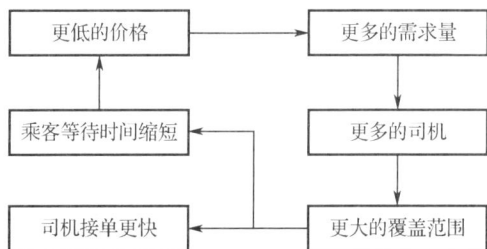

图 4.4　滴滴出行的正网络外部性

资料来源：根据公开资料整理。

123

（三）规模经济

在平台经济中，规模经济指随着平台用户数量的增加，平台能够以更低的边际成本为用户提供服务，从而提高平台在市场中的竞争力和盈利能力。在工业经济中，规模经济指通过扩大生产规模，降低单位生产成本，来提升企业的竞争力。这种效应源自生产过程中的固定成本分摊和生产效率提升，侧重于供给侧的效应。相比之下，平台经济的规模经济则主要表现为需求规模经济。随着平台用户（需求方）数量的增加，平台能够以更低的边际成本提供服务，同时通过网络效应和用户互动来优化资源配置。平台通过扩大需求方基础，提高供给方的服务效率，并降低运营成本，提升服务质量。例如，电商平台（亚马逊、淘宝）通过增加买家数量，吸引更多卖家入驻，借助数据分析和智能匹配提高交易效率，进而实现成本降低和服务质量提升。

【知识拓展】梅特卡夫定律

梅特卡夫定律描述了在信息技术时代网络规模与网络价值之间的关系，其含义是网络价值与网络节点数的平方成正比，即网络价值随着网络节点数的增加而增大，并且增加的速度更快。梅特卡夫定律与摩尔定律、吉尔德定律合称为网络时代的三大定律。摩尔定律由英特尔创始人之一的戈登·摩尔提出，含义是集成电路上可容纳的晶体管数量，每隔 18～24 个月就增加一倍，同时价格下降一半的现象。吉尔德定律的含义是在可预见的未来，通信系统的总带宽每 6 个月会增长一倍。随着通信能力的不断提高，吉尔德断言："每比特传输价格将朝着免费的方向下跌，价格无限接近于零"。

资料来源：根据公开资料整理。

（四）用户黏性与锁定效应

在网络外部性的作用下，平台企业的竞争力和盈利能力主要依赖于用户规模的扩大。用户黏性与锁定效应是影响用户规模的重要因素。用户黏性指用户对某个平台或产品的长期依赖性和持续使用意愿，这种依赖性使得用户在面对竞争平台或产品时，依然倾向于选择继续使用当前平台或产品。用户黏性的增强意味着平台能够维持更高的用户活跃度和留存率，从而在市场竞争中占据优势。用户黏性受多种因素影响，包括产品功能的多样性、用户体验、社交网络、个性化服务、转换成本等。其中，转换成本指用户在离开平台时需要承担的损失，如花费在平台上的沉没成本、切换到新平台时的直接支出，以及迁移过程中可能损失的社交关系和个人数据等资源。

锁定效应指用户受在某个平台或产品上的投入（时间、金钱或学习成本等）影响而难以轻易离开当前使用的产品或平台，使用户转向其他竞争产品或平台的难度加大。这种锁定效应通常涉及用户在该平台上投入的成本（数据迁移、工具学习、设备兼容等），使用户即使面对更好的替代品，也可能会因这些转换成本的投入而倾向于留在现有平台。

提高用户黏性和锁定用户的策略，可以从两方面展开。一方面，平台可以通过设计产品或服务，让用户在使用过程中逐渐积累沉没成本，如数据、时间、个性化设置等，从而增大用户转换到其他平台的困难。例如，云存储服务通过存储大量用户文件和关键数据，提升了数据迁移的复杂性，使得用户在转换平台时面临较高的成本和较大的操作困难，从而使他们在面对更具吸引力的竞争产品时，依然选择留在当前平台。另一方面，通过提高用户对平台功能或产品的信心来增强用户黏性。首先，通过持续优化产品的便捷性、运行速度和产品效果，增强用户对平台的信心，让用户即使没有转换成本，也愿意继续使用平台。然后，定期推出新功能或改善用户体验，可以保持用户的新鲜感和兴趣。例如，Google 的搜索引擎凭借其强大的算法、快速响应和全面搜索结果，让用户在没有强制锁定的前提下，依然选择该平台。

（五）定价结构

平台的定价结构指平台根据其市场属性和不同用户群体需求设计的收费体系。由于平台通常服务多个不同的用户群体（供给方、需求方和第三方服务提供商等），其定价结构需要在各方之间取得平衡，既吸引用户参与，又保证平台的盈利。合理的定价结构有助于调动用户的参与积极性，确保交易顺利进行。为了平衡需求，平台可在保持总定价水平的情况下，选择在提高一方价格的同时降低另一方的价格，甚至对一方进行补贴，以吸引更多用户加入。例如，杂志等媒介平台通常对广告商收费，而对读者提供补贴或免费内容，从而吸引更多读者，并增大广告商的投放需求，最终实现平台各方的利益平衡。常见的平台定价方式如下。

1. 基本服务免费，附加服务收费

平台的基本服务供所有用户免费使用，降低用户进入平台的门槛，吸引大量用户加入。平台在吸引到用户后，通过提供附加增值服务实现盈利。这种模式充分利用了网络效应，用户规模的增大使得平台可以通过高级功能或附加服务收费。例如，某视频平台支持免费播放基本的视频，但会通过付费会员模式提供广告免除、高清画质、提前观看等附加服务。

2. 初期免费，后期收费

许多平台在发展的初期提供免费服务以吸引大量用户，依赖网络效应逐渐建立用户规模。一旦用户依赖平台并形成使用习惯，平台可以逐步引入收费机制。这种模式利用了用户黏性，为平台创造了潜在的付费群体。例如，某办公软件在早期阶段对所有用户提供免费服务，吸引了大量企业和组织使用。随着用户规模扩大，企业对该软件的使用逐渐形成依赖性，随后该软件开始引入收费机制。

3. 互补产品的免费与收费

平台通过免费提供某些基础产品，吸引用户进入生态系统，再通过互补产品收费来盈利。例如，游戏主机市场中的 PlayStation 和 Xbox 通过低价销售主机来吸引用户，但通过游戏销售和在线订阅服务来获利。这种"免费+收费"的模式可以通过互补产品的销售来补贴基础产品的成本。

4. 双边市场的免费与收费

平台通常同时为供给方和需求方提供服务，平台可能对一方（通常是需求方）免费，而对另一方（通常是供给方）收费，或者对双方都收费，如 Uber 对乘客收取车费，对司机也收取佣金。此外，部分平台采取双边市场都免费的模式，但通过第三方服务获利。

三、平台生态

（一）平台生态的基本概念

平台生态这一概念源自生态学，生态学中的生态系统定义为：在一定的空间和时间内，在各种生物之间，以及生物与无机环境之间，通过物质循环和能量流动而相互作用的一个自然系统。借用这一概念，平台生态指一个以平台为核心，涉及多方利益相关者（平台企业、用户、开发者、合作伙伴和第三方服务提供商等）的互动和协作网络。在平台生态下，各参与者通过平台进行互动、交易，共同创造并分享价值，从而实现持续创新和共同成长。平台生态的形成依赖于多边市场，即平台通过接入不同供应商群体和消费者群体，提供一系列服务支持，以促进平台内各方的互动和交易。只有在平衡并满足平台各方需求的基础上，平台企业才能扩大其用户和合作伙伴的规模，进而推动平台的长期发展和生态的壮大。

【案例】阿里巴巴平台生态系统

阿里巴巴成立于 1999 年，致力于帮助企业提升营销、销售和经营效率。该集团为商家、品牌、零售商及其他企业提供技术基础设施和营销平台，使其能够借助新技术与用户互动，并更加高效地运营。此外，阿里巴巴还提供先进的云计算设施与服务，以及增强的协作工具，助力企业实现数字化转型并推动业务增长。

阿里巴巴的主要业务涵盖中国商业、国际商业、本地生活服务、物流、云业务、数字媒体及娱乐、创新业务及其他，如图 4.5 所示。围绕这些平台形成了一个覆盖消费者、商家、品牌、零售商、第三方服务提供者、战略合作伙伴和其他企业的广泛生态系统。

图 4.5　阿里巴巴平台主要业务

2022 年，阿里巴巴生态系统的商品交易总额（GMV）达到 8.317 万亿元，包含中国商业零售业务，以及国际商业零售业务的 GMV。同年，阿里巴巴生态系统面向全球的年度活跃消费者达到约 13.1 亿人，其中超过 10 亿人来自中国，3.05 亿人来自海外。与此同时，阿里巴巴的云计算业务为全球数百万家企业提供了服务。

资料来源：阿里巴巴招股书。

（二）平台生态的特征

1. 开放性

平台生态的开放性指平台需要将其生态系统向外部供应商、合作伙伴和其他利益相关方开放，以促进整体生态的繁荣。平台的开放性通常意味着平台不是一个封闭的、自给自足的系统，而是一个通过外部资源和参与者来提升平台整体价值的系统。

平台生态中的"边"指那些通过开放性被纳入平台生态的外部群体。例如，苹果手机平台中的硬件制造商只能作为生态中的一条"边"，而安卓手机平台中的硬件制造商才是生态的重要组成部分。如果平台仅依赖于自身的产品生产和销售，而不向外部供应商和合作伙伴开放，那么它便无法真正构成一个开放的双边或多边市场。例如，若京东仅销售自营商品，它将无法有效吸引供需双方，无法构建双边市场。

为了避免负面的网络效应，平台还需要设置用户过滤机制，即筛选符合条件的用户，以确保平台的开放性得到合理管理。平台可选择完全开放或宽松开放规则以吸引大多数用户，但严格的过滤机制可能会限制平台的吸引力。因此，平台需在开放性和管理策略之间找到平衡，既能吸引足够多的用户，又能维持生态系统的健康和可持续发展。

2. 模块化

模块化指平台是由多个独立设计、但具有整体功能的单元或模块组成的系统。每个模块作为相对独立的功能单元，能够与其他模块协同运作，形成完整的生态结构。在平台生态中，模块化体现在核心模块与周边模块的组合上。核心模块（母平台）通常是平台生态的关键功能部分，如阿里巴巴的核心交易平台。在此基础上，周边模块（子平台）为核心平台提供补充功能，增强整体生态系统的服务能力。以阿里巴巴为例，菜鸟、支付宝等子平台都围绕核心的交易平台提供物流、支付等关键服务。各模块不仅有功能上的分工，还存在高度共生和共同演化的关系。各模块相互依赖、相互作用，共同促进了平台生态的成长与发展。例如，菜鸟物流通过与阿里巴巴交易平台整合，提高了整体配送效率，而支付宝的支付功能则为交易提供了安全便捷的支付方式。各模块的相互协作形成了生态系统的内在网络效应，增强了平台的用户黏性。平台的模块化结构使得平台生态具有很强的适应性和灵活性。平台不仅能够通过新增或调整模块来快速响应市场变化，还能通过模块化设计实现功能的扩展和演进，以适应不同业务场景的需求。阿里巴巴的子平台既独立运作，又在母平台的框架下协同发展，保证了整个生态系统的稳定性和发展能力。模块化生态系统具备自我更新和持续演化的能力。随着时间的推移，平台上的各个模块可以根据市场需求和技术进步不断优化和更新，这使整个生态系统在竞争激烈的市场环境中始终保持活力。

3. 共享服务

共享服务是平台生态中的一个关键特征，它通过资源的共同使用和协作，形成参与者之间的协同和互补共生关系。在平台生态中，资源共享能够大幅提高效率，减少重复建设，并为生态系统中的所有参与者提供更好的服务。首先，共享基础性服务资源是平台生态的核心。基础性服务资源指子平台或生态参与者难以在短时间内自行获得的关键资源，它们由平台企业通过统一共享的方式提供给所有生态参与者。典型的基础性服务包括：云计算平台、大数据分析平台和专业技术服务等。通过共享这些基础设施，平台可以显著提高资源利用率，降低各方的开发成本，帮助平台中的企业和服务商迅速接入市场并扩大业务规模。这种资源共享的模式不仅提高了平台整体的运营效率，还增强了生态系统的稳定性和可持续性。其次，平台生态还包括专业性服务资源的共享。专业性服务是由第三方服务商或平台内的某些参与者提供，并通过共享形成新的子平台。例如，平台可以通过引入物流、支付、营销等第三方服务，丰富平台生态的多样性。专业性服务的引入不仅可以满足平台上不同参与者的需求，还能进一步增强平台的吸引力，促进生态系统的繁荣和发展。通过基础性服务和专业性服务的共享，平台生态中的参与者能够以更低的成本和更高的效率参与市场竞争，形成共生共赢的局面。这种共享机制是平台生态系统强壮性的保障，它推动了平台生态的多样性和创新能力，使平台能够在竞争激烈的市场中保持活力与优势。

第三节　共享经济

在共享经济中，生产关系的核心变化是资源从"所有"到"使用"的转变。在传统经济中，生产资料和资源通常由少数企业或个人拥有和控制，而共享经济则通过数字平台的接入，使得闲置资源得以共享与高效利用。参与者可以在没有直接所有权的情况下，通过网络平台提供或获取服务，打破了传统的资源所有权和控制模式。共享经济不仅改变了生产和消费方式，还促进了资源的高效配置、降低了社会成本，推动了社会资源的最大化利用。本节介绍共享经济的兴起与发展、特征、主体要素及生产关系，分析共享经济如何实现灵活的资源配置和创新的生产合作方式。

一、共享经济的兴起与发展

共享经济（Sharing Economy），又称分享经济，是一种通过社会化平台将闲置资源与他人共享，从而获得收入的经济现象。早在 1948 年，苏黎世便出现了汽车共享模式，但由于当时的信息成本高且缺乏信任机制，汽车共享的规模化发展仅限于小型紧密的社区内。1978 年，美国伊利诺伊大学教授琼·斯潘思（John Spence）和得克萨斯州立大学教授马科斯·费尔逊（Marcus Felson）发表了《社区结构与协同消费：一种日常活动的方法》（*Community Structure and Collaborative Consumption: A Routine Activity Approach*），提出了"协同消费"的概念，指多个消费者共同使用经济产品或服务。这一观点被视为共享经济的早期理论基础。1984 年，面对西方滞胀经济，美国经济学家马丁·威茨曼（Martin

Weitzman）在其著作《分享经济》（*The Share Economy*）中提出了"分享经济"理论。威茨曼指出：相较于传统的固定薪酬制度，利润分享制下的薪酬水平会随市场条件的变化而调整。这种利润分享制度便是分享经济的一种表现形式。

近年来，随着互联网和数字技术的迅猛发展，线上共享活动快速增长，推动了共享经济浪潮的形成。特别是 2007—2013 年，共享经济进入了快速发展期。2008 年，短租平台 Airbnb 和众筹平台 Kickstarter 相继成立；2009 年，共享出行平台代表 Uber 和跑腿服务平台代表 TaskRabbit 上线；2010 年，食品共享平台 Grubwithus 问世。此后，亚太地区、非洲的 100 多个国家开始探索共享经济模式，推动了这一模式的全球化发展。随着越来越多的实践案例出现，共享经济逐渐被更多的社会群体和政府接受。许多曾对这一新兴模式持怀疑或压制态度的国家，开始逐步转变立场并给予政策支持。例如，美国在 2012 年 4 月通过了《2012 年促进创业企业融资法》，成为全球首个将股权众筹合法化的国家。2014—2015 年，美国共有 54 个城市和州通过了网约车合法化的相关条例。荷兰在 2014 年 2 月完成了对 Airbnb 等短租平台的立法监管，成为全球首个对共享短租进行立法的国家。同年 9 月，英国宣布将努力建设成为全球共享经济中心和欧洲共享经济之都，并出台了一系列鼓励政策，如清除妨碍短租发展的法律障碍，激励居民参与房屋短租。2015 年，澳大利亚在"悉尼 2030"城市规划中明确提出"汽车共享"这一发展目标，并通过政府主导、企业运营的模式推进汽车共享项目。

中国的共享经济起步较晚，2011 年才开始逐步发展。近年来，随着中国经济进入新常态，人们的消费观念发生了显著变化，越来越多的人选择通过共享经济模式满足日常生活需求，带动了共享经济平台的发展。在短时间内，中国在共享经济领域的创新实践和国际影响力已经走在世界前列。以共享单车为例，国外的共享单车多采用插卡缴费和固定停车位的模式，而中国的共享单车通过移动支付、GPS 定位和扫码解锁等技术，构建了全新的商业模式。此外，中国也是全球首个承认网约车合法地位的国家。据国家信息中心发布的《中国共享经济发展报告（2023）》，2022 年我国共享经济市场规模持续扩大，在增强经济发展韧性和稳岗稳就业方面继续发挥积极作用，共享经济主要领域亮点凸显。全年共享经济市场交易规模约 38320 亿元，同比增长约 3.9%。其中，生活服务和共享医疗两个领域市场规模同比分别增长 8.4% 和 8.2%，增速较上年分别提高了 2.6% 和 1.7%，呈现持续、快速发展的良好态势。受多种复杂因素影响，共享空间、共享住宿和交通出行 3 个领域的共享经济市场规模明显下降，同比分别下降 37.7%、24.3% 和 14.2%。

二、共享经济的特征

（一）技术特征

共享经济的基础是信息技术的进步，特别是互联网、物联网和移动支付技术的融合。

互联网不仅使供需双方能够在平台上实现快速匹配，还大幅降低了交易成本。物联网（IoT）技术通过设备之间的智能连接，实现了物品的识别、定位和追踪等功能，推动了共享经济的智能化和自动化发展。此外，移动支付技术的普及提高了交易的安全性和便利性，消除了传统支付手段的时空限制，使各类共享平台得以高效运行。共享经济的技术特征不仅是交易媒介的改变，还包括资源配置效率的提升。例如，滴滴出行和 Airbnb 通过智能匹配和大数据分析，优化了出行和住宿资源的分配。技术的不断迭代促使共享经济平台向更多行业扩展，为社会提供了更多的应用场景和创新的可能。

（二）主体特征

共享经济典型地体现为双边市场结构，受网络外部性的影响。双边市场中的网络外部性指一方参与者的增加能够提高另一方的收益。例如，随着乘客数量的增加，网约车司机的收入增加；而随着司机的增多，乘客的服务选择也更多，这一互补性是共享经济平台繁荣的关键。网络外部性还意味着平台的规模效应，即参与者数量的增加能够促使平台快速扩大，形成"赢家通吃"的市场格局。共享经济的主体特征也反映了用户角色的双重性，个体用户既可以作为资源的提供者，也可以作为需求者。这种角色的灵活转换突破了传统经济中消费者和生产者的分界线，能赋予个体更高的自主性和参与感。

（三）客体特征

共享经济的核心资源是闲置或盈余资源。共享经济通过技术平台将这些原本闲置的资源（空房、闲置车辆或时间）转化为可供交易的资产，从而实现了资源利用效率的最大化。这一特征促使社会资源从过度浪费转向更为理性和可持续的使用方式。随着共享经济的推广，越来越多的资源被纳入共享网络，进一步提高了社会整体资源配置效率。值得注意的是，共享经济通过整合这些分散资源，不仅解决了资源浪费的问题，还满足了多样化的消费需求，尤其是在定制化服务和个性化消费领域的创新。

（四）行为特征

共享经济的行为特征是通过所有权和使用权的分离，实现资源的高效利用。使用权的短期转移使消费者能以较低的成本获得原本只能通过购买才能享有的服务或物品。这一特征在推动"以租代买"等新消费模式出现的同时，深刻改变了传统的资源配置模式。未来，随着技术的进一步发展和市场的深入扩展，共享经济的应用领域将不断扩大，涵盖更多的产业和生活场景。

三、共享经济的主体要素

共享经济的主体要素主要包括：平台、供给方、需求方和信任机制等关键组成部分，它们共同构成了共享经济模式的运行基础。

（一）平台

共享经济基于互联网的技术平台，这些平台提供了供需双方的信息匹配、交易撮合和支付管理等服务。平台不仅是共享经济的交易枢纽，还负责交易的规则设定和监管，确保交易的公平性与透明性。例如，Airbnb、Uber 和滴滴出行等都是典型的共享经济平台，它们通过技术手段连接供需双方并提供相应的支持服务。

（二）供给方

供给方是共享经济中的资源提供者，他们可以是个人或企业，利用闲置资源参与共享。供给方通过平台提供物品、服务或技能，将闲置的汽车、房屋和劳动力等资源共享给有需求的一方。供给方的参与不仅提高了资源利用率，还获得了额外收入。例如，个人可以在 Airbnb 平台出租闲置房间或在 Uber 平台提供打车服务。

（三）需求方

需求方是共享经济中的资源使用者，他们通过平台获取所需的资源或服务。需求方希望通过共享经济以较低的成本获得更灵活的服务，而不需要长期拥有或购买相关资源。共享经济满足了用户日益多样化的需求，如通过滴滴打车短期使用汽车服务及通过 WeWork 临时租用办公空间等。

（四）信任机制

由于共享经济的交易双方多为陌生人，信任机制成为共享经济得以顺利运行的重要保障。平台通常通过用户评价、信誉积分和反馈系统来建立信任机制，从而减少信息不对称，提升交易安全性和可靠性。例如，Airbnb 和 Uber 都有详细的用户评价系统，供用户在选择服务时参考他人的反馈。

四、共享经济中的生产关系

共享经济中的生产关系在本质上重构了传统的资本—劳动关系。通过平台的介入，生产要素的所有权和使用权分离，劳动者与资本的关系更加灵活，生产成果的分配更加公平，实现了生产资料的共享、生产过程的协同和生产成果的共享。

（一）生产资料的共享

在传统的生产模式中，生产资料的所有权和使用权紧密结合，拥有资本的企业或个人不仅控制生产资料，还主导生产过程。然而，共享经济的兴起打破了这一格局，让所有权与使用权的分离成为可能，这种分离使生产资料（车辆、住房等）不再由少数资本持有者垄断，而是通过平台将这些生产要素的使用权分配给更广泛的劳动者群体。在这一模式下，个体劳动者无须投入大量的资本便可以通过平台获得生产资料的使用权，这极大地提高了

131

资源的流动性和利用率。与此同时,生产资料共享还能够有效缓解资源闲置问题。例如,闲置的车辆、房屋通过共享平台被利用,创造出新的经济价值,提高了社会整体的资源配置效率。共享生产资料还改变了生产关系中的权力结构。在传统模式中,资本控制生产资料意味着主导生产过程,而共享经济中的平台仅负责提供资源和制定规则,个体劳动者则在实际生产中发挥更自主的作用。平台与劳动者的关系更为平等,劳动者通过使用共享的生产资料创造价值,获得收入,而平台则通过为交易提供服务和保障来收取一定的服务费用。

(二)生产过程的协同

共享经济通过平台化和扁平化的组织结构,重新塑造了生产者和消费者的关系,使生产过程中的参与者能够通过技术平台进行实时互动与合作。共享经济平台借助智能算法、大数据分析和云计算等数字化工具和技术,使生产要素的协调和资源配置更加高效。例如,在网约车平台上,司机的实时位置和乘客的需求通过平台的智能算法即时匹配,极大地提高了出行服务的效率。这种实时协同使平台能够在资源供需关系发生变化时迅速做出响应,提升了生产者的工作效率,并缩短了等待时间和减少了资源浪费的现象。同时,通过技术平台,生产者和消费者之间的信息不对称得以大幅度缩减。例如,Airbnb平台通过精确搜索,匹配房源与租客需求,帮助房主与租客实现精准对接,提升了信息透明度,不仅减少了中间环节,还大大降低了交易成本,从而提高了资源使用率和劳动者的生产效率。

共享经济的扁平化组织结构和平台化运营模式在一定程度上弱化了传统资本对劳动者的控制。在传统生产模式中,资本通过掌控生产资料和组织结构对劳动者进行严格管理,劳动者的工作方式、任务分配等高度依赖资本的调配。在共享经济中,平台通过技术赋能,提供了生产资料的使用权和生产过程的组织规则,而不直接控制劳动者的生产活动。这种模式为劳动者提供了更大的自主权,他们可以根据自身的时间和资源安排灵活地参与生产活动。例如,司机可以选择工作时间、房主可以决定出租房屋的时间段。这种自主性不仅提升了劳动者的生产积极性,还使生产关系变得更加平等和灵活。平台的角色更像资源协调者,而非传统意义上的生产指挥者。

(三)生产成果的共享

共享经济中的生产成果共享机制在根本上打破了传统利润分配模式,使劳动者不仅是生产者,还能够分享更大比例的经济剩余。这种机制通过风险共担、收益共享的模式,重构了劳动者与平台之间的经济关系,同时推动了财富的再分配和社会的共同富裕。在传统经济模式下,资本方通常通过控制生产资料和利润分配机制,获得绝大部分的经济剩余,劳动者只能依靠固定的薪酬作为收入。然而,共享经济提供了一种更加平等的收益分配方式。在这种模式中,劳动者的收入直接与其生产活动的结果挂钩,特别是在平台经济中,劳动者可以通过自己的劳动成果获得更大比例的经济收益。例如,网约车司机的收入不仅与其工作时长相关，还与乘客的评价、平台的激励机制等因素紧密相连。这种收益共享模式增强了劳动者的经济自主性，使他们能够更加积极地参与生产，从而实现收入增长。

共享经济平台通过灵活的分配机制，使劳动者与平台共同承担市场风险。在传统企业中，劳动者往往是固定薪酬制，无论市场环境如何变化，收入都不会产生显著变化。然而，在共享经济中，平台通过动态调节供需关系和定价机制，让劳动者根据市场需求调整劳动强度和工作时间。这种风险共担机制让劳动者在市场低迷时减少损失，同时在需求高峰期能够获得更多的收入。通过这种激励相容机制，劳动者能够在市场条件有利时获取更高的经济回报，催生了更灵活的生产方式。这种灵活的劳动分配机制，不仅增强了劳动者的经济保障，还降低了平台在市场波动下的运营风险，形成了共赢的经济格局。

共享经济的普及，特别是在教育、医疗等公共服务领域的应用，极大地推动了社会财富的再分配。通过"互联网+"模式，优质的教育和医疗资源可以通过数字平台广泛传播，使低收入群体能够以低成本享受高质量的公共服务。例如，在线教育平台突破了地域和经济条件的限制，使更多人能够使用名校的教育资源，从而促进了教育公平。同样，互联网医疗服务让更多人能够获得优质医疗服务，减轻低收入群体的医疗负担。

练习与思考

1．请阐述数据资源化、数据资产化和数据资本化这 3 个阶段，并讨论它们如何影响生产关系的变化。

2．请简述数据确权的重要性及当下的难点。

3．请简述数据定价的主要方法，并分析各自的优缺点。

4．目前有哪些数据交易模式？这些模式各自有哪些局限？

5．请简述什么是网络外部性，并尝试举例说明。

6．请简述共享经济如何通过共享生产资料、生产过程和生产成果，改变传统的生产关系。

第五章

数字治理

数字经济的发展带来了新现象和新问题，对国家治理体系和治理能力提出了新挑战和新要求。在此背景下，数字技术为解决治理难题提供了新思路、新方法、新手段，实现数字治理已成为全球各国应对数字时代挑战的重要任务。本章介绍数字治理的基本概念，从"基于数字化的治理"和"对数字化的治理"两大视角，分析数字治理的核心内涵，重点探讨数字政府、数据安全、隐私保护等关键内容。

第一节　数字治理概述

一、数字治理的内涵

（一）数字治理的时代背景

进入 21 世纪，数据作为推动社会经济增长的核心资源，不仅提高了生产效率，还引发了产业结构的深刻变革。世界各国将数据应用纳入战略布局，推动了全球数据竞争。与此同时，数字技术迅速发展，社会进入"数字化生存"时代，人们的生活方式、工作模式和社交习惯都发生了变化。然而，数字化带来便利的同时，还伴随着数据滥用、隐私泄露和网络犯罪等问题。个人、企业和政府都面临新风险，传统治理方式难以应对复杂的数据流动和新兴挑战。由此，"数字治理"概念应运而生，成为全球关注的议题。

面对挑战，中国正积极推进数字治理，并参与国际规则制定，提出"中国方案"。2017年，《中华人民共和国网络安全法》正式实施，完善了网络安全、数据安全和隐私保护等领域的法律体系。2020年，习近平总书记在二十国集团领导人峰会上强调，全球数字化发展亟须解决数据安全、数字鸿沟、隐私保护和道德伦理等问题，并呼吁各国携手合作，构建开放、公平、公正、非歧视的数字发展环境。2021年，《中华人民共和国数据安全法》出台，构建了国家数据安全治理框架，提出了"数据主权"的概念，强调数据安全与国家安全、经济发展的紧密联系。总体来说，数字治理已经成为近年来中国的重要工作之一。

（二）数字治理的内涵

数字治理源自信息技术的发展实践，其理论内涵随着技术与社会的互动不断丰富和完善，逐渐成为治理哲学、体制、机制与技术的复合统一体。它是随着数字技术在经济、社会、政治等领域的广泛应用而产生的新型治理模式，涵盖"基于数字化的治理"和"对数字化的治理"两个方面。

"基于数字化的治理"指将数字技术作为工具和手段来增强现有治理体系的效能。具体来说，数字化技术被广泛应用于公共管理、政策决策和应急响应等领域，以提升政府和社会的治理水平。例如，利用大数据分析、人工智能和物联网技术，可以精准预测和预警重大公共事件，提高治理的精准度和效率。在公共管理领域，这些技术在优化公共服务、增强社会应急能力和处理突发事件方面发挥着重要作用。

"对数字化的治理"则超越了技术应用层面，更加关注如何应对数字化带来的新问题和新风险。随着数字技术的深入发展，数字霸权、数字垄断、数字鸿沟等问题日益突出，智能技术也可能引发情感疏离、社会暴力和仇恨情绪。此外，数据泄露、信息污染、网络病毒和黑客攻击等网络安全问题也日益严峻。因此，治理模式亟须创新，以有效应对数字世界的复杂性与挑战。

二、数字治理的难点

数字治理面临着诸多复杂而深刻的难题，如跨国治理边界模糊且难以界定、治理主体之间的利益冲突、数字治理权利格局的非对称性、技术快速更新与治理机制滞后等。

第一，跨国治理边界模糊且难以界定。随着数字技术的全球化应用，传统的国界概念在数字治理中逐渐失效，尤其是在数据的生成、传输和存储方面。跨国数据流动带来了管辖权争议和执法冲突等挑战。例如，数据存储在云端服务器中，服务器可能分布在多个国家，导致各国的法律适用存在困难。此外，不同国家在数据隐私和安全的立法标准上的差异性，增大了跨国治理的难度。如何在保障各国数字主权与保护个人隐私之间找到平衡，成为解决跨国治理边界模糊问题的关键。

第二，治理主体之间的利益冲突。国家、企业、国际组织及个体消费者在数字治理中的动机和利益存在显著差异。不同国家根据自身的数字经济发展水平，对数字技术和数据的使用有不同的优先考虑。例如，创新型国家倾向于推动全球化数字规则的形成，而技术相对落后的国家倾向于采用保护主义政策，如限制数据跨境流动和提倡数据本地化。在这种背景下，全球数字治理协调难度加大，如何平衡各主体的利益、推动有效的国际合作成为一大挑战。

第三，数字治理权力格局的非对称性。全球数字治理的权力分配高度不均，尤其在技术和规则制定上，发达国家和科技巨头占据主导地位。这种权力不对称导致出现"数字霸权"现象，强国和跨国企业在数字治理中享有话语权，主导了技术标准和规则的制定。然而，新兴经济体和发展中国家则面临在这种治理格局中争取自身权益的压力，通常需要在保护本国数字主权和积极参与全球数字治理之间做出权衡。尤其是在涉及数据跨境流动和数字安全的问题上，各国往往基于国家安全和经济利益采取保护主义策略，这使得全球数字治理的统一和协调更为艰难。

第四，技术快速更新与治理机制滞后。数字技术的飞速发展使得现有治理机制难以跟上技术变革的步伐。人工智能、区块链、物联网等新兴技术不断对现有的法律、伦理和治理体系提出新挑战。传统的治理框架和立法过程相对滞后，难以及时应对数字技术带来的新问题，如数据隐私、算法偏见和网络犯罪等。治理主体需要不断调整和优化治理策略以适应技术的快速变化，这大大增加了数字治理的难度。

第二节　数字政府

数字政府建设已成为推动政府职能转型的必然选择。这一转型旨在通过数字化赋能，实现政府治理从低效到高效、从被动应对到主动作为、从粗放管理到精准治理、从程序化反馈到灵活响应的转变。近年来，数字治理成为我国中央和地方各级政府的工作重点，数字政府建设不断深化，推动了治理体系现代化的发展进程。

一、数字政府概述

（一）数字政府的概念

数字政府指政府利用现代信息技术，特别是大数据、云计算、物联网、人工智能等技术，重构和优化政府的管理、决策、公共服务模式，以实现治理效能的提升和公共服务质量的改善。其核心目标是利用数字化手段优化政府内部运作、增强政府与公众的互动，并推动数据驱动的决策与治理。数字政府的实质是政府治理模式向数据驱动和智能化方向的深刻变革。数字政府的兴起是信息技术革命与政府治理现代化相结合的产物，其发展历程可划分为3个阶段，每个阶段都伴随着技术突破、政策创新与实践深化。

1. 信息化阶段（20世纪90年代至21世纪10年代初期）

数字政府的概念最早可追溯至20世纪90年代，随着互联网技术的普及与信息化的推进，各国政府开始探索利用信息技术提升行政效率与服务能力。这一阶段的核心特征是"电子政府"的兴起，即通过电子化手段实现政府信息的公开与服务的在线化。1993年，美国克林顿政府发布《国家信息基础设施行动计划》，提出建设"信息高速公路"，为电子政府的发展奠定了技术基础。1999年，欧盟推出"电子欧洲计划"，旨在推动成员国政府服务的电子化与网络化，进一步加速了全球范围内电子政府的兴起。2002 年，美国通过《电子政务法案》，首次将电子政务纳入法律框架，明确要求联邦政府机构提升信息透明度与服务质量，标志着电子政府从技术探索走向制度化。2005 年，美国政治学家达雷尔·韦斯特在其著作《数字政府：技术与公共部门绩效》中首次系统提出了"数字政府"概念，强调信息技术对政府治理模式的深远影响。20 世纪 90 年代，中国政府部门开始引入计算机与办公自动化系统，逐步实现公文处理、信息管理的电子化，为后续数字政府建设奠定了基础。

2. 数字化阶段（21 世纪 10 年代初期至 21 世纪 20 年代）

随着信息技术的广泛普及，数字政府的概念逐渐在全球范围内受到重视，各国政府开始构建统一的在线服务平台，推动跨部门数据共享与协同办公。2009 年，英国启动"政府即平台"战略，旨在通过统一的数字基础设施与开放数据平台，实现政府服务的标准化与模块化。这一理念成为数字政府转型的重要标志。2012 年，美国发布《数字政府战略》，强调以用户为中心的服务模式，推动政府服务的移动化与数据开放。2014 年，中国浙江省上线首个省级政务服务网，实现"政务淘宝"模式，标志着中国政务服务进入网络化阶段。该平台整合了省、市、县三级政务服务资源，提供"一站式"在线服务。2015 年，国务院发布《促进大数据发展行动纲要》，明确提出推动政务数据共享与开放，为数字政府建设提供了政策支持。2017 年，国务院提出"互联网+政务服务"技术体系，推动全国一体化政务服务平台建设，实现政务服务"一网通办"。

3. 智能化阶段（21 世纪 20 年代至今）

随着大数据、人工智能、云计算和物联网等新兴技术的迅速发展，数字政府进入了智能化阶段。美国于 2019 年发布了《联邦数据战略》和《人工智能计划》，推动了数据共享、数据治理和人工智能在政府服务中的应用。2021 年欧盟推出了《数字欧洲计划》，该计划旨在通过大规模应用人工智能和大数据技术，提升公共部门服务的智能化水平，并提高决策的精确度和透明度。2022 年中国发布的《国务院关于加强数字政府建设的指导意见》进一步推动了全国范围内数字政府建设，明确提出构建全国一体化政务服务平台，并积极推进智能化管理和服务体系的建设。

（二）数字政府的内涵

数字政府不仅是技术的应用，更是政府职能和治理方式的深度变革，其核心目标在于提升公共服务效率、提高政府透明度、促进公民参与，并推动跨部门的协同治理。作为一种新型治理模式，数字政府至少涵盖以下 5 个重要方面。

第一，智能化决策。数字政府通过大规模数据收集、处理和分析，提升了决策的科学性与准确性。借助大数据和人工智能等技术，政府能够实时动态监测经济、社会和环境等多个领域，获取高质量、实时性强的数据。这些数据为政策制定提供了可靠的支撑，减少了传统治理模式中的主观性和信息不对称问题。智能化决策的核心在于利用数据分析和机器学习模型，精准识别潜在风险，并为公共资源的优化配置提供依据，从而实现决策的智能化。例如，政府通过大数据分析高效分配医疗资源、制定精确的环境保护政策，甚至预判并化解潜在公共安全威胁。这种技术驱动的决策模式不仅提高了决策效率，还使政策实施更具针对性和长远效益。

第二，公共服务优化。数字政府通过信息技术手段优化公共服务流程，提升服务效率和用户体验。数字政府通过整合政务服务平台、移动终端应用和在线办理系统，公民和企业可随时随地办理政务事务，大幅缩短了传统面对面办理所需的时间并降低了人力成本。"一网通办"服务模式不仅提升了政府的服务供给能力，还简化了业务处理流程、缩短了办理时间。公共服务优化重点在于通过数字化手段实现服务模式的现代化和便捷化。政府通过技术创新，构建了高效、透明的服务体系，提高了服务响应速度，增强了公众对政府的信任与满意度。这一转型推动了公共服务从被动供给向主动响应的改变，促进了服务流程的智能化与个性化。

第三，跨部门协同治理。传统政府治理模式往往面临"信息孤岛"和"部门割裂"等问题，导致资源浪费与协作效率低。数字政府通过构建统一的政务信息系统，打破了各级政府和部门之间的壁垒，实现了跨部门、跨层级的信息共享和资源整合。这种协同治理模式不仅提高了政府应对复杂问题的能力，还能够快速调动各部门的资源进行高效合作与响应，显著提升了整体治理效率。跨部门协同治理的核心在于通过数据共享与系统互联，形成无缝的信息流转机制，使政府在面对复杂事务和突发事件时能够迅速作出反应。例如，在公共安全和城市管理领域，多个部门可以通过实时共享信息实现高效协作，确保对突发事件的快速响应和处理。这种协同机制使得政府资源的利用得到了优化，避免了重复劳动和资源浪费，提升了治理的整体效能。

第四，政务公开与透明。在传统模式下，政府的公共决策和治理过程往往缺乏透明度，导致公民的知情权、参与权和监督权难以得到有效保障。数字政府通过数字化技术手段，实现了决策全过程的公开透明，包括政策背景、实施进展及最终结果等关键信息的公开。这不仅提高了政府运作的透明度，还为公众提供了更多的参与渠道，确保权力在公开、透明的环境中运行，从而提升了政府的公信力和执行力。政务公开与透明的重点在于通过技术手段加强信息的公开，使公众能够实时获取政府决策过程中的各类信息，并通过在线平台与政府互动，提出意见或建议。这种机制增强了公众的参与度，提高了政策的社会认可度和执行效果，同时保障了公民的监督权利，推动了民主化公共治理体系建设。

第五，政府内部管理与运行优化。数字政府建设不仅要着眼于外部服务的高效性，还要致力于优化政府内部的管理和运行流程。数字政府可以实现办公流程的自动化，减少烦琐的纸质流程，提升工作效率。例如，数字化系统支持跨部门的电子化文档处理与自动审批流程，简化了内部行政管理流程，提高了政府的行政效能。数字政府优化内部管理的重点内容在于通过信息技术提升办公效率与管理能力。借助自动化工具，政府可以减少冗长的审批程序、精简管理流程，自动化工具还可推动权力的适当下放，从而减少中间环节，提升政务运行的响应速度与灵活性。这使得政府的管理效能得以增强，内部资源得到更高效地分配和利用，为政府对外提供更优质的公共服务奠定了基础。

二、数字政府转型的意义

（一）减少信息不对称

信息不对称指不同主体之间信息分布不均衡，常常导致政策实施与公众需求的脱节。在传统治理模式下，信息传递的滞后或不透明使公众难以及时获取关键信息，影响政策执行效果。数字治理通过建立公开透明的政务数据平台，有效减少了信息不对称。数字政府依托数字化平台公开政策制定的全过程，包括政策背景、实施进展及最终结果等，使公众能够实时获取这些信息，从而保障公众的知情权。这一机制不仅提高了决策透明度，还减少了企业在参与政府项目招标时因信息不对称而遭遇的不公平竞争。《中华人民共和国政府信息公开条例》（2007 年公布，2019 年修订）明确要求各级政府公开政务信息，尤其是与公众利益密切相关的政策信息、财政预算、公共资源分配等，推动政务透明化，减少了信息不对称现象。

（二）健全政府服务激励机制

数字政府的转型为健全政府服务激励机制提供了有利条件。政府采用信息化手段精准评估各部门的服务绩效，并根据服务质量和效率进行绩效评估和奖励。数字平台可以实时收集公众对政府服务的反馈，这些反馈能够转化为绩效考核数据，帮助政府优化服务流程，完善激励机制。例如，2019 年国务院发布了《关于建立政务服务"好差评"制度提高政务服务水平的意见》，明确要求构建全国一体化在线政务服务平台的"好差评"管理体系，政务平台的评价与政府工作人员的考核和奖惩直接挂钩。这一机制增强了政府工作人员的积极性和主动性，同时给予企业和公众更多的监督权和话语权，以倒逼机制促使政府不断改进服务质量。数字化"好差评"体系使服务评价更透明、更具公信力，有助于政府及时发现政务服务中的短板并进行调整。在该机制实施后，政务服务质量得到提升，政府的公信力和服务能力也随之增强，实现了政府治理水平的整体提高。

（三）提升政府决策科学性

数字治理是依托数据驱动的决策模式，相较于依赖单一部门或领导层决策的传统方式，数字治理显著提高了治理效能。在这一模式下，政府决策不再仅依赖少数政治精英的意见，而是通过数字技术的应用，让每个具备信息技术能力的个体都能够成为信息的生产者和传播者。这种机制推动了"共商共治共享"治理理念的发展，使更多社会力量参与到决策过程。数字治理的核心特征是决策方式的转变——从"问题出现—逻辑分析—因果解

139

释—制定方案"的被动响应模式,逐步转向"数据收集—智能分析—关联识别—方案预备"的主动预测模式。借助大数据、人工智能等技术,政府可以实时收集和分析大量社会、经济、环境等方面的数据,提前识别潜在问题并做出预防性决策。这种转型不仅提高了决策的科学性和精确性,还极大地提高了政策的灵活性和响应速度。

(四)提升政府公共服务水平

近年来,各地在政务服务领域不断创新,显著提高了公共服务的效率与质量。例如,浙江省的"最多跑一次"改革大幅简化了行政审批流程,民众可以通过一站式平台高效办理事务,无须多次往返政府部门;广东省的网上服务大厅则突破了时间和空间的限制,公众可以随时随地通过线上平台办理政务事项,从而提高了便利性和可访问性;上海和佛山推行的"一门式服务"将各类政务服务集中到一个窗口,使服务流程更加简化、快速,减少了办理环节、缩短了办理时间;上海的"随申办"移动应用为市民提供了超过 200 项公共服务,涵盖医疗预约、社会保障查询等多个领域,市民可在线完成大部分事务办理,无须亲自前往服务窗口。这些创新举措有效克服了传统线下服务在窗口数量和办理时长上的限制,提高了政府服务能力,推动了公共服务的便捷化和智能化,充分展现了数字治理优化政府服务的巨大潜力。

第三节 数据安全

数据安全是数字治理的核心基础,也是数字治理顺利实施的保障。随着数字治理的广泛应用,数据的类型和数量迅速增加,数据安全面临的威胁和挑战日益复杂。为有效应对这些问题,数字治理不仅需要建立完善的数据安全机制,还需要通过推动技术创新来不断提升数据安全水平。本节介绍数据安全的相关概念、相关制度及其核心技术。

一、数据安全概述

(一)数据安全的定义

2021 年 9 月 1 日,《中华人民共和国数据安全法》正式施行,此项立法旨在保障数据得到有效保护和合法利用,以保护个人和组织的合法权益,维护国家主权、安全、发展利益。为此,必须采取技术与管理双管齐下的方法,制定系统化的数据安全应对措施,完善相关法律法规,明确数据处理的标准与实施细则,确保数据得到有效的保护和管理。

数据安全指通过采取必要措施,确保数据在其生产、存储、传输、访问、使用、销毁和公开等各个环节都处于有效保护和合法利用的状态,并具备维持安全状态的能力。数据安全不仅要保证数据处理流程的保密性、完整性和可用性,还应特别关注公开数据的异构关联处理。例如,个人姓名、联系方式、车辆登记、社交媒体等信息,这些信息虽然属于非实体隐私数据，但往往涉及个人隐私，甚至可能引发实时定位等公共安全风险。

（二）数据安全的重要性

随着数字化和网络化的迅速发展，海量数据在各领域不断生成、传输和存储，涉及个人隐私、商业机密、国家安全等关键信息。数据安全的重要性愈加突出，成为保护个人、企业、社会及国家的关键，具体体现在以下几个方面。

第一，保护个人隐私。个人身份信息、健康记录、财务数据等敏感信息一旦泄露，可能导致身份盗用、金融欺诈等严重后果。例如，银行账户信息泄露会造成财产损失，影响个体安全并削弱公众对数字服务的信任。因此，保护个人隐私是维护公民权利和社会信任的基础。

第二，维护商业机密。企业的产品设计、市场策略和客户数据库等商业信息一旦泄露，将削弱其市场竞争力，甚至带来严重的经济损失。竞争对手可能利用这些数据推出类似产品，从而抢占市场，严重损害原企业利益。

第三，确保社会稳定运行。现代社会的关键基础设施，如电力、交通、通信等系统的正常运行都依赖数据。如果这些系统遭受攻击或数据被破坏，就会引发社会秩序混乱和出现严重的经济损失。例如，电力系统被黑客攻击可能导致大范围停电，这会影响居民生活和工业生产，造成严重后果。

第四，维护国家安全。政府和军事部门掌握着大量敏感数据，如国防计划、军事部署和情报信息等，这些数据直接关系到国家的战略优势和主权安全。若这些信息落入敌对势力手中，国家的防御能力将受到严重削弱。例如，军事计划遭到泄露将使敌方有机会提前制定应对方案，极大地削弱国家的战略优势。

（三）数据安全制度

数据安全已成为关乎国家安全与经济社会发展的重大问题，党中央对此高度重视，并就加强数据安全工作与促进数字化发展作出了一系列重要部署。早在 2015 年颁布的《中华人民共和国国家安全法》中，数据安全就被纳入国家安全的范畴。随后，2016 年公布并于 2017 年正式施行的《中华人民共和国网络安全法》引入了网络数据的概念，进一步加强了对数据安全的法律保障。2021 年 11 月，十三部门联合发布《网络安全审查办法》，推动建立国家网络安全审查工作机制，确保关键信息基础设施的供应链安全，维护国家整体安全。近年来，国家对滴滴出行等平台进行的网络安全审查，正是《中华人民共和国网络安全法》和《网络安全审查办法》生效后首次公开进行的网络安全审查，标志着我国数据安全审查机制逐步走向制度化和常态化。

2021 年 6 月 10 日，《中华人民共和国数据安全法》经第十三届全国人民代表大会常务委员会第二十九次会议通过并正式公布，于 2021 年 9 月 1 日起施行。作为我国数据安全领域的基础性法律，《中华人民共和国数据安全法》主要有以下三个特点。一是坚持安全与发展并重。法律设立专章，对支持和促进数据安全与发展的措施作出了规定，明确了数据作为关键生产要素的战略地位。通过保障个人、组织与数据相关的合法权益，提升数据安全治理能力和数据开发利用水平，推动数字经济的高质量发展。二是加强具体制度与整体治理框架之间的衔接。该法从基础定义、数据安全管理、数据分类分级、重要数据出境等方面，进一步加强了与《中华人民共和国网络安全法》《中华人民共和国密码法》等相关法律的衔接，形成了更加完善的国家数据安全治理体系，构建了我国数据安全法律制度的基本框架。三是回应社会关切。针对数据处理违法行为，该法加大了处罚力度，完善了重要数据管理、行业自律、数据交易管理等制度建设，回应了社会对数据安全的关切，强化了社会各界对数据安全的监督与管理。

此外，近年来国家还出台了其他重要政策与法规，如《中华人民共和国个人信息保护法》（2021 年通过），进一步明确了对个人数据的保护要求，并对个人信息的合法使用与保护作出了详细规定。这些政策和法律共同构成了我国在数字时代保护数据安全、促进数据合法利用的法律保障体系，确保国家、企业和个人的权益在数据经济时代得到全面保护。

二、数据安全技术

随着数字时代的到来，数据安全技术已成为保护信息安全、维护隐私和防止数据泄露的核心手段。为了应对日益复杂的安全威胁，数据安全技术不断发展，它的发展涵盖了数据加密、数据访问控制、身份认证、数据备份与恢复、数据安全审计、数据遮蔽、数据防火墙等技术，从而确保数据在各个环节的安全性和可靠性。

（一）数据加密技术

数据加密技术通过将原始数据转换为无法直接理解的密文，从而防止未经授权的访问和窃取。加密技术不仅保护数据的机密性，还确保数据在传输和存储过程中不受篡改，保障数据的完整性。加密操作依赖于密钥和算法：密钥指定加密和解密的规则，算法则执行实际的加密和解密过程。常见的加密算法分为对称加密算法和非对称加密算法，二者的主要区别在于加密和解密过程中使用的密钥是否相同。

1. 对称加密算法

对称加密算法使用相同的密钥进行加密和解密操作，其主要优点是加密和解密速度快、计算效率高、资源占用少，适合处理大规模数据的加密和传输。然而，其安全性完全依赖于密钥的保密性，密钥管理成为关键问题。当在多个接收方之间分发密钥时，如果密钥被非法获取，所有使用该密钥加密的数据就都可能面临泄露的风险。常见的对称加密算法包括 AES（高级加密标准）和 DES（数据加密标准）。AES 是目前最广泛使用的对称加密算法，支持 128 位、192 位和 256 位密钥长度，具备高安全性和高效率；而 DES 通过对数据进行三重加密来增强传统 DES 的安全性，计算效率较低，已逐渐被 AES 替代。

2. 非对称加密算法

非对称加密算法采用一对密钥进行加密和解密操作，分别为公钥和私钥。公钥用于加密，私钥用于解密，这有效解决了对称加密中的密钥分发难题。非对称加密算法的最大特点是无须共享私钥，能够在公开网络环境中安全使用。公钥可以公开发布，而私钥必须严格保密。虽然非对称加密算法具备较高的安全性，但由于其计算复杂度大、加解密速度相对较慢，通常用于加密对称加密密钥或小规模数据。常见的非对称加密算法包括 RSA 体制和 ECC（椭圆曲线密码学）。RSA 基于大数分解问题，其安全性随密钥长度的增加而增强，适用于安全通信和数字签名。相比之下，ECC 基于椭圆曲线数学原理，在提供与 RSA 同等安全性的同时，所需密钥长度更短，因此广泛应用于移动设备和资源受限的环境中。

（二）数据访问控制技术

数据访问控制技术通过管理用户或系统的访问权限，确保只有经过授权的用户才能访问、修改或操作特定数据，从而防止未授权的访问和数据泄露。数据访问控制技术在各种信息系统中广泛应用，如企业内部的数据库、云存储、政府信息系统等，确保数据的保密性、完整性和可用性。常用的数据访问控制机制包括强制访问控制、自主访问控制、基于角色的访问控制、基于属性的访问控制等。

1. 强制访问控制

强制访问控制是最严格的一种访问控制机制，通常用于对安全性要求较高的环境，如军事或政府系统。强制访问控制由系统管理员定义数据对象的安全级别和用户的权限等级，用户无法自行更改权限。访问权限的决定依据系统定义的安全策略，数据对象和用户都被赋予不同的安全标签，只有当用户的权限级别高于或等于数据的安全级别时，才被允许访问。例如，在军事系统中，标记为"机密"级别的文件只能被具备相应权限的用户访问。强制访问控制的特点是访问权限严格且权限统一管理，能有效防止未经授权的访问，适用于对数据安全要求极高的场景。然而，这种方式的缺点在于管理复杂且灵活性差，不适用于频繁变更权限的场景。

2. 自主访问控制

自主访问控制是一种允许数据拥有者（文件创建者）自主决定谁可以访问其数据的机制。数据拥有者可以根据需要授予或拒绝特定用户或用户组的访问权限。这种灵活的控制方式在企业环境中被广泛应用，如员工可以自己设置共享文件的权限。自主访问控制的特点是灵活性高，数据所有者可以根据需要动态调整权限，用户能够自主管理其数据的访问权限。然而，其缺点是权限管理依赖于用户的正确配置，若配置不当可能导致出现安全漏洞。在大规模系统中，复杂的权限设置也会增大管理难度，影响整体安全性。

3. 基于角色的访问控制

基于角色的访问控制根据用户在系统中的角色或职责来分配访问权限。用户被赋予不同的角色，如"管理员""财务人员"或"普通用户"等，每个角色都对应特定的访问权限。基于角色的访问控制能够简化权限管理，管理员为角色设定权限即可，无须为每个用户单独配置权限。基于角色的访问控制的特点是权限管理集中且简化，特别适合大规模组织使用，具有较高的灵活性，能够迅速适应用户角色变更，广泛应用于企业系统、政府和医院等领域。其缺点在于角色的定义和权限分配需谨慎设计，否则可能导致角色之间的权限过于重叠或不清晰，影响系统安全性和管理效率。

4. 基于属性的访问控制

基于属性的访问控制是一种更加灵活的机制，它根据用户和资源的属性来控制访问。属性可以是用户的身份、位置、时间、部门等。基于属性的访问控制允许管理员根据一组属性定义复杂的访问策略。例如，"只有在工作时间段内，财务部门员工才能访问财务报表。"与基于角色的访问控制相比，基于属性的访问控制提供了更细粒度的访问控制。基于属性的访问控制的特点是细粒度控制，且灵活性高，能够适应复杂的访问控制需求，支持动态环境下的权限管理。其缺点是实施和管理较为复杂，系统开销较大，且需要精确定义属性和访问策略，增大了管理负担。

（三）身份认证技术

身份认证技术是确保系统安全和防止未经授权访问的重要手段之一。身份认证通过验证用户身份来确认其访问权限，保障信息的机密性和完整性。随着网络环境复杂性的提高，身份认证技术逐渐从简单的单因素验证发展为多因素、分布式的复杂验证体系。以下是几种常见的身份认证技术的详细介绍。

1. 密码认证

密码认证是最基础和最广泛使用的身份认证技术之一，用户通过输入预先设置的密码来验证身份。密码作为一种"知识因素"，由用户自行创建并保密。系统将用户输入的密码与存储的密码进行比对，验证用户身份。密码认证的特点是简单易用，用户容易理解和操作，因而广泛应用于各种系统和平台。然而，密码易被破解或盗用，尤其是简单的弱密码更容易被猜测或通过暴力破解工具获得。此外，用户往往使用相同密码，也增加了数据泄露的风险。为提高密码认证的安全性，现代系统常常结合双因素认证或多因素认证等技术，以降低密码泄露的风险。

2. 生物特征认证

生物特征认证通过识别用户的生物特征来验证身份，利用生物特征的唯一性和不可复制性来确保身份的真实性。与密码认证相比，生物特征认证因其难以伪造和盗用而被认为是更为安全的。生物特征认证包括指纹识别、面部识别、虹膜识别和语音识别等，通过捕捉和比对用户的生物特征来确认身份。这种认证方式安全性高，且操作便捷，无须用户记住或输入密码。然而，生物特征认证依赖硬件支持，如指纹传感器和摄像头等。此外，一旦生物特征数据被盗，无法像密码那样轻松更换，存在较大的隐私风险。

3. 基于令牌的认证

基于令牌的认证通过发放唯一的物理或虚拟设备（令牌）来验证用户身份。用户需要使用这个令牌产生的动态密码或通过令牌设备来完成身份验证。令牌认证属于"拥有因素"，常见于对安全性要求较高的环境中。常见的令牌类型包括物理令牌（U盾、智能卡）和虚拟令牌（Google Authenticator、Microsoft Authenticator），它们通过生成一次性动态密码来验证用户身份。基于令牌的认证显著提高了安全性，特别是在与密码结合时能形成双因素认证，有效防止密码被窃或重复使用。然而，物理令牌易丢失或损坏，虚拟令牌则需要额外的硬件或软件支持，提高了管理的复杂性。

（四）数据备份与恢复技术

数据备份与恢复技术是确保数据安全与业务连续性的重要手段，通过备份数据并在发生数据丢失、损坏或灾难性事件后进行恢复，能够确保系统迅速恢复和正常运行。数据备份与恢复技术广泛应用于企业、政府机构、医疗系统，以及各类对数据依赖性强的组织中，防止因数据丢失而造成不可挽回的损失。常用的数据备份与恢复技术包括全量备份、增量备份和差异备份。

1. 全量备份

全量备份是对整个系统或数据库的所有数据进行完整备份。每次执行全量备份时，所有数据都会被完全复制到备份存储设备中，确保所有数据都有最新的备份版本。这种方式的优点在于备份数据完整性高，恢复时可以直接恢复整个系统，恢复过程简单，无须考虑增量或差异数据的合并，适合关键数据的备份。但每次备份都会将所有数据进行完整备份，备份时间较长，存储空间需求大，不适合频繁备份的场景。全量备份适用于小型企业或数据量较小的系统，以及关键业务数据需要完整保护的场景。

2. 增量备份

增量备份仅备份自上次备份以来更改过的数据，无论上一次备份是全量备份还是增量备份都可进行备份。这种方式大大减少了备份所需的时间和存储空间，备份时间短，存储空间需求较小，在恢复时需要先恢复最后一次全量备份，再依次恢复每次增量备份的数据。恢复过程较为复杂且恢复时间长。增量备份适用于需要频繁备份、数据量较大但变动较少的系统，如大型数据库或企业服务器。

3. 差异备份

差异备份是对自上次全量备份以来所有更改过的数据进行备份。与增量备份不同，差异备份每次备份的内容都会增加，但在恢复时只需要进行全量备份和最近一次差异备份即可恢复所有数据。差异备份的速度快于全量备份，且恢复速度较快。随着时间的推移，备份数据量逐渐增加，导致存储空间需求上升。虽然差异备份比增量备份易于恢复，但其存储需求也会随着备份周期的延长而逐渐增加。差异备份适用于定期全量备份之间需要快速恢复数据的场景，常用于中大型企业的生产系统。

（五）数据安全审计技术

数据安全审计技术指通过对系统中的数据活动进行监控、记录和分析，确保数据访问和使用的合法性，识别潜在的安全威胁，并为事后调查提供证据。数据安全审计技术不仅在防范内部和外部威胁方面至关重要，还在合规性、数据管理和企业内部安全策略执行中发挥着重要作用。随着数据泄露事件频发，数据安全审计已成为各类组织中必不可少的安全措施之一。常见的数据安全审计技术包括日志审计、权限审计和行为基线审计等。

1. 日志审计

日志审计是最常见的数据安全审计技术，通过记录系统和应用程序中的各类活动日志，执行追踪数据访问、修改、删除等操作。日志详细记录时间戳、操作对象、操作类型、操作者身份等信息，有助于数据安全事件发生后的事后分析，以追踪数据流动并找到异常操作。日志审计能够完整记录数据访问和操作过程，便于事后审查，但生成的数据量庞大，需要专门的工具进行分析和存储管理。如果缺乏高效的分析工具，可能导致信息冗余或无法及时发现异常。此外，若日志数据被篡改，将影响审计结果的准确性。日志审计适用于大多数组织的日常数据审计，特别是在需要合规性的审计（GDPR、HIPAA）时。

2. 权限审计

权限审计通过定期审查系统中用户和应用程序的访问权限，确保只有经过授权的用户能访问敏感数据。权限审计通常关注当前权限的合理性、审查权限变更历史，以及追踪权限的分配和回收过程，能够避免权限的滥用或误用。权限审计有助于维护最小特权原则，确保数据访问控制合理，同时发现未及时收回的过期权限或不必要的权限。然而，权限审计需要与用户管理系统集成，确保权限信息的实时更新和准确性，复杂的权限架构可能需要专门的工具进行权限分析和管理。权限审计适用于对敏感数据有严格访问控制要求的系统，如金融系统、医疗系统等，以及定期进行的内部安全审计和合规性审查的企业。

3. 行为基线审计

行为基线审计通过建立系统中用户和应用程序的正常行为模式，监控偏离正常行为的异常活动，如异常访问频率或数据下载量过大等，帮助防范数据泄露和内部人员恶意操作。行为基线审计通过实时监控来快速识别异常行为，但初期建立行为基线可能会出现误报情况。此外，基线模型的质量依赖于足够的数据积累，且需要定期调整以适应系统和用户行为的变化。该技术适用于大中型企业，尤其是需要进行大规模自动化监控和异常检测的场景。

（六）数据遮蔽技术

数据遮蔽技术用于保护敏感数据的隐私和机密性。它通过对敏感数据进行脱敏处理，如进行变换、替换或隐藏，确保在非授权的环境下无法还原得到原始敏感信息。常见的数据遮蔽技术有数据脱敏和数据匿名化等。

1. 数据脱敏

数据脱敏是一种通过将原始敏感数据替换为伪数据来保护数据隐私的技术。脱敏后的数据保留了与原始数据相同的格式和结构，适用于测试、开发等非生产环境，同时确保真实的敏感数据不会暴露。然而，数据脱敏的缺点在于数据可用性低，因为脱敏后的数据无法还原为原始数据。常见的脱敏方法包括随机化、规则性变换和一致性哈希。随机化是将敏感数据替换为随机生成的伪数据，使原始数据无法被还原，确保其安全性。规则性变换是根据特定规则对敏感数据进行修改，如使用掩码、模糊化或替代值，既能隐藏真实数据，又能保持数据的可用性。一致性哈希则通过哈希函数将敏感数据映射到固定范围，保证数据的一致性，但无法还原得到原始数据，可有效防止数据泄露。

2. 数据匿名化

数据匿名化通过删除或隐藏数据中的个人标识信息，使数据无法与特定个人或实体直接关联。这种技术常用于大数据分析、医疗数据共享等场景，既能保护个人隐私，也不影响数据的整体分析功能。数据匿名化为隐私保护提供了更高的安全性，确保数据与个体身份完全脱离，降低了敏感信息泄露的风险。然而，数据匿名化的可用性可能降低，因为匿名化后的数据无法用于个体分析。常见的数据匿名化方法包括删除和泛化。删除指直接移除或替换个人身份信息，使其无法与特定个体关联。泛化则通过模糊化或泛化处理个人身份信息（将年龄转换为年龄段或将精确位置进行区域化处理）来隐藏个体身份。

（七）数据防火墙技术

数据防火墙技术是保护数据安全的关键手段，通过监控和控制网络流量，防止未经授权的访问和潜在安全威胁的产生，确保了数据的机密性、完整性和可用性。防火墙根据预先设定的规则对网络流量进行筛选和过滤，阻止不符合安全策略的访问。防火墙技术是网络安全中的第一道防线，广泛应用于企业、政府和组织的网络安全架构中。常用的数据防火墙技术包括包过滤防火墙、状态检测防火墙和应用层网关。

1. 包过滤防火墙

包过滤防火墙是最基础的防火墙技术，它通过分析网络数据包的元数据，根据预设的规则决定是否允许这些数据包通过。包过滤防火墙通常根据数据包的源 IP 地址、目标 IP 地址、端口号和协议类型等信息来进行判断。每个数据包独立检查，记录数据包的状态或连接历史。包过滤防火墙的工作机制相对简单，处理速度较快，对网络性能的影响较小。然而，它仅能在网络层和传输层进行过滤，无法深入检查应用层的数据内容，难以应对高

147

级应用层的攻击。同时，包过滤防火墙的安全性依赖于规则的准确性和完整性，错误或宽松的规则可能带来安全隐患。包过滤防火墙适用于简单网络结构，提供基础网络保护，如小型企业或家庭网络。

2. 状态检测防火墙

状态检测防火墙在包过滤防火墙的基础上增加了连接状态的检测和控制，能够智能跟踪数据包的状态和会话，从而判断数据包的合法性。它通过维护连接状态表，记录每个连接的状态，确保只有处于合法会话中的数据包才会被允许通过。状态检测防火墙具有更高的安全性，能够有效检测非法连接请求并防范针对连接的攻击（TCP SYNFlood）。状态检测防火墙实现了自动化的连接状态管理，提高了安全性和防护效果。然而，状态检测防火墙资源消耗大，这就需要持续维护连接状态表，对系统资源（内存和处理器）有较高的要求。

3. 应用层网关

应用层网关是位于网络边界的防火墙，能够深入检查应用层协议和数据内容。它不仅能够基于网络层和传输层的信息进行过滤，还能针对应用层协议（HTTP、FTP、DNS 等）进行精细控制。应用层网关可以识别应用层协议的特征和规则，从而防止应用层攻击和数据泄露。应用层网关具备高精度的安全控制，能够深入分析应用层数据包，提供精细的安全检测，有效防止跨站脚本攻击、SQL 注入等威胁。应用层网关通过强大的内容过滤功能，对数据进行验证、修正或拒绝，确保其合法性和完整性。这种防火墙适用于对应用层安全有较高要求的行业，如金融和医疗等，尤其适用于需要对数据包进行深度分析和过滤的网络环境。然而，应用层网关的性能要求较高，可能会影响网络传输速度，其配置和管理较为复杂，需定期更新和维护。

第四节 隐私保护

在数字经济时代，个人信息的价值日益凸显，但随之而来的搜集乱象、信息泄露事件，以及信息滥用现象也日益严重，导致个人信息安全面临严峻挑战。尽管监管部门已多次联合专项行动严厉打击了侵犯公民个人信息的违法行为，个人信息安全问题依然频繁发生，黑客攻击、内部人员窃取、App 过度索取权限等问题仍是亟待解决的难题。本节详细介绍隐私的概念，分析常见的攻击方法及防御方法。

一、隐私的概念

（一）隐私的定义

隐私指个人或群体希望在特定范围内保持私密、不愿公开的信息。根据涉及主体的不同，隐私可以分为个人隐私和共同隐私。个人隐私指与个体相关、能够识别特定个体的信息，这些信息通常包含个人不愿公开或不愿与他人共享的内容，如财务状况、健康记录或社交活动。个人隐私保护强调的是对个体信息的保护，防止未经授权的披露或滥用。共同隐私指涉及多个主体的隐私信息，除了包括个人隐私，还涵盖反映集体行为或特征的共同信息。这些信息通常与多个主体相关，且这些主体不希望信息被公开。例如，家庭、团队或组织的隐私属于共同隐私。当保护共同隐私时，需要平衡各方主体的权益，确保信息不被泄露。无论是个人隐私还是共同隐私，核心在于信息所有者对其私密信息拥有自主控制权，未经同意不得随意公开。

（二）隐私的度量

隐私的度量通常建立在信息熵的基础上，最直观且最好理解的方法是用潜在攻击者可以获取的隐私信息的多少来度量，即使用"披露风险"来进行表征。关于隐私信息的背景信息越多，披露风险越高。披露风险可以理解为攻击者在拥有一定背景信息的情况下，通过进一步分析数据来获取隐私信息的概率。披露风险的度量通常通过以下方式进行

$$\text{Risk}_A^U = P(A) = P(X|U) \tag{5-1}$$

式中，Risk_A^U 表示披露风险。$P(A)$ 表示的是某个事件 A 发生的概率。在隐私保护中，事件 A 可以指用户的隐私信息被攻击者识别或泄露的风险。因此，披露风险可以看作攻击者成功推断得到用户隐私信息的概率。$P(X|U)$ 是一个条件概率，表示在已知某些背景信息 U 的条件下，推断得到隐私信息 X 的概率。这里 X 代表的是隐私信息（或敏感信息），如个人身份信息、行为数据等。U 代表攻击者已掌握的背景信息，可能是公开数据、侧信道信息或其他与 X 相关的附加信息。

（三）隐私侵犯主体

潜在的隐私侵犯主体可以分为以下几类，每类主体都可能为个人隐私带来不同层次的威胁，了解这些主体及其可能采取的方式对加强隐私保护有重要意义。

1. 黑客和攻击者

黑客和攻击者通常是外部的个人或组织，利用技术手段非法入侵系统或获取敏感信息，其动机可能包括经济利益、政治目的或个人报复等。这类主体的隐私侵犯主要表现在以下几个方面：一是网络攻击，攻击者利用恶意软件、勒索软件、钓鱼攻击等方式非法访问用户的个人数据，可能会盗取用户的账户信息、信用卡数据、社会安全号码等。二是数据泄露，黑客通过漏洞攻击企业数据库或系统，导致大量用户的个人信息被泄露。典型的例子包括电子商务网站、金融机构、社交网络的数据库被攻击。三是中间人攻击，在数据传输过程中，攻击者拦截、篡改或窃取信息。例如，在不安全的 Wi-Fi 网络中，黑客可能拦截用户的登录凭证和敏感数据。

2. 内部威胁

内部威胁指企业、机构或组织内部的员工或相关人员故意或无意地泄露用户隐私信息。这类侵犯主体通常是合法访问数据的员工，但他们利用这种权限对数据进行不当使用，其侵犯隐私的形式包括以下几种：一是恶意泄露，员工或合作伙伴可能因为个人利益（金钱、报复或政治目的）故意泄露或窃取公司的敏感信息，如客户数据、交易记录等。二是无意泄露，员工因缺乏安全意识或操作失误，无意中泄露公司或客户的隐私信息。例如，通过不安全的文件共享方式发送敏感数据，或者将敏感信息存储在易受攻击的设备上。三是权限滥用，员工滥用其对系统的合法访问权限，擅自查看或复制与工作无关的敏感数据。特别是在缺乏严格访问控制和审计机制的环境中，这类行为风险更大。

3. 应用程序和服务提供商

应用程序开发者和服务提供商是用户数据的合法收集者，但他们也可能成为隐私侵犯的主体。其主要侵犯方式包括以下几种：一是数据滥用，一些应用程序和服务提供商在未经用户明确同意的情况下，收集、存储并共享用户的个人信息，用于广告定向投放、用户画像分析等。例如，一些社交媒体应用会追踪用户的行为习惯，并将这些数据出售给第三方广告商。二是过度数据收集，一些应用程序请求的权限或收集的数据远远超过其功能所需。例如，一个简单的手电筒应用要求访问用户的位置信息、通讯录或相机，这种行为增大了隐私泄露的风险。三是数据泄露和安全漏洞，服务提供商如果没有采取足够的安全措施（加密、数据隔离、定期审查等），则存在的安全漏洞可能导致用户的隐私数据被黑客或其他恶意主体利用。例如，云存储服务提供商可能出现配置错误或系统漏洞，导致大量用户数据泄露。四是数据共享不透明，某些在线服务会将用户数据与第三方共享，但其并未明确告知用户或未获得用户明确同意。这种情况往往发生在用户未仔细阅读隐私政策或被复杂的隐私协议所迷惑时。

【案例】隐私泄露

1. 纽约出租车数据发布

城市学家 Chris Whong 曾公开了纽约市出租车的大规模行程和票价数据，总计超过 20 GB，涵盖了超过 1.73 亿次出行记录。这一数据集对于热衷于数据可视化和挖掘的人来说无疑是个宝库。然而，该数据的匿名化处理存在严重问题——出租车司机的个人身份信息（驾驶执照号码和出租车牌号）并未得到妥善保护。

软件开发者 Vijay Pandurangan 通过简单分析，利用出租车号码的特征（六位数且以 5 开头的固定格式），在不到两小时的时间内成功破解了数据的匿名性。去匿名化后，任何人都可以轻松推断出司机的收入，甚至可能通过行程数据推测司机的居住地。这一事件引发了人们对使用 GPS 等技术追踪司机行程、票价记录，以及侵犯隐私的担忧。

2. 美国在线（AOL）数据发布

2006 年 8 月，为了推动开放研究社区的愿景，AOL Research 在 Abdur Chowdhury 博士的领导下，在其网站上发布了一个包含 3 个月内超过 65 万名用户、2000 万次搜索查询的压缩文本文件。虽然 AOL 在发布数据前对用户进行了匿名化处理，但使用了唯一的随机数标识符，并且没有对每条搜索记录的查询关键词进行进一步处理。

《纽约时报》通过交叉引用电话簿列表等公开信息，成功识别出部分用户身份。例如，根据用户编号 4417749 的搜索记录，记者迅速锁定了住在佐治亚州里尔本的 Thelma Arnold，她的搜索记录中包含了与朋友疾病相关的查询内容。她曾搜索过如"抑郁症"和"病假"等敏感信息，这引发了公众对法律当局如何处理这些隐私数据的质疑。AOL 甚至因这一事件被起诉至美国北加州地方法院。

3. Strava 光点地图

通过 Strava 软件，运动爱好者可以记录并分享他们的跑步、骑行等运动活动。用户不仅能够追踪个人运动表现，还能与全球其他运动爱好者分享成就与经验。2017 年底，Strava 推出了一项名为"全球热力图"的功能，该功能广受关注。然而，这一功能也引发了对隐私保护的担忧。虽然数据是匿名汇总的，但在一些人迹罕至的地区，明显的运动轨迹可能会在无意中暴露个别用户的运动习惯、居住位置，甚至是生活规律。对于那些在隐私意识较高的地区活动的用户，这种暴露无疑带来了潜在的隐私泄露风险。

这一事件引发了关于对数字时代个人数据隐私与安全的广泛讨论。对于 Strava 及类似平台来说，如何在鼓励社区分享互动的同时，保护用户隐私，成为亟待解决的挑战。找到用户参与和隐私保护之间的平衡，成为这些平台设计和实施隐私保护措施的关键之一。

资料来源：根据公开资料整理。

二、攻击方法

在数字时代，隐私攻击已成为隐私保护的一大挑战。随着个人数据的广泛收集和使用，攻击者能够利用多种技术手段侵入系统，窃取或推断敏感信息。尽管许多数据集在公开前已经过匿名化处理，攻击者仍可以通过去匿名化、推测分析和背景信息等方式，破解隐私保护措施，带来严重的隐私泄露风险。

（一）链接攻击

链接攻击是一种通过将不同数据源中的公共特征进行匹配和关联，进而识别个人身份或敏感信息的攻击方式，即便这些数据已经过匿名化或去标识化处理。这种攻击利用数据集之间潜在的关联性，能够重新识别出个人，从而威胁隐私安全。链接攻击的基本思想：

即便某个数据集中的直接身份标识符，如姓名、社会安全号码、电话号码等已被去除，但数据中的其他信息（年龄、性别、邮政编码、浏览历史等）仍能与其他数据源中的同类信息进行匹配。通过这些公共的非标识特征，攻击者可以在多个数据集中找到交集，从而推断出用户的真实身份或敏感信息。例如，Netflix 在 2006 年公开了一个匿名化的用户电影评分数据集，用于举办推荐算法的竞赛。然而，攻击者通过将该匿名数据与 IMDb（一个公共电影评分网站）的公开数据进行匹配，成功识别出一些 Netflix 用户，并推断出他们的身份和隐私偏好。AOL 于 2006 年发布了用户搜索历史的匿名数据集，包含了超过 65 万名用户的搜索记录。尽管这些数据集经过匿名化处理，《纽约时报》的记者仍通过搜索查询与其他公共数据进行交叉匹配，成功识别出了一些用户身份，揭露了他们的搜索习惯和敏感信息。

（二）差分攻击

差分攻击是一种通过分析数据集在经过某些操作（查询、更新或发布）后的微小变化来推测特定记录中敏感信息的攻击方式。攻击者利用的是数据集在不同操作下产生的细微差别，这些差别可能反映单个记录（某人的隐私信息）的存在或缺失。通过反复分析和对比数据集的差异，攻击者可以逐渐推断出隐含的个人信息，即便这些数据集表面上经过了处理或匿名化。

差分攻击的核心在于比较。攻击者可以通过对数据集的多个版本（更新前后或不同查询结果）进行分析，试图捕捉因单条记录存在或不存在而导致的微小变化。攻击者可以通过这些微小变化推断该记录是否属于某个特定的个体，进而获取该个体的敏感信息。

例如，假设某个数据集记录了某个医院的患者的病例信息。攻击者可能查询一个特定区域内患者的统计数据，再向数据库发送一个几乎相同但略有差异的查询（排除某个特定个体），并对比两次查询的结果，如果差异较大，就可能意味着该个体患有某种疾病。此类差分信息使攻击者可以逐渐揭露特定个体的隐私。

（三）隐私属性推断攻击

隐私属性推断攻击是一种通过分析数据集中的非敏感属性来推测敏感信息的攻击方式，通常针对匿名化或去标识化的数据集。攻击者利用公开或易获取的非敏感数据（年龄、性别、职业、行为记录等），结合模式识别和数据挖掘技术，推断得到与之相关的敏感属性（健康状况、收入、政治倾向等），从而侵犯个人隐私。隐私属性推断攻击的过程通常分为以下四个步骤。

1. 数据收集

攻击者通过合法或非法途径获取非敏感数据集。这些数据集可能已经去除了身份标识符（姓名、地址等），但仍然保留了丰富的非敏感信息，例如年龄、性别、职业、浏览历史等。这些非敏感属性是攻击者用来推测敏感信息的基础。

2. 分析非敏感信息

攻击者会对收集的非敏感信息进行深入分析。通过识别数据中的模式和特征，确定哪些属性可能与敏感信息相关。例如，某人的年龄、性别和行为可能与特定的健康状况或消费习惯密切相关。

3. 模式识别和关联分析

攻击者会使用数据挖掘和机器学习技术，建立非敏感属性和敏感属性之间的关联模型。通过训练机器学习模型，攻击者可以识别出潜在的模式，并使用这些模式来推测未知的敏感信息。例如，攻击者可以使用分类算法来预测某个用户是否患有某种疾病，或者使用回归模型来推断其收入水平。

4. 推断敏感属性

攻击者利用已建立的模型，通过输入非敏感信息，推测出目标个体的敏感属性。例如，即使医疗机构不公开任何患者数据，攻击者如果掌握了部分患者的疾病信息和行为记录，仍然可以通过训练好的模型，推断出其他患者的健康状况。这类攻击不仅可能泄露健康隐私，还可能涉及财务状况、政治倾向等高敏感信息。

三、防御方法

为应对各种隐私攻击，如链接攻击、差分攻击和隐私属性推断攻击，隐私防御方法应运而生。这些技术和策略旨在确保数据在使用和共享过程中，敏感信息不会被轻易地推断或泄露。

（一）基础匿名化技术

基础匿名化技术是在隐私保护中常用的技术，旨在利用不同的技术手段，在数据保留一定效用的同时，减少或消除数据中的个人身份识别风险。以下是3种常见的基础匿名化技术的详细介绍。

1. 数据抑制

数据抑制是最直接的匿名化技术之一，它通过完全删除或省略那些可能揭示或识别个人身份的特定数据字段，来实现对个人隐私的保护。这种方法的核心在于消除所有敏感信息或关键识别信息，如姓名、地址、身份证号码等，从而使数据使用者无法通过这些数据识别出具体的个人。虽然数据抑制技术能有效保护隐私，但过多的数据删除可能会导致数据效用的显著下降，影响后续分析的准确性和全面性。因此，数据抑制通常在非常敏感的信息处理场景中使用，并且多与其他匿名化技术结合，以平衡隐私保护与数据可用性。

2. 数据泛化

数据泛化是一种通过降低数据的精确度来保护隐私的技术。相较于数据抑制，数据泛化能够保留更多的信息，尤其是数据的总体趋势和模式，从而实现隐私保护与数据效用之间更好的平衡。具体来说，数据泛化通过将精确值替换为更广泛的类别或范围来模糊数据信息。例如，将具体的年龄"34岁"泛化为一个年龄段"30～40岁"，或者将具体的地址信息泛化为"某市某区"。这种方式既能减小数据泄露的风险，又能在分析中保留数据的整体特征。数据泛化广泛应用于医学研究、市场调查等领域，在这些场景中，既需要保护个体隐私，又要确保数据在分析中的有效性。

3. 数据聚合

数据聚合通过将多个数据点合并为一个统计值或汇总信息，来减少数据粒度，保护个人隐私。其基本原理是将个体数据汇总成群体数据，以隐藏个人的具体信息，同时保持数据在宏观层面的效用。例如，在处理大量个体数据时，数据聚合技术可以根据属性（年龄、性别、职业等）进行分组，并计算每个分组的统计信息，如平均值或总计数。这种方式有效避免了对个体的直接识别，同时保留了数据用于统计分析和决策支持的功能。数据聚合常用于公共健康、社会科学等领域的统计分析和报告，特别是在发布大规模群体数据时，可以通过汇总来降低隐私风险。

（二）数据匿名算法

数据匿名算法是保护数据隐私的常用技术手段，旨在通过匿名化处理来确保敏感数据在共享和使用时不会泄露个体身份信息。这些算法通过数据抑制、泛化、属性多样性等方式实现对隐私的保护，确保数据既能用于分析，又不危及个人隐私。以下是3种常见的匿名算法的详细介绍。

1. K-Anonymity（K-匿名）算法

K-匿名算法是最早且最基础的隐私保护算法之一。它通过数据抑制和泛化技术，确保数据集中的每个记录至少与其他 $k-1$ 个记录在"准标识符"属性（年龄、性别、邮编等）上不可区分。"准标识符"属性指可以结合外部数据进行链接攻击，从而识别个体身份的属性。K-匿名算法的核心思想：当攻击者尝试通过准标识符来链接外部数据集时，会发现有至少 k 个个体具有相同的准标识符组合，这使攻击者无法明确识别某个特定的个体。例如，如果有一个医疗数据集，K-匿名算法可以确保同一个年龄段、性别、邮编的患者至少有 k 个，因此即使攻击者知道这些外部信息，也无法准确识别谁是具体的患者。K-匿名算法的主要优势在于其简单易懂且适用于多种场景，特别是数据共享和发布场景。然而，K-匿名算法存在一定的局限性。例如，它无法有效应对"同质性攻击"（k 个记录中的敏感属性相同）或"背景知识攻击"（攻击者利用外部知识缩小识别范围）。

2. L-Diversity（L-多样性）算法

L-多样性算法是在 K-匿名算法的基础上进一步增强隐私保护的算法。K-匿名算法虽然在保护准标识符上的隐私方面有效，但在某些情况下，k 个记录可能有相同的敏感属性值，这可能导致"同质性攻击"。L-多样性算法通过确保每个等价类（K 匿名组，具有相同准标识符属性的记录集合）中至少包含 l 种不同的敏感属性值，来增强数据集的隐私保护。具体来说，L-多样性算法要求在每个 K 匿名等价类中，敏感属性值有足够的多样性，从而防止攻击者通过推断攻击来获得敏感信息。例如，假设某个 K 匿名组中的患者敏感信息都是某种特定疾病，那么攻击者只需要知道个体属于该 K 匿名组，即可推断出他们的具体病情。L-多样性算法可确保等价类中的敏感属性值至少 l 种不同值，减少了同质性攻击的风险，使攻击者即便知道个体属于某个等价类，也无法确定其具体的敏感属性。

3．T-Closeness（T-相近）算法

T-相近算法在 L-多样性算法的基础上，进一步考虑敏感属性的分布问题。虽然 L-多样性算法可以确保每个等价类中的敏感属性值有足够的多样性，但它并没有考虑这些敏感属性值的分布是否均匀。T-相近算法通过限制等价类中敏感属性值的分布，使整个数据集中敏感属性的总体分布不超过阈值 t，从而进一步强化隐私保护。T-相近算法的核心思想：等价类中的敏感属性值分布不应与全体数据集的分布相差太大，以防止攻击者通过敏感属性的异常分布推断个体身份。例如，在某些情况下，如果某个等价类中的敏感属性值高度集中（即使不同，也过于集中于某个敏感值），攻击者仍可能通过推断缩小识别范围。利用 T-相近算法，数据处理方可以控制每个等价类的敏感属性值分布与全体数据集的分布之间的差异，从而降低推断攻击的风险。

（三）数据效用度量指标

数据匿名化技术的效果通常通过数据效用度量指标来评估，这些指标帮助我们在隐私保护和数据实用性之间找到平衡点。下面详细介绍几种常见的数据效用度量指标，分别为泛化信息损失指标、分辨力指标和平均等价类大小指标。

1．泛化信息损失（GenILoss）指标

泛化信息损失指标是衡量数据在匿名化处理过程中信息丢失情况的指标。为了保证隐私，数据经过泛化处理后，往往会导致信息的某种损失，GenILoss 指标通过量化这种信息损失来评估隐私保护的代价，其公式为

$$\mathrm{GenILoss}(T^*) = \frac{1}{|T|n} \sum_{i=1}^{n} \sum_{j=1}^{|T|} \frac{U_{ij} - L_{ij}}{U_i - L_i} \tag{5-2}$$

式中，T 表示原始的数据集；T^* 表示数据泛化处理之后的数据集，$|T|$ 表示数据集中记录的数量；U_{ij} 表示在泛化后的数据集 T^* 中，第 i 个属性在第 j 个记录的上界（或最大值）；L_{ij} 表示在泛化后的数据集中，第 i 个属性在第 j 个记录的下界（或最小值）；U_i 和 L_i 分别表示第 i 个属性在原始数据集中的上界和下界，表示该属性的取值范围。

泛化信息损失通过计算原始数据和泛化数据之间的差异可以得出，GenILoss 评估了在匿名化处理过程中，由降低数据精度导致的信息损失的值。GenILoss 越大，说明数据精度

损失越大，隐私保护效果更强，但数据的实用性相应降低。

2. 分辨力（DM）指标

分辨力指标是用于衡量数据在经过 K-匿名算法处理后，数据可区分程度的一种指标。K-匿名算法是一种常见的隐私保护算法，旨在通过泛化数据（如模糊年龄范围或隐藏具体地址）确保每个记录在数据集中至少有 k 个其他相似的记录，从而防止个人身份被识别。分辨力指标的作用是评估在这个过程中数据质量的变化，也就是匿名化后信息是否被过度模糊，导致数据的实际用途减少。计算公式为

$$\mathrm{DM}(T^*) = \sum_{\forall \mathrm{EQ}_{\mathrm{s.t.}}|EQ|\geqslant k} |EQ|^2 + \sum_{\forall \mathrm{EQ}_{\mathrm{s.t.}}|EQ|<k} |T||EQ| \qquad (5\text{-}3)$$

式中，EQ 表示等价组，$|EQ|$ 表示等价组的大小，k 表示 K-匿名算法中的参数，每个等价类中至少需要有 k 个记录。分辨力指标的值越大，表示数据在匿名化后越难以区分个体记录，即匿名化处理的效果越好，隐私保护效果较好，但数据的实用性可能下降；相反，分辨力指标越小，表示记录越容易区分，隐私保护效果较弱，但数据保留的实用性较高。

3. 平均等价类大小（CAVG）指标

平均等价类大小指标用于衡量数据集在匿名化后的等价类的平均大小。等价类指在匿名化过程中，具有相同泛化属性值的一组记录。这个指标反映了数据集中的每个等价类（属性相同的记录集合）的平均大小，从而帮助我们评估匿名化后的数据集是否满足隐私保护要求，其公式为

$$\mathrm{CAVG}(T^*) = \frac{|T|}{|EQs|k} \qquad (5\text{-}4)$$

CAVG 指标用于衡量每个等价类中记录的平均数量，CAVG 值越大，表示每个等价类中包含的记录数量越多，数据被泛化的程度越高，从而提高隐私保护效果，但同时可能降低数据的实用性。CAVG 值越小，可能意味着等价类数量不足，隐私泄露的风险较大。

练习与思考

1. 请简述数字治理的内涵及其难点。
2. 请简述数字政府的概念及其意义。
3. 请介绍 3 种数据安全技术及其特点。
4. 请分别介绍 3 种数据隐私攻击和防御的方法。

反侵权盗版声明

电子工业出版社依法对本作品享有专有出版权。任何未经权利人书面许可，复制、销售或通过信息网络传播本作品的行为，歪曲、篡改、剽窃本作品的行为，均违反《中华人民共和国著作权法》，其行为人应承担相应的民事责任和行政责任，构成犯罪的，将被依法追究刑事责任。

为了维护市场秩序，保护权利人的合法权益，我社将依法查处和打击侵权盗版的单位和个人。欢迎社会各界人士积极举报侵权盗版行为，本社将奖励举报有功人员，并保证举报人的信息不被泄露。

举报电话：（010）88254396；（010）88258888

传　　真：（010）88254397

E-mail：　dbqq@phei.com.cn

通信地址：北京市海淀区万寿路 173 信箱
　　　　　电子工业出版社总编办公室

邮　　编：100036